易界名家 独门首传

李计忠解《周易》系列

周易相学通解

李计忠◎著

團結出版社

图书在版编目（CIP）数据

周易相学通解/李计忠著．—北京：团结出版社，2012.1（2014.2 重印）
ISBN 978-7-80214-700-3

Ⅰ.①周…　Ⅱ.①李…　Ⅲ.①周易-研究②命相-研究-中国
Ⅳ.①B221.5②B992.3

中国版本图书馆 CIP 数据核字（2011）第 254302 号

出　版：团结出版社
（北京市东城区皇城根南街 84 号　邮编：100006）
电　话：（010）65228880　65244790（出版社）
（010）65238766　85113874　65133603（发行部）
（010）65133603　（邮购）
网　址：http：//www.tjpress.com
E-mail：65244790@163.com（出版社）
fx65133603@163.com（发行部邮购）
经　销：全国新华书店
印　刷：三河市恒升印装有限公司

开　本：170×240 毫米　1/16
印　张：17
印　数：3000
字　数：265 千字
版　次：2012 年 1 月　第 1 版
印　次：2014 年 2 月　第 2 次印刷

书　号：978-7-80214-700-3-01/B · 142
定　价：33.90 元

前　言

相学是一种通过观察分析人的形体、外貌、精神、气质、举止、情态等方面的特征，测定、评判人的禀性和命运的学问。相学是一门关于人的学问，研究相学关键要看它对人具有怎样的积极影响，对人的生活能够起到什么样的作用。

在中华民族几千年的历史长河中，相学作为一种历史文化现象，源远流长。在相学的发展历程中，出现了许多重要人物，他们为相学的形成和完善作出了显著的贡献。相学在中国有着悠久的历史，最早可追溯到公元前7世纪的春秋时期。

《史记》等史书中有吴市吏等早期相者活动情况的记载。至战国时，看相之术虽已流行，但主要作为一种参政手段被人注意，职业相士和严格意义上的相学理论尚未出现。两汉时期，相学得到迅速的发展，刘邦一家看相的事迹，《史记》里就有种种详细的记载。两汉以后，看相成为重要的社会职业，相书多达三十余种，一百三十多卷。宋、明两朝，看相风气发展到巅峰，许多相士成为显贵，不少知识分子、上层名流也以浓厚的兴趣研究相学理论。明代以后，相学逐渐流向民间，无论相学理论还是看相技艺都少有新的发展。

古代相学名流群芳灿烂，如春秋时期的姑布子卿，战国晚期的唐举，汉代的许负，唐代的袁天罡和李淳风，宋代初期的麻衣道者陈抟，明代的袁忠彻，清代的陈钊等，皆负盛名。古代相学著作多不胜数，但大多数是相互转抄的，自成体系且较为实用的主要有《麻衣神相》、《柳庄相法》、《神相全编》、《水镜集》、《相理衡真》、《神相铁关刀》等。其中《麻衣神相》流传最广，《神相全编》体系最完备。

运用相学的原理评断人的禀性和命运的方法，俗称为“相学”。“相”包括两方面的含义：一指命相，一指看相。按存在方式，命相可分为骨相、面相、色相等；按所示命禄的属性，命相可分为福相、寿相、贫相、夭相等。看相就是给人解读命运的吉凶信息。要给人看相，就要懂得相学理论中的一般相法和特殊相法。一般相法是以被相者的形貌、气色、情态、举止等外在特征为观察对象，据此推测个人的命运休咎，其中又可分为相面、相骨、相手、相痣、相卧、相行、相气色等多种。由于相学流派众多，各派的理论不同，因此对人的面部结构和面部器官的命相形成了多种说法，即五星六曜说、五官五行说、三停六府说、五官十二宫说、十三部位说等。特殊相法主要有结穴相法、太素脉相法、三世相法、听声嗅物相法及相心相德法等诸种。结穴相法取看风水的原理看相；太素脉相法以中医的切脉之道来阐释人的命相；三世相法以人的现世生活情景来推测前世，预言后世；听声嗅物相法以人说话的声音或所用的器物来判断贵贱吉凶；相心相德法以通过考察人的心术善恶、品性优劣来断其祸福。依据门户学派的区别，相法又分为麻衣相法、柳庄相法、水镜相法等多种。

相学以《易经》为基础，在发展过程中渗透了阴阳五行、天干、地支、八卦、佛道思想等内容，还包含中医学知识和中国古代朴素辩证唯物主义哲学的内容，可谓博大精深，并且逐渐形成一套完善的、独特的理论体系。

五行：一曰水，二曰火，三曰木，四曰金，五曰土。古人认为，天地万物皆由金、木、水、火、土五种基本物质组成，它们之间又存在着相生与相克的关系。相生是指一种物质对另一种物质有着生发促进的作用，即木生火、火生土、土生金、金生水、水生木；相克是指一种物质对另一种物质有着克制约束的作用，即木克土，土克水，水克火，火克金，金克木。正因为有了五行的相生、相克的相互作用，天地万物才有进化、发展，同时又保持着平衡和协调。命理学家认为，既然天地万物的发展、变化和五行的生克制化有着密不可分的联系，那么也可以运用五行生克之理来测算人一生的凶吉祸福。基于这种认识，便从五行运动的规律中演化出金、木、水、火、土五行形相的相命方法，后来又将阴阳五行与天干、地支、四时五方相配。人的五官与阴阳五行性情相符，故将两者相配，赋予特定的命理意义。眼为甲乙木，主精华茂秀，定人贵贱；眉为丙丁火，主威势勇烈，定人刚柔；鼻为庚辛金，主刑诛危难，定人寿夭；口为戊己土，主载育万物，定人贫富；耳为壬癸水，主聪明敏达，定人贤愚。这样，便可以直接从一个人的五官形象推断比较复杂的命理内涵了。

又如五官与五行相生的关系：耳为轮珠鼻为梁，金水相生主大昌；眼明耳好多神气，若不为官富更强；口方鼻直人虽贵，金土相生紫绶郎；唇红眼黑木生火，为人志气足财粮；舌长唇正火生土，此人有神中年聚；眼长眉秀足风流，身挂金章朝省位。五官与五行相克的关系：耳大唇薄土克水，衣食贫寒空有智；唇大耳薄亦如前，此相之人终不贵；鼻大眼小金克木，一世贫寒主孤独；眼大耳小学难成，虽有资财寿命促；舌小口大水克火，急性孤单足人我；舌大鼻小火克金，钱帛方盛祸来侵；耳小鼻蠢亦不佳，悭贪心恶多灾祸；鼻大舌小招贫苦，寿长无子送郊林；眼大唇小木克土，此相之人终不富；唇大眼小贵难求，到老贫寒死无墓。

再如五形相：金形人，《相五德配五行》云："金之位于乾兑，含西方肃杀之气，禀坚刚之体，在人为义，得其形并得其性，是为真君也。"金形人的肤色以白中带黄为最佳。木形人，《相五德配五行》云："木居东方仁发生，木之枝干发于甲，木位天地长生之府，配于五德居其首，在人为仁，得其形并得其性，是为真木。"水形人，《麻衣相法》曰："眉粗并眼大，城廓要团圆，此相名真水，平生福自然。"火形人，《神相铁关刀》曰："头尖肉红性又急，发黑须黄鼻露骨，颧尖骨露眼睛红，眉上欠毛胸又突。掌尖大薄又露筋，行路身摇耳尖拂，声焦声破额孤高，唇露齿火形是。"土形人，《麻衣相法》曰："肥大，敦厚而重实，背高皮厚，气魄宏大，声响如雷，项短头圆，骨肉全实。"土形人，《神相全编》曰："似土得土厚柜库。"即是说，土眉，宽广清长者衣禄丰足，眉头纹破或两眉相连者坎坷多难、骨肉难全。

但是，相学作为一门传统文化，确有其封建迷信的色彩，不能把它神秘化，更不能用来骗人或牟利。只有抱着对生命负责任的态度，进行认真研究，科学观察，合理判断，剔除其封建迷信的时代烙印，才能够得出较为正确的结论，并对症下药来解决人生中的实际问题。

本人青年时期就开始拜师学习周易象数和术数，不仅风水上得到名师的点拨，而且手面相上得到易学大师曹宝件的亲传，又得到手面相大师陈鼎龙的点拨。经过长期的实践证明，从面相可以分析人的富贵、夭寿、善恶、忠奸、贤愚，以及家庭、婚姻是否幸福等。我希望把自己几十年学习传统文化积累的宝贵相学经验公之于众，献给社会，并发扬光大。因此，在出版一系列风水著作之后，又整理撰写《周易相学入门》、《周易相学点窍》、《周易相学通解》、《周易相学精粹》、《周易相学释疑》五本著作，以供读者学习和参考。

李计忠

辛卯年辛卯月于海口

目　录

绪 论

《周易》是我国最古老、最有权威的一部经典哲学著作，是百经之首，是中华民族先贤的聪明智慧凝集而成的精品，是一部光辉而灿烂的传统文化瑰宝。《周易》作为中华民族的优秀文化遗产，其易道博大精深、源远流长，对于中华文化的各个领域，都有着深远的影响。

《周易》是讲一分为二的客观规律，是讲对立与统一的辩证关系，揭示宇宙一般的变化规律。易道讲究阴阳互应、刚柔相济，提倡自强不息、厚德载物。它是中国古代智者仰视天文、俯视地理、融通万物之情及探索宇宙法则、人生奥秘的哲学著作。《周易》是术数之学，主要体现于八卦定位及阴阳五行的属性。八卦是《周易》的重要理论，具体是乾、坤、震、巽、坎、离、艮、兑。乾为天，卦象是上乾下乾，纯阳卦；坤为地，卦象是上坤下坤，纯阴卦。乾坤二卦作为中华民族的重要语汇，指代了最广阔的天空与大地，与其他六卦构成了八卦，成为中国古代先贤们探究宇宙万物万象的密码。八卦本身有五行，即乾为金、坤为土、震为木、巽为木、坎为水、离为火、艮为土、兑为金。八卦中藏有地支，具体是乾藏戌亥支、坤藏未申支、震藏卯支、巽藏辰巳支、坎藏子支、离藏午支、艮藏丑寅支、兑藏酉支。地支又分属于五行，具体是寅卯属木、巳午属火、申酉属金、亥子属水、辰戌丑未属土。古人用它来预测未来、决策重大事项、反映当前现象，上测天，下测地，中间测人事。周易乃帝王之学，素称“群经之首，百科之源”，是历代人们修身、齐家、治国、平天下的哲学经典。在中国五千年的文明史上，中华民族之所以能够历众劫而不覆，逢万难而不倾，遇衰而又能复振，而且能够不断地发展壮大，这与我们中华民族对易道精神的把握是息息相关的。我们的祖先在日常生活中遇到了疑难之事，不是求助于偶像，而是运用周易八卦预测的方法，预测自然和人事方面的吉凶信息，对相关事物和现象做到心中有数，有备无患。

虽然《周易》最初只是一本用于占卜的书，但是它不仅对中国主流文化有着深远而广泛的影响，而且对中国传统文化的影响几乎渗透到了每个角落，特别是对哲学、伦理、宗教、环境、建筑、医学、天文、数学、物理、文学、太极、音乐、艺术、军事和武术等，具有非常重要的指导和规范意义。各门科学文化也能从《周易》哲学原理中得到显示，指导着各门科学文化的研究，而且其逻辑推理也在数学、几何学、八卦预测学、人居环境学、四柱预测学、人体面相学等学科上得到广泛应用。我们学习和研究《周易》的最终目的，就是要把《周易》中的逻辑推理法则运用到实际生活当中，加以考察，力图对我们的学习、工作、处世等日常行为有所借鉴。

相学作为周易演化出来的一支门类学科，已有着悠久的历史。从历史的渊源来看，面相术是预测一个人的流年运气、富贵贫贱、祸福寿夭等的一种学术，它与中国的易术、道术、医术和养生学都有着紧密而不可分割的关系。早在春秋战国时代，相术和相士就已经出现，著名学者、儒学大师荀子曰："相人者，古之者无有也。……古者有姑布子卿，相从之形状颜色而知其吉凶。"姑布子卿就是春秋著名的相士，《左传》、《周书》中都有关于相士相术的记载。这些文献资料证明春秋时代我国相术已经开始发展，并且最基本的理论是以八卦、五行、地支为基础初步确立的。三国时期，医学大大发展，出现了张仲景、华佗等名医，同时相术也有了大的飞跃，从原先的观形发展为观气色，相士通过观察人的气色来判断吉凶，这与中国古老的医术紧密地结合了起来，只不过是所观察的角度不同而已。隋唐时期是我国相术发展的一个重要时期。这一阶段的相书数量繁多，种类多样，并且广为流传。在《新唐书·艺文志》中有《袁天罡相书》七卷；在敦煌还发现了唐人所撰写的相书残本，等等。此时的相术已将八卦配以人的面部，从查看人的面相扩展到了身体的各个部位，剖析得详尽透彻。宋元时期，是我国相术发展的鼎盛时期。在北宋画师张择端的《清明上河图》风俗长卷中，就有看相批命的职业形成，反映了当时相术的风起之盛，而且出现了总结性的著作。在这些著作中，首推《麻衣神相》。《麻衣神相》是相书史上的一部具有划时代意义的著作。它集前代相书之大成，无论是理论上还是实践上都有了较为系统的阐述和发挥，并最终奠定了相术学的根本体系。《麻衣神相》总结了千余年的相术理论和实战精华，摒弃了一些繁琐无稽之谈的说法，使相术的理论水平达到了前人后者都难以企及的高度。尤其是附着大量的插图，八卦、五行、地支都配于人的面部，翔实具体，通俗直观，使它成为迄今为止影响最大的一本相书。明清时期的面相理论，依然是宋元时期的理论延续。此时相书版本很多，最重要的当属袁忠撤的《袁柳庄神相》，此书虽然有自己独到的见解和理论，但是与《麻衣神相》也有许多共通之处。

本人四十多年来，深研古贤相典及各种门类相书，加之青年时期就开始拜师学习周易八卦象数和术数，同时面相上得到易学大师曹宝件的亲传，又得到手面相大师陈鼎龙的点拨。经过本人长期的实践与应用，将古著经典记载的观相之法在实践中印证，总结归纳，去伪存真，做了大量的手稿笔记。手稿笔记内容涉及广泛，有手面相、骨相、痣相、气色的吉凶，以及富贵贫贱、夭寿、善恶、忠奸、贤愚、六亲刑克、伤病灾、家庭、婚姻是否幸福等的精确看法，特别是有在观相实践中总结出来的八卦断面相的方法。我希望把自己几十年来在学习和探索中积累的宝贵经验公之于众，奉献给社会，并将之发扬光大。

这五本相学著作，以《周易》八卦为基础，渗透了阴阳、五行、地支、佛道思想、中医学知识等。正如周易八卦九宫，即天心为中宫，五行为土；南方离卦，五行为火；北方坎卦，五行为水；东方震卦，五行为木；西方兑卦，五行为金；西南方坤卦，五行为土；东南方巽卦，五行为木；西北方乾卦，五行为金；东北方艮卦，五行为土。在给人看相论命时，将八卦九宫套入面部，即鼻子位居面部中央，为土星，准头代表中宫；额顶为火星，以离卦代之；下巴为水星，坎卦占位；右颧骨上为震卦；左颧骨上为兑卦；左眼尾下为坤卦；右眼尾上为巽卦；左笑靥下为乾卦；右笑靥下为艮卦。例如，鼻大丰满右颧削，为木克土，财薄而无权势；额头方圆下巴尖，为水克火，早年吉祥晚景差；右颧丰满左颧低平，为金克木，中年蹉跎无权势；左颧圆满额头尖，为火克金，早年贫穷中年颠；等等。又如，耳为金木星，主聪明敏达，定人贤愚及寿夭；眼为木星，主精华茂秀，定人贵贱；眉为火，主威势勇烈，定人刚柔；口为水星，主食禄，又主刑诛危难，定人疾病与灾厄；鼻为土星，主载育万物，定人贫富。这样，就可以直接从一个人的五官形相推断比较复杂的命理内涵了。

八卦中藏有地支，各有五行属性，八卦断面相吉凶之法可依八卦和地支五行辨别。五行即金、木、水、火、土五种物质元素。天地万物皆由金、木、水、火、土五种基本物质组成，它们之间相生相克的关系，推动了事物的运动、变化和发展。五行相生是指一种物质对另一种物质有着生发促进的作用，即木生火、火生土、土生金、金生水、水生木；五行相克是指一种物质对另一种物质有着克制约束的作用，即木克土、土克水、水克火、火克金、金克木。基于五行的生克制化的运动规律，演化出五行金木水火土形相命理方法及赋予特定的相理意义，并运用五行生克制化原理来测算人一生的凶吉祸福，是本书不同于他书的最突出之处。　给人看相论命时，将地支套入面部，论人老年之吉凶，具体方法是：将地支子丑寅卯辰巳午未申酉戌亥分布　被观者面部的边缘，从地阁起子位，女命按顺时针方向运行，每二岁行一部，周而复始，至一百岁归还子位；男命按逆时针方向运行，每二岁行一部，周而复始，至一百岁归还子位。

人的身体五部可冠于五行之别，主要根据人的周身骨骼所形成的头、面、身、手、脚五部的外形及周身肤色，判定一个人的五行形相。

金形人，周身五部都方正，眉清目秀，骨肉坚实且白皙银亮，肤色白中带黄润，额、鼻、颚、三停均有方正之象，头圆、耳色白润，唇红齿白，发须疏，腹部圆垂，背部宽厚，颧部骨起，胸平有肉，手掌方厚，声音明朗而铿锵有力。金形人的周身五部及面部均具金五行的特性。

木形人，周身五部都长大，腰瘦而圆，眉目清秀，人中有须而无困口，颈有喉节，鼻略露节，头部隆起，额耸，手掌瘦长，肤色青中带黄润，额、鼻、颚、三停均有修长之象，头长，耳赤，唇红纹细，腹部瘦直，颧部骨平，胸部骨露，声音明朗合节拍。木形人的周身五部及面部均具木五行的特性。

水形人，周身五部都圆肥，特别是上下眼胞及腹臀更圆肥，面短，眉粗眼大，肤色黑，额、鼻、颚、三停均有圆肥之感，耳色赤，唇褐齿白，发须密，腹部圆垂，背部圆厚，颧骨稳稳起，胸厚有肉，手掌圆厚，声音浊。水形人的周身五部及面部均具水五行的特性。

火形人，周身五部上尖下宽，上锐下丰，性格急躁，眉发焦黄，鼻梁起节，颧尖骨露，筋骨俱露，眉骨露，口齿露，手指瘦且指尖，声音刚烈且紧急。火形人的周身五部及面部均具火五行的特性。

土形人，周身五部都方正，头圆项短，背耸皮厚，身段腰圆，腮颐宽厚，耳大，唇厚，地阁方厚，五岳相朝，步稳语迟，敦厚重实，厚发浓眉，鼻准丰隆，手掌指节均方厚，声音沉而迟缓，耳色黄润，肤色黄润带赤气，额、鼻、颚、三停均有方正之象。土形人的周身五部及面部均具土五行的特性。

人的面部气色千差万别，主要气色变化通常有黄、红、青、白、黑五种，黄色为土、红色为火、青色为木、白色为金、黑色为水，这是大自然的本色。但由于人体内部的五脏各具五行，人的面部气色变化跟五脏的五行生克制化相关联，同时也受到四时季节交替变化的影响。在人体内部，心为火，肝为木，脾胃为土，肺为金，肾为水，春季木旺而发青色，夏季火旺而发红色，秋季金旺而发白色，冬季水旺而发黑色，并且一年都伴有黄色。春季木旺，右颧发青色大吉；秋季金旺，左颧发白色大吉；夏季火旺，额头发红紫色大吉；冬季水旺，地阁（下巴）发黑色大吉；一年四季，面部都伴有黄色，鼻子准头发润黄色为大吉。

气是隐藏于皮肤下面的一种轻细柔滑的东西，色是呈现于皮肤表面的五行色彩。一般地说，观察人的气色，木形人以青色略带红紫色为大吉，火形人以红色略带青色为大吉，水形人以黑色略带白色为大吉，金形人以白色略带黄色为大吉，土形人以黄色略带红色为大吉。青色是木的本色，主惊忧，发于一、二、三月间；红色是火的本色，主口舌是非、破财，发于四、五、六月间；白色是金的本色，主悲伤，发于七、八、九月间；黑色是水的本色，主疾病、灾厄，发于十、十一、十二月间。具体一点，还有十二宫、三十六宫及七十五部位气色的吉凶断法。

这五本相学著作，以《易经》八卦为基础，渗透了阴阳、五行、地支、佛道思想、中医学知识等，内容较为丰富。书中用通俗易懂的文字及图片，试图对人进行全面的观察而做出较为合理、正确的判断，并从不同的角度向读者展现了古代相学的发展渊源以及与相学有关的故事与传说，为广大读者全面了解我国这一古老的文化现象有一定的帮助。当然，作为传统文化的一部分，中国古代相学也夹杂一些封建思想的糟粕和迷信的色彩，作者亦作了剖析，相信今天的读者自有辨别。编著该书就是为了对古代相学的社会功效进行解密，帮助读者更好地了解相学的内涵，打破相学的迷信色彩。这对研究相学的专业人士和爱好者具有一定的参考意义。

第一章　面相部位特征及相理分析

第一节　耳

一、耳部特征

富贵之人不一定有好耳，但一定有好眼；贫贱之人不一定耳差，但一定没有好眼。《达摩相法》云：“面相十分，眼占其五，额、鼻、颧、颏各占一分，眉耳口齿共占一分。”耳相的好坏对一个人一生收获的多寡影响不大，但耳为面之关锁，人生的福星。如果一个有大成就、大收获的人，耳朵相理符合标准，那么其少年时期生活优裕，又深享亲情，而且其一生的成就与收获亦来得自然轻松，不刻意强求，一生享福，闲逸到老。如果一个人的耳朵相理不符合标准，那么一生的大成就大收获也来得非常勉强，即使不出生入死，也必定倍尝艰辛困苦，历尽凶险危难，一生劳劳碌碌。耳朵相理合乎标准的人，一生即使没有什么大的成就与收获，也必无凶险并享闲逸之福，尤以女性为甚。耳司听闻，与人的心性特别关联。耳善者所闻皆善，心脑中所藏皆善念；耳恶者所闻皆恶，心脑中所藏皆恶念。

耳是人身体内部器官的缩影，从耳的长相和气色，可以清楚地观看人体内部器官的先天发育优良与否，以及后天的健康情况。耳垂部位与脑组织、神经系统、内分泌系统及眼睛等相关联；中耳部位与心、肺、肝、胆、脾、肾、胃、大肠、小肠等内部脏腑组织相联属；上耳部位与生殖系统、泌尿系统等内部组织相关联；外耳轮及内耳廓，与脊髓、胸腔、颈项、腰腹及四肢等组织相联属。耳朵布满各种细微血管及神经组织，人未满十五岁，骨骼内部尚未发育完全（男孩以外肾长毛完全，而女孩以癸水来潮正常，表示发育完全），面形及体形均有若干不同程度的改变，但人的耳从降生一直到死亡始终保持形状不变。不论男女，在发育完全以后，面形及体形即不再改变，但精神、气魄、气质、性格、须眉、肤发、气色、肉色、肥瘦、甲齿、声音、纹痕、痣斑等都会随心而改变，并且时时在变。另外，耳垂部分会因修持而变长变大。耳拥有“以静制动”的属性，对人一生的健康、智慧与个性深具影响力，进而影响人一生的收获与成就。耳轮与亲情有关，耳廓与健康有关，耳门与智慧有关。

二、耳部相理分析

1. 耳长大、坚厚、形美、贴脑、垂珠圆大又长到鼻准以下者，称为“垂肩耳”，主大贵并高寿。但必须口角朝上，人中上窄下宽，地阁有朝，头圆额隆，凤眼龙鼻等配观条件无缺陷者才应验，否则只可言高寿，不可言大贵矣。

2. 耳不论大小，只要轮廓分明（外耳轮为轮，内耳轮为廓），两耳厚大整齐端正，垂珠软厚有朝，耳的肤色白过于面，即为标准耳（左耳白右耳青亦佳）。其他各官再配合得当者，主有或大或小之成就，永不颠沛，并性格优良，善良正派。

3. 耳形高耸如茶壶的提把（即天轮向后高耸），垂珠厚大朝天仓者，称为“提耳”，主青少年时期即可名利双收。

4. 耳生长的位置高过于眉，主其思想高雅，智力高超，中少年运佳。如其他五官配合得当，主其大有成就并高寿。如耳高于眼，其他各官配合得当者，主其有统御才能，行眼运时，官运或财运亨通；如耳低过于眼，为虎欺龙之格，主青中年难发运并促寿，无耳珠者尤甚。

5. 耳门（耳孔）宽大又深邃，主智谋远大，性情豁达，一生运佳。

6. 耳肉薄，再加山根低，嘴翘，胸凸者，主一生受人差使，没有出头之日。

7. 耳坚厚形美而贴附于脑者，称为“贴脑耳”，主其思虑缜密，机谋深藏，善于营谋，一生富足福寿。

8. 耳贴脑（正面看不到耳朵）垂珠气色亦鲜润者，主目前运程亨通（肥人一定要耳贴脑，瘦人则不忌）。如再耳高于眉，主英明贤达，必能出类拔萃。

9. 耳生的位置高低不一，再加鼻之山根低陷，年寿歪曲露骨者，主三十一至四十岁破财败业。

10. 耳有轮无廓又倾前，但形秀有扬，状似莲瓣，红润鲜明，耳门宽大者，谓之“鹿耳”，主有奇巧，可在某种事物上颇有成就，但一生难聚大财。

11. 耳无轮又无廓者，谓之“猪耳”，主终身运蹇难成事业。

12. 耳轮不可反，耳廓不可露，如轮反廓露，主虽精明干练，但不守财，往往破败于刹那之间，如耳珠再不朝口，必贫无立锥之地，耳贴脑者情况稍佳。

13. 耳有天轮而无地轮者，主人一生事业成败无常。

14. 耳廓反又无轮，再额部横纹乱生、山根断折者，主青少年皆难发运。

15. 耳廓耳轮或耳孔内生有黑子，再加眉鼻相理欠佳者，感情胜过理智，三十至五十岁防家运及事业运转为败退。

16. 耳形过大，但唇过薄，主福禄薄弱，晚年尤甚。

17. 耳形过大，但眼小，主一生运蹇，事业少成。

18. 耳两边大小高低不一，主终身阻碍多，事业难成。耳之形状如左耳劣，右耳佳者为“金克木”，主幼运坎坷，终身运蹇。男左女右。

19. 耳形虽大，但形恶劣又无垂珠，生的位置又特别高者，谓之“箭耳”，主虽有才智，但好大喜功，浮夸不实，恃才傲物，眼高手低，刚愎自用，一生潦倒的时候多。

20. 耳形过大肉质松软，轮廓微明，垂珠不朝，风当不起，孔大色滞者，名为“驴耳”，主心蒙无能又贪淫，六亲少助。

21. 耳形过小，但鼻过大，主终生劳碌，五小格者例外。

22. 耳形过小，但眼过大，主一生难聚财。

23. 耳形虽小，但轮廓紧收，肉质厚实细致，有如拉紧的弓弦，并垂珠朝口，色白过面，贴脑又高过于眉者，谓之“棋子耳”，亦谓之耳有“气”，主白手成家，富贵可期，中年大发，配“五小格”者尤佳。

24. 耳极小又斜，耳轮收而下放，又无垂珠者，名曰“鼠耳”，主易犯官非，多为盗贼之流。

25. 耳旁“命门”鬓毛过多（超过耳朵二分之一），人中又无髭者，主三十五岁后运程蹇滞，同时多小人是非，严重时则主刑克破败，为官失职。

26. 耳形好，耳孔宽大，耳垂厚大又朝额者，主十五岁前即可发运，如从事影艺事业之童星，可名利双收。

27. 耳贴脑，耳垂厚大，眉清目秀，鼻颧又托者，主四十岁前发大运。

28. 耳垂珠朝口者，主五十岁后运程平顺。如他各官配合得当者，主老运亨通，女性则主旺夫，但耳垂珠背面空凹者不可同论。

29. 耳无垂珠者，主晚年创业艰难，金钱上较难有收获。如已有富贵，则晚年有破产失官之虞，或病灾难免。有德之人耳垂会慢慢变长变大。

30. 耳垂珠生黑痣者，主终必有财，财之大小以人的格局大小而定。

31. 耳色白润红润为佳，枯暗为痹。在青年时期枯暗者，主大穷大败；中年时期枯暗者，终生无运；老年时期枯暗者，两年内死亡。

32. 耳色润白，耳朵垂珠红润者，主其盛运当头。整只耳色鲜红又润者，再加官禄宫及迁移宫气色亦明者，公教人员必主升迁，一般庶民也鸿运当头。

33. 金形人喜耳白而方长（金耳），忌尖小露廓（火耳），主早年刑伤。如耳形圆厚（水耳或土耳），主一生名利双收。

34. 木形人喜耳长坚瘦（木耳），如尖露（火耳）为木形带火主吉。忌方白（金耳），为木形带金主早年刑伤。

35. 水形人喜耳圆贴脑（水耳），如形似扇风状（扇风耳）为犯水，一生多刑多败。

36. 火形人喜耳尖长高露（火耳），或耳长坚瘦（木耳）均主吉，如圆厚而黑（水耳），为火形带水，主贫穷短寿。

37. 土形人喜耳大珠厚（土耳），如形状瘦长（木耳），为土形带木，主一生逆挫。

三、耳相断家族关系及婚姻子女

1. 左耳象征父之遗传，右耳象征母之遗传（男左女右）。凡耳相佳者，主其受胎时，父母之身心健康必佳，父母个性品德亦优良，尤以有垂有珠之人，更象征其父母祖先积有阴德。耳相劣者，主其受胎时，不是父母之身心健康欠佳，就是父母之个性品德欠优良所致。

2. 左耳轮缺损者主克父；右耳轮缺损者主克母，并主其幼小离家，难享亲情，客死异乡。两耳形状一致者为吉相，形状不一致者为金木相克定主不吉。但左耳白过右耳，右耳硬过左耳者不忌，因左耳为金星不忌白润，右耳为木星不忌坚硬（男左女右）。

3. 两耳轮廓分明坚实莹净，印堂平满，两眉清秀，印堂又无恶纹恶痣或凹陷，两眉不锁印堂，颈项强直，乃骨（父）肉（母）有气，主此人十四岁前父母健在。如两耳软薄，轮缺廓反，鬓角压眉，乃神（父）昏气（母）浊，主此人十四岁前父母有损。

4. 耳朵天轮过尖或有廓无轮者，主终生难有安定的家庭，同时一生辛劳。

5. 耳无廓或无轮，主无子嗣或有子即克。无廓又无轮者尤验。

6. 两耳均无廓者，男性主懦弱无能，无妻缘或迟婚，如左耳有廓右耳无廓者，主其克母，反之克父。

7. 耳贴脑，轮廓又无缺陷者，主家族繁衍、骨肉情深，家运亦佳。

8. 耳形好，耳肉厚实，耳色莹白，再加额相亦好者，主其出身官宦富裕之家，青年得志，一生忠信。

9. 耳色白过面，再加鼻子气色亦黄润者，主家有贤惠旺夫之妻。

10. 耳门有青筋，主妻有病，或房事不协调。

11. 耳小口大，或口相比耳相好，主其生多男少。反之，主生男多生女少。另配观眉，眼、鼻、颧，人中、泪堂等位百验不爽。但本条只论男相。

12. 耳小又薄又无垂珠，主其与子女缘薄，耳黑者更验。耳薄但长大有垂珠者，仍主有子。

13. 耳肉薄又前倾不贴脑者，称为“扇风耳”，主其破祖离乡，亲情薄，不得祖产，有亦卖尽败光方休。如耳薄后倾者，主其处事无能，难有子嗣。耳肉厚但前倾不贴脑者，虽不以招风耳论，惟仍主初运不佳。

14. 耳相一好一坏，如额相好山根高隆者，主其幼运家境富裕，但刑克父母（左父右母）。如额相不好且山根低陷者，主其家境不佳又刑克父母。

15. 左耳比右耳丰腴者，主其同性缘良好。如右耳比左耳丰腴者，主其人异性缘良好。

16. 耳一大一小者，主其受到两位母亲抚养长大，或出生时难产，又主二婚。

17. 耳轮反廓露者，主其对配偶付出多回收少，甚或终必反目离异。

18. 耳形劣，生的位置又低，主其才智低下，刑克父母（左耳为父右耳为母，男左女右，亦象征其父母遗传不良），不享祖业，乃贫贱无能之辈。

19. 耳轮上半部尖削者，主其刑克父母，并常常迁居。耳轮上半部垂缩者为“耳无气”，主其父母老年艰困。

20. 耳轮与耳廓间之沟，名为“亲沟”，愈深者，幼少年所享亲情愈浓厚，亲沟不深或不成型者，主亲情不足。

21. 耳垂上方之空隙，名为“耳沟”或谓“亲穴门”，凡耳沟太过宽阔者，主其人幼少年时期，个性不羁，不听管教。耳沟外翻者，主其幼少时期虽顽皮，但颇早熟懂事，一生能者多劳。如耳沟窄小者，主其幼少年时期乖巧，颇受宠爱。

22. 耳垂珠朝天仓者，主其人祖运佳，自身幼运亦佳。

23. 耳垂有深纹将耳垂划分为两半者，乃属“有垂有珠”之相，主其祖上积德，逢凶化吉，为人热诚而有孝心，并有奇才奇智。如面相手相佳，必有或大或小之成就；若纹浅或有网状纹者，则主一生辛劳，并主心肾机能不佳。

24. 耳无垂珠者，主其缘欠佳，生平很容易遭遇烦忧之事，晚年难免孤寂。

25. 耳垂珠反后，或耳垂珠背面空凹者，男主子女男少女多，女主夫缘薄，早婚主离克。

26. 耳孔内（即耳门）生有黑亮如漆之痣者，主其生贵子，并守信重诺。

27. 耳旁之“命门”低陷者，主其婚姻欠美满，子女缘薄，身带隐疾。

28. 耳旁之“命门”与耳之间隔愈宽愈佳，主其量大智大，“命门”窄者，主其人性愚而短寿。

29. 耳边之“命门”无鬓毛者，主其冷漠阴毒，自私自利，夫妻感情空疏，并受妻累。鬓毛生长至耳垂者，主其人感情用事，中年败业并好淫。

四、耳相断健康智慧及个性品德

1. 耳为肾脏的门窍，假如肾脏健康不良，耳的肤色会慢慢变为青黑、寒白、枯干、焦黑，听觉亦会受到影响。大体而言，青黑或寒白为肾病，枯干、焦黑为肾水枯竭，两年内死亡。老年人耳色既枯暗又黑滞者，一月内死亡。耳轮萎缩为肾气不足。凡耳有不好的气色均是健康不良之表征，同时亦影响其人之运气不佳，甚至大穷大败。若耳色红赤色者，则主有高血压之征。

2. 耳大肾大，耳小肾小，耳正肾正，耳坚肾坚，耳薄肾脆，耳低肾下。耳大而薄，主其人易患腰酸背疼之疾。耳低者易患坐骨神经之疾，耳薄之人主排尿功能差，耳形厚实端正者肾功能佳。

3. 耳门（即耳孔）宽大者，主其聪明好学。耳门窄小难容一指者，主其人智能有障碍，愚昧短寿之相。

4. 耳门大者，主其有多方面之才华，智慧高，能举一反三，理解力特别强，记忆力也强。

5. 耳厚实而长者，主其长寿，如耳内再生出长毫者，主寿高八十岁以上，再有颈绦并神清者主寿高，九十岁以上。

6. 耳后提（即提耳）者，主其很会保护自己，并有荣誉心，学习心及领悟力也强。

7. 耳形过大，耳形又劣，又无垂珠者，主其个性倔犟，主观意识强，刚愎自用，难得人和。

8. 耳形短小者，主其信心不足，意志不坚，并主胆小。耳肉再薄者主促寿。

9. 耳形过小而面型过大者，主其个性奸猾，为人欠忠实，再鼻歪眼斜者，乃不忠不义不孝不贤之徒。

10. 耳前后生有青筋者，主其有横祸之征。

11. 耳轮尖小又无垂珠者，主其性情怪异残忍，气量小，个性顽劣，自私自利，孤苦贫穷到老。如其他五官再配合不当者，必罹法网而亡。

12. 耳轮外翻又上尖，耳生的位置又低，耳再前倾不贴脑者，主其品德低劣又短寿。如六曜紧蹙眉眼又带杀者，主其人属盗贼之徒。

13. 耳轮丰圆肉厚廓又不露者，不论男女，主其人际关系佳，交际手腕灵活，有组织统合能力。耳轮有缺损耳廓又露者，主其个性不良，固执倔犟，人际关系不佳，难作领导人物。

14. 耳后见腮（即腮骨凸露于耳后之谓），再加天轮高耸者，主其不仁不义，恩将仇报。如再眼带杀者，主个性凶暴中年横死。

15. 耳廓突出者，主其个性外向，倔犟好胜，但聪明积极，自立心强。

16. 耳之风当过小或不起者，主其幼少年健康欠佳，难享高寿。

17. 耳轮廓分明，再眉毛出毫，年寿丰隆，人中分明，地阁宽厚者，主其寿高 80 岁以上。

18. 耳无轮无廓谓之“猪耳”，主其难善终，短寿之相。

19. 耳旁之鬓毛超过耳之长度二分之一者，为鬓毛过长，愈长愈主劳碌，但为人侠义，喜打抱不平，惟颇为好色。

20. 耳垂厚大又朝口者，主其个性热诚爽朗，外向而好动，多福多寿亦多智慧，耳垂薄小又向后者，主其个性冷漠内向而被动，多忧疑愁思，心性欠开朗，亲和力不足，晚年福寿堪虞。

21. 耳垂有痣者，主其聪明奇巧，有多方面才华，并孝顺父母，但应防水厄。

22. 耳垂发达之人，其耳后根灵骨（即灵阳骨）及后颈柱阳骨亦必发达，象征其小脑及肾机能良好，主其乐观进取，头脑清晰，精神愉快，健康长寿。耳垂细小之人，或无耳垂之人，主其内分泌系统及肾机能欠发达，其人必多愁思烦恼，即使长寿，亦难健康，其人易患高血压症或中风症。

23. 耳旁之“命门”出现直纹者，主其肾机能及元气渐趋衰退，同时听觉亦有障碍之征。

24. 耳旁之“命门”有恶痣者，主其一生中必有一次火厄或火惊，并易感染传染病，做事有始无终，有头无尾，欠一贯性及恒心毅力。

25. 耳背面生痣者，主其主观意识强，往往忠言逆耳，儿时不听管教。耳轮耳廓及耳门有疤痕痣斑者，主其中年官非破财。

26. 耳门内生有黑亮如漆之痣者，主其长寿；黑亮之痣生在耳轮上者，主其聪明并重感情信诺，黑色斑点减半论。

五、女性耳相独特相理吉凶

1. 女性耳大肉厚贴脑，有轮有廓，生的位置高过于眉，垂珠又长过鼻准者，主其不为后妃或一品夫人，亦必享大富大寿。

2. 女性耳垂朝脑后者，主其婚姻不美满，即使不离婚，亦难享夫福，无婚姻乐趣可言。同时主其小脑发育畸型，内分泌不足，个性上亦有孤独心态。

3. 女性耳旁之鬓毛不宜超过耳长二分之一，鬓毛愈长愈主其人好淫并克夫，发多骨重者尤验（女性以骨轻发轻为吉相）。

4. 女性耳小面大者，主其刑克丈夫劳碌贫贱。

5. 女性之耳坚实圆小，厚硬垂珠（棋子耳）者，主其生性贤惠，必生贵子，夫妻感情弥坚。

6. 女性生有水耳者，除火形人外均主吉，主其节俭守财，旺夫兴家，又心性温良，夫妻感情弥坚。

7. 女性生有土耳者，除木形人外均主吉，主其心性慈善，勤俭持家，不慕虚荣，富贵长寿。

8. 女性生有火耳者，五形为木形人者最宜，其他各形人均主不吉。

9. 女性生有木耳者，主其气血不旺，有妇科病，难享高寿。又主个性不良，刑克六亲，难得公婆丈夫宠爱。

10. 女性生有金耳者，主其聪明干练，心性刚柔兼而有之，可助夫创业致富。

11. 女性耳大无收，轮廓不明，风当又不起者（即猪耳），主其心性愚蒙不聪敏，个性亦暴躁，刑克六亲，子女不优秀，婚姻不美满，自身亦多凶险。

12. 女性耳薄，再加鼻高、胸凸、嘴翘、汗臭者，主其乃半生奴婢之相，难嫁富贵之夫，又主克夫。

13. 女性左耳厚者，主其先生男，右耳厚者先生女。

14. 女性右耳轮反珠反者，称为“金克木”，主其人刑克丈夫。若左耳轮反珠反者，则主夫妻不睦，婚姻不美满。左右两耳全反者，亦主刑克丈夫子女。

15. 女性耳轮若无者，主其克子刑夫，乃带杀之相。

16. 女性耳廓露出者，主其刑克父母，或与父母早别，难享亲情。又个性躁急偏执，嫉妒心重，婚姻难得美满，有离克之相，但耳贴脑者减半论。

17. 女性耳无廓（鹿耳除外）者，主其克夫或嫁为妾。又主生女多生男少。

18. 女性耳有垂珠者，主其性格明朗，感受良好，易为男性所爱。

19. 女性耳无垂珠或耳垂不明显者，主其有孤独心态，婚姻必迟或婚姻不美满。

20. 女性耳色过红而面色过白者，主其好淫。如再鬓浓发厚者，主其淫贱至极。

21. 女性耳廓外露，亲情沟不明，耳宽大，象征其自小就养成独立而无依赖别人的心性。现代女性中的早发者，或女性公众人物如演艺人员，大多为提耳。按照人相学的说法，提耳主名誉心强，学习快，可早发。

第二节　额

一、额部特征

人相学非常重视以观看额相来判断人一生的命运，观察人伦先看额相。因为额相蕴藏着人无价之宝的智慧和知识（智慧为先天，知识为后天），依据额的骨骼宽窄、高低及额头纹痣、气色等项，即可判断人的资质优劣、各种心理和病理现象。例如脑组织功能优良与否，脑神经运作顺畅与否，颜面神经、咽喉及上呼吸道功能优良与否，均可在额相中寻找答案。

麻衣云：“无额不贵。”即额无奇骨无贵之意。额头能显示一个人一生的贵贱，问“贵”固然额相要好，问“富”更不可额窄不圆。如其他从事科技及自由职业的人没有美好的额相，亦不能获得显著的成就，尤其是三十岁以前就在事业或学问上有所成就的人，更应有好的额相。

二、额相分析

1. 额有三要：一要天中平起；二要边城丰起；三要山林隆起。凡符合此三要标准者，主其的智慧、学识、修养俱优，处事谨慎，善谋，果断。如五官再配合得当，必为领袖人物。

2. 额有日月角骨而无辅角骨者，主人的一生贵在浮沉之间，难掌正官正印。

3. 额有日月角骨又有辅角骨者，主人既贵又久，辅角骨大者乃大贵格相。如再配以佐串骨者，主其既贵又富。

4. 额有辅角骨而无日月角骨或后山无奇骨者，主多属清贵杂贵官员或民意代表。前程大小仍以辅角骨大小为断。

5. 额无日月角骨又无辅角骨，但额如覆肝（即额有天成骨）者，仍主中小贵，再加五岳相朝六曜配合得当者则主大贵。

6. 额无日月角骨又无辅角骨，但边城丰起山林隆起者（合称边地骨起），主其亦可大贵。

7. 额有日月角骨辅角骨及边地骨者，主其早发大贵，甚或贵为政府元首，如再枕骨强起者，主事业长久，愈老愈荣。

8. 额平正方阔，峻似悬壁，丰隆明润，势如覆肝（覆肝即天成骨），此乃标准之额，主其必能青年发达。如面相五岳五官（着重口大眼神清）再配合得当，主其人至老荣昌，一世荣华富贵。如再有奇骨相辅奇神相应者，乃大贵特贵之格。如仅额如覆肝，但眉恶眼神衰，鼻气不贯顶，五岳五官庸俗者，则主万事不成，并少年有灾。

9. 额低窄，但头圆，仓库丰隆，鼻骨有气，两福堂饱满者，主其仍属贵格之相。

10. 额低，但额宽又皮肉细润，福堂饱满，眉清眼秀，天仓地库丰隆，山根伏犀骨起者，仍主其人聪明富贵。

11. 额窄，但地阁隆，腮颐饱满者，主其青中年难有好运，五十岁后运必佳。

12. 额窄，再眉枯印陷者，主其一生贫穷，难有好运。

13. 额尖又窄者，主其一生欠缺成就与收获。再加颏大为“水克火”，主其一生劳碌刑克。

14. 额方又有奇骨者，最宜仕途发展；额圆而无奇骨者，最宜商途发展。先贤云“额方主贵，额圆主富；额窄不圆，经商必败。”即此意。额方如无奇骨奇神相辅，谓之“额如块石”，主招凶灾。

15. 额高广宽隆，再两耳高提照额，先贤谓之“金木火三星朝拱”，主其青中年运势如虹，但印堂过窄及眉压眼者减半论。

16. 额虽高，纵然印堂宽平，山根骨起，但耳陷者，四十岁前仍难逃虚花之命运，同时男克妻（或离），女克夫（或离）。

17. 额虽高，但头发如乱草者，主其乃平庸之辈，一生难有出头之日。

18. 额头两侧之发脚压住眉毛者，主其性情愚鲁，一生穷困无好运可行。

19. 额头发际中央凹入者，主其最宜从事宗教或教育工作。

20. 额头发际在三十岁前即秃至头顶者，不论金、木、水、火、土各形人均主行运不顺，头顶中央忽秃（谓之鬼剃头）者尤忌；三十岁后渐秃者，主有福之人，尤以金水土形最宜秃发。晚年头发仍乌黑者，主子女自立者少，或难享子女福。

21. 额头两边之边城、山林、驿马等部分一边高一边低者，主其思想偏激事业有波折。

22. 额头发际下方长有黑亮之痣，为数五颗或七颗者，谓之“五星”或“七星”，乃大贵之相。但灰白或褐黑之痣均主不吉，斑点减半论。

23. 额大头亦大，再加手短足薄者，主其一生绝不能贵显。

24. 额大口小者，为“水火不济”格，主其青运中运均难有成就收获。

25. 额相及口相均合标准者为“水火既济”格，主其青年中年均有好运，无论男女均有成就。

26. 额小头小再加足薄无肉者，主其贫贱一生。

27. 额阔再加地阁宽者，主其虽中年从未当过官，晚年也有为官出仕或被选为民意代表之机会。

28. 额头之福堂骨高隆丰起，但山林边城破陷者，主其破梓离乡，惟可创业于外地而有小成，如山林边城亦丰隆高起，则主其创业外地而有大成。

29. 额及颧、颏四部骨起，唯独鼻骨塌陷者，谓之“四岳无主”，主其一生多凶灾多刑克。

30. 额之司空、中正部位丰隆，主其少年得志。反之，事业难成，其人亦鲜有才智，反应迟钝，或刑克长上配偶，此乃其人承受先人之遗传不良所致。

31. 中正部位有灰黑之痣者，主其一生难享官禄，同时欠忍耐心并脾气执拗，一生职业屡变（黑子减半论）。

32. 天庭至司空有竖纹或露筋，中正部位再有凹陷者，主其青年时期创业艰难，偶有小收获，亦得来艰辛，最宜担任固定领薪工作。

33. 额头驿马或日月角部位有伤痕者，主其一生常有不幸之事伴随。

34. 额头左右山林及丘陵冢墓一带长有暗黑色痣斑者，主其青中年时期难聚财，一生事业多变换，并应注意车马安全。

35. 额在三十岁后即应有纹，如四十岁后仍无额纹者，主其懒散或欠成熟稳健，四十二岁开始防破产败业。无产可破者，则主生活艰难。

36. 额头上有深刻之纹者，主其个性多忧疑愁思，或在事业上饱经风霜患难。但老年人额纹深者主高寿。

37. 额纹乱走，再加山根断折，主其青年及中年均难有好运。

38. 额纹一条长而有势，且纹尾向上者，名"华盖纹"；二条名"偃月纹"，三条名"伏犀纹"，均主贵而有寿。但纹短、歪曲，纹尾向下无势者，主中年财运和事业挫折，刑克人丁。

39. 额相有缺陷且纹多而杂者，主其一生多波折劳碌，事业多成多败，同时言行常多错失，常惹口舌是非。

三、额相断家族关系及婚姻子女

1. 额头高广丰隆者，主其父祖遗传优良。父母交媾时，身心俱佳，两情欢愉，母体生命力旺盛，父祖三代以上必为行善积德人家。男性额头高广丰隆，主青年发达，可承祖业，无祖业者亦可自创基业，同时子女多而优秀；女性额头宽广丰隆，主旺夫兴家并生贵子，但女性忌额太高。

2. 额头有缺陷者，主其父系遗传欠优良，母体衰弱或营养不良，或母体怀孕时精神感受痛苦，致使额头中央部位凹陷、薄弱、狭窄、露骨，父母二人年龄相差二十四岁以上者最验。另者，父母二人年龄相差二十四岁以上，父母二人心理、生理未能"和合"，所生子女的发际不整齐或额头低窄定居其一。

3. 额有日月角者，主其承受父母之优良遗传，深受父母爱护栽培，亦主其人父母高寿。但日角双重者主过房，月角双重者主双母。

4. 额头日月角偏高偏低，或一大一小一陷一露，或日月角部位生汗毛，有纹痕痣斑者，主其父母遗传不良，或父母无德，其人必妨克父母，严重时父母有恶死之虞，亦主与父母少缘。日月角十五岁前较为明显。

5. 额中央部位有凹陷或凸突者，主其人妨克父母，或与父母少缘。

6. 额形不美者，乃"火星"有陷，主其兄弟子女少又不得力，一生衣食平常，亦无大寿。

7. 额过于前突者，主刑克孤独，一生波折，此乃“古”相也，但享高寿。

8. 额有三纹且纹尾向下者，谓之“孤独华盖纹”，主其孤独无子嗣。

9. 额中央上多青筋者，主其少年刑克父母，本身健康亦欠佳。

10. 额高而广，印堂宽平，日月角有起，辅角有势，天仓饱满者，主其十五岁后父母健在。

11. 额虽高但不够宽广，再加耳小者，主其虽有祖业亦难享受。额高而窄者，又主与母少缘或克母。

12. 额左边偏低者克父，右边偏低者克母。

13. 额高，再加桃花眼者，主其一生桃花运不绝，婚姻欠美满，女人尤甚。

14. 额头发际左边低下者，主其刑克父母或假养出继。

15. 额头天中位，发际生有旋毛者，主刑克父母或假养出继，妇女并防灾厄。

16. 额发际中央突出者（俗称美人尖），不论男女，主其个性积极，毅力坚强，勇敢好奇，但幼少年家境平平，早年克父或与父少缘，或早与父母家庭分离。

17. 额头发际三凹者（即分三岔），再日角陷，土星偏左，不论男女，幼少年即克父。如发际分五岔者，克父尤早。如两耳平匀，日月角不陷不露，山林丰满无痕，山根高起不陷，两颧不削不突无高低，则刑克不在幼年之初运，而在中年之眉运。

18. 额头发际三凹，再加中正有陷痕，右边城倾陷，两眉分高低，鬓发双曲，主其人为庶母所生。

19. 额头发际窄或三凹者，主其性情不是偏执就是愚鲁。如个性聪慧贤良，则主其定非原配正室所生，或主其父母年龄相隔二十四岁以上。如其为女性，则主其嫁为妾（鼻尖者更验）或三十岁前婚姻欠美满。

20. 额头发际成锯齿状者，主其幼年妨克父母或遗腹而生，并一生多劳少获。

21. 额两边发脚尖垂压眉者，左主克父，右主克母（男左女右）。

22. 额偏侧、天仓低陷者，主其三十岁前与父母少缘或不得父母之助。

23. 额窄而顶脑尖者，主其幼少年刑克父母兄弟，一生绝不能贵显。

24. 额虽窄，但耳高于眉，山根丰隆者，主其仍可享祖荫并幼少佳。

25. 额尖如三角形者，主夫妻感情不睦，妇女并主克夫。

26. 额头福堂及天仓有痣者，主其必定迟婚，不能承继父产，男女同论。

27. 额头天中部位有起者，主其崇敬祖先父母，青运极佳，事业可正路发展。天中部位凹陷或有痣斑者，主其有宗教和因果报应观念。喜研究五术玄学但青运不佳，有牢狱之灾，又主刑父或离祖别乡，平生虽有孝心，但无缘尽孝道，事业宜异路发展。额之天庭司空部位有灰黑色痣斑者，主其刑克父母，欠孝心，一生中有火惊一次，又男主一生少贵人，女主一生为夫劳。额之高广、司空、日月角部位有痣者亦主克父母。

28. 额头边地、尺阳、上墓、耳根等部位有灰黑色痣斑者，均主其客死异乡。

29. 额头山林部位不起或长有灰黑色痣斑者，主其不享祖业，常常搬迁居处，最终死于外乡。但痣色黑亮者，主外发展而得大财。

四、额相断健康智慧及个性品德

1. 额的大小与智力的高低成正比，额相美好的人，有异于常人的思考力及逻辑力，故在研究高深微妙之道理容易获致成功，并在学术上或其他领域里能获得高位。

2. 额高广宽阔，再五岳五官亦配合得当者，主其思想高尚，道德心重，又富同情心及正义感。

3. 额头从顶脑（颅顶叶）到后脑（后头叶）渐渐缩小者，则主其个性自私自利，无情无义，而不关怀他人的需要和兴趣，往往喜擅权，越俎代庖。

4. 额头高广，但有如斜壁，又欠丰满无肉，再加鼻不正者，主其往往刻薄寡恩，以小博大，吝啬狠毒，无恶不作。

5. 额头高广宽阔，但地阁尖削者，主其思想高尚，思考力颇强，但实行力则不足。

6. 额头低窄狭小，但地阁宽广者，主其模仿力有余，创造力不足。

7. 额头高过顶脑，从侧面看前高后低者，主其缺乏主见，对事物欠缺决断力，意志不够坚定，有时犹豫不决。

8. 额头低过顶脑，从侧面看前低后高者，主其颇有坚强的决断力和意志力，对事物有独断独行之心态。

9. 额头太大，额角（即人仓位）过凸，主其虽有智力，但个性孤僻固执，刚愎自用，不能合群。

10. 额头低窄偏削露骨污陋者，主其智短才缺，个性偏执自私，不易合群。

11. 额头由前额至后脑形状很长，同时后脑又宽大隆起者，主其心胸宽广，气量也大，不会自私自利，很会关怀他人，有宗教家慈善家之心怀。

12. 额头前端圆而突出者，主其脑容量必大，生性聪慧，记忆力强，思想丰富而喜学问多研究，但刑克六亲。

13. 额头与地阁均前突，唯独鼻凹者，主其心机颇多，难有成就。

14. 额之发际线整齐，同时天中、边地、山林均起者，主其人出身官宦或富裕之家庭。

15. 额发际成 M 字形，但额两边边城山林部位饱满高隆者，主其出身官宦或富裕之家（亦有出身贫苦家庭者）。其人感觉敏锐，思虑缜密，冷静沉着，作风稳健，最宜从事政治工作而大有成就。

16. 额发际成 M 字形，但额两边的边城山林部位未有隆起者，其感觉虽敏锐，思虑虽缜密，但干劲及意志力不足，而又任性，喜怒常形于色。主其人只宜从事小本经营，或从事美术音乐、文艺、戏剧等工作。又主其幼少年家境不佳，曾有劳苦生活或童工经验（即半工半读之谓）。

17. 额发际中间凹入成拱形者，不论男女，为人处事得体，又有爱心，妇女则个性温柔贤惠。

18. 额发际低，再加面庞皮肤粗糙，六曜挤迫者，主其乃愚顽之辈，终身难有成就，甚至惹事生非。

19. 额之发际不整齐者，主其不是劳心之人，就是劳力之人，愈杂乱愈甚。同时个性固执不听忠言，常有失败或挫折。

20. 额头发际中央有美人尖者，主其易患头疼疾病，脑神经运转不佳，个性虽积极，但好强好胜好奇。

21. 额丰隆，上窄下宽者，主其个性中正，脚踏实地，循规蹈矩地在人生旅途上前进；如上宽下窄者，主其个性表现极端，往往所作所为不是流芳百世，就是遗臭万年，对社会或政治经济不是有举足轻重的建设，就是严重的破坏。

22. 额窄小而头亦小者，主其智力发育不全，胸襟亦狭小，个性表面温顺，内心急躁，同时主短寿。

23. 额生有肉瘤者，色紫、色红、及色黑亮、白亮者吉；色灰白色淡黑及色褐者不吉，主其多忧惊刑厄或耗损或刑克六亲，但瘤上长出毫毛者另当别论。

24. 额生有胎记者，红紫色者吉，主其遗传优良，智慧高超能成大器。黑色褐色者不吉，主其遗传不良，健康、智慧、个性有瑕疵，一生难有成就。红紫色胎记之形成，乃系母亲在怀孕时，母体年岁轻，身体健康良好，血液量多质佳之象征；黑色或褐色胎记之形成，乃系母亲怀孕时，母体年岁大，或母体生理心理健康情形不佳，或母体血液量少质浊之象征。

25. 额生有痣斑者，（司空中正部位尤忌）大多幼年时患热病，或脑组织曾有疾病。主其心神欠宁静，多忧疑愁思，有自卑感，易与长上摩擦，又欠忍耐力和恒心毅力，一生职业屡变，难食官禄，难继祖业。

26. 额部气色光润明亮者，主其脑组织运转正常，头脑清楚，思虑缜密，运气亦佳。额部气色暗滞，皮肉粗糙，或出现赤斑疹者，主其目前不是神经衰弱，就是脑神经运转不良，导致脑压过大，常常头痛或失眠，运气亦处于低潮状态。如额之气色暗黑者，则主事态严重，主其有死亡之危险，至低限度亦主事业大败运程大蹇。

五、女性额相的独特相理

1. 女性以额为父母，鼻为夫星，口为子星，眼主贵贱。凡相夫旺子之妇，必一面无亏，眼神澄澈。三尖六削、眼神混浊之妇不贫即贱，婚姻亦不美满，或刑夫克子。

2. 女性额圆头圆（即山林、丘陵、枕骨各位俱饱满）者，为女子九善之首，主其人嫁贵夫，并生贵子（女性九善：头圆额圆为一善，骨细内滑为二善，唇红齿白为三善，眼长眉秀为四善，指尖、掌厚、掌纹细秀为五善，声音清柔如水为六善，笑不露齿为七善，行步徐缓坐卧端静为八善，神清气和肤色润泽为九善）。

3. 女性额太高太宽者必迟婚（以自己手指的三指高度为合标准，超过者为过高，不足者为过低）。如早婚主其一生婚姻难得美满，非克即离，如系木形人再眉浓、眼大、面长之女性更早验，此乃火焰上炎之相，女性大忌。但事业心重，有或多或少之成就。

4. 女性额高再加眼有艳光者，主其一生有桃花运，但婚事难成。

5. 女性额高再如声音过于洪亮大声，或尖锐刺耳者，主其克夫再三。

6. 女性额高广或凸露，再加口大或口薄，主其三十岁前拖累夫运并婚姻不美满（如迟过三十岁后结婚，或配额头更高之男士，休咎减半论）。

7. 女性额方者，主其个性男性化，婚姻不美满，克离再嫁。

8. 女性额高再加唇掀者，主其克夫刑子。

9. 女性额之天中部位有深长竖纹，或额有三横纹或纹多而杂，主其婚姻不美满，克离再嫁。

10. 女性有日月角者，主其未出嫁前克父，出嫁后克夫。克夫之年，大多应在二十三至四十二岁之间。夫生病外伤或生意失败或聚少离多，或夫妻离异均谓之刑克。

11. 女性额两边人仓（即丘陵冢墓二位）饱满者，主其二十五岁后即旺夫兴家。

12. 女性额头长有灰色或白色之肉瘤者，主其一生感情再三波折。

13. 女性额凹陷，再加印堂有恶纹恶痣者，主其不识大体，有迫使丈夫作奸犯科之可能。

14. 女性额一边高一边低者，或额偏斜不正者，主其嫁人作妾或填房，同时个性轻浮好淫。

15. 女性额尖再耳反者，主其婚姻不美满，有三嫁四嫁之可能。

16. 女性额尖再额露骨者，主其婚姻不克即离。

17. 女性额尖再鼻尖口尖又无眉者，主其性急如火，难育子女，婚姻不克即离。

18. 女性额窄而低，并地阁腮颐宽而大者，主其在家损父运，出嫁损夫运。

19. 女性额低额窄者，主其娘家家业不旺，父祖不贵不富，又主早婚。

20. 女性额低额窄，再发际不齐，头发浓密，面细身粗，或腰扁臀宽者，或额头凹凸不平，再天仓凹陷，印堂太窄或印堂恶纹恶痣者，主其有沦落为妓女之可能。

21. 女性额宽者，其对家庭有责任感，如再眉浓黑者，主其有男儿之志向，才华不输异性，可负担家计并有孝心。

22. 女性额低者，主其早婚，但三十岁前拖累夫运，三十岁前发胖者更验（女性三十岁后发胖者不忌）。

23. 女性额之气色过于光亮者，谓之“照夫镜”，主其本身事业有成，但夫运不佳。

24. 女性之发际成锯齿状或成三个美人尖者，主其一生劳心劳力，个性十分顽固，很难接受善意的忠告和长辈的教诲，常常遭遇挫折，婚姻亦难美满。

25. 女性额之发际有旋者，主其刑克父母，个生不良，婚姻不美满，克离再嫁。

26. 女性额两侧多汗毛者，主其克父，随母改嫁，或父母感情不佳，常有口角争斗，或父母分离。

27. 女性额两侧之天仓位过于凸露高广者，主其少年刑克父母一生贫苦。

六、各种额相图

1. 低平而宽广的额相

额虽不高隆，但颇宽广，亦为美好之额相，事业仍有成就，但比标准之额成就稍逊。男女同论。

2. 标准额相

一般政治人物，实业家、科学家、文学家多具有此额型。但女性具此额相，婚姻必然不美，非克即离，但事业上会有成就。

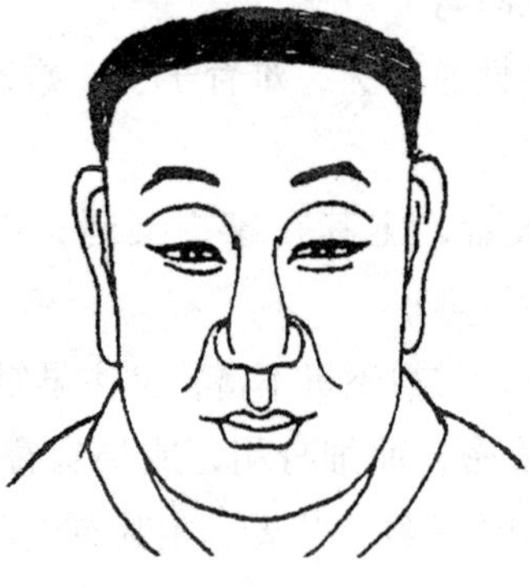

低平宽广额

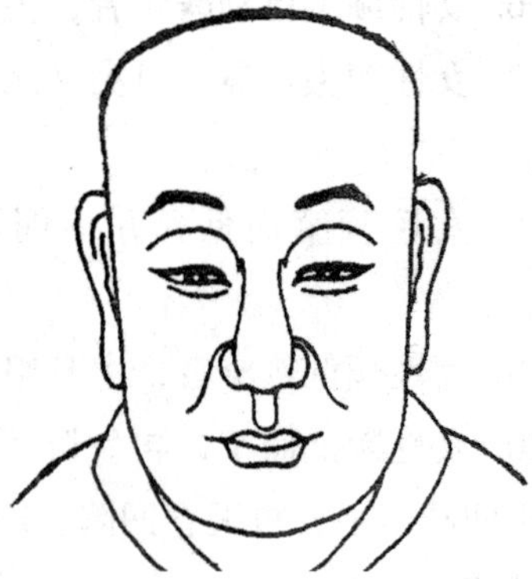

标准额

3. M字形额相

此额特征为左右两边发际凹入，形成M字形。如边城山林骨有起，主有大成就，否则其成就普通而已，幼少年家境不佳。

M字形额

4. 女性圆形标准额相

此额特征为额部成圆形，为女性标准额相，个性温柔贤惠，有此额相之人，乃天生的贤内助。男性额圆，亦象征个性、人品均优良，但欠缺开创性。

5. 美人尖额相

此额特征发际不整齐，形成三个“美人尖”，主幼少年家境不佳或家庭发生重大变故。如发际形成锯齿状者，主其为遗腹子。

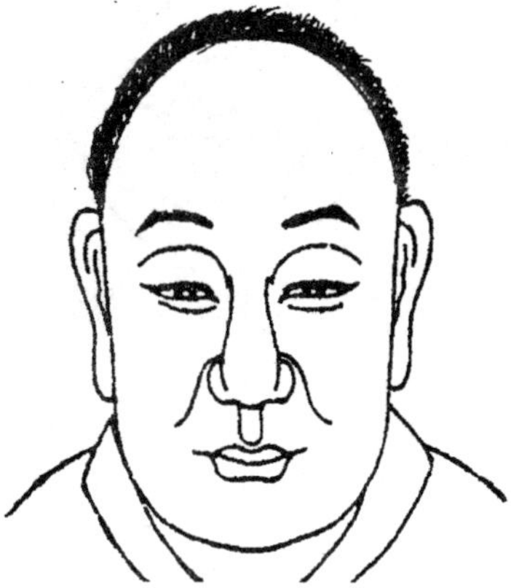

女性圆形标准额

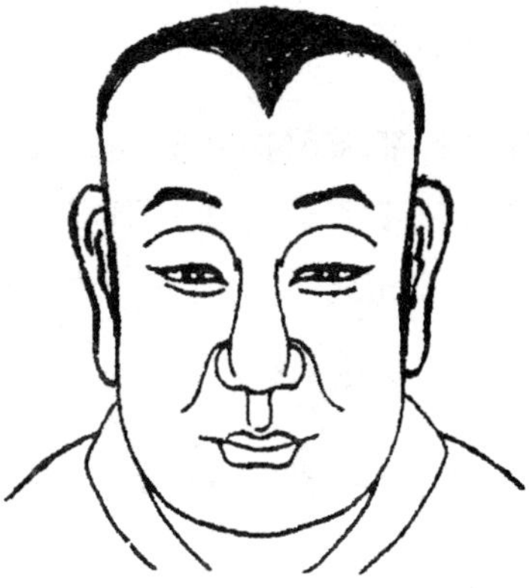

美人尖额

6. 发际中央突出的额相

此额特征为发际中央突出，俗称一个“美人尖”，主个性好奇好胜机警，其人必离开出生地到外地发展。男女同论。

7. 低窄额相

此额特征为额低又窄，两边发脚盖住眉尾。有此额相之人，大多少年时代处境贫苦，六亲缘薄，劳多获少，多属体力劳动型人物。男女同论。

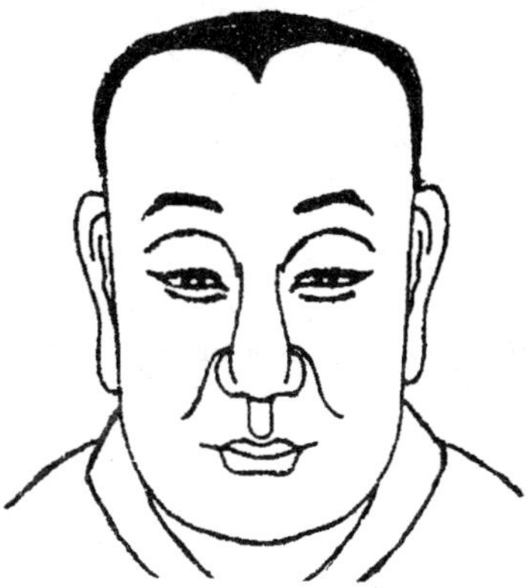

发际中央突出额

低窄额

8. 智力低下额相

此额特征为额之上半部后退，与额的下半部形成正梯形，主其智力低下，感情欠精致，事业上难有大发展。

智力低下额

9. 前额骨骼突凸额相

此额特征为前额骨前凸，其可学习专门技术或从事研究工作，但眼不秀必定愚鲁。有此额相之人，大多个性古怪孤独，刑克六亲，女性尤甚。

10. 发际中央凹入额相

此额特征为发际中央部位凹入，主人颇富爱心，最宜从事教育及宗教工作。男女同论。

前额骨骼突凸额

发际中央凹入额

11. 发际低且额骨平的额相

此额特征为发际低、额骨平，主人的智能发育不良，又缺乏道义仁惠之心，一生命运困厄，难有成就。男女同论。

12. 前额后缩且眉棱骨高凸额相

此额特征为前额后缩，眉棱骨高起。如下颚部位发达，五官配合得当，主其有小型成就，但个性粗俗鄙陋，行动快速而理性不足。

发际低且额骨平额

前额后缩且眉棱高凸额

七、各种额纹图

1. 偃月纹额相

此额纹名“偃月纹”，贵而长寿，性格明朗，但刑克子女。

2. 华盖纹额相

此额纹名“华盖纹”，最宜武职发展，主有大成，但有刑克。如纹痕深刻者，主孤独。

偃月纹额相

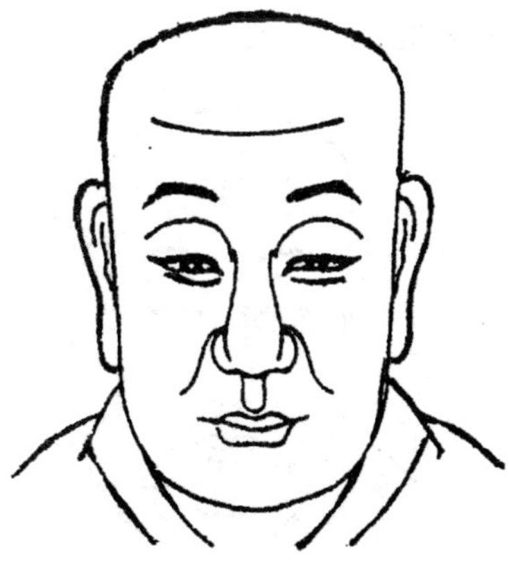

华盖纹额相

3. 孤独华盖纹额相

此额纹名“孤独华盖纹”，三条四条五条不等，纹尾向下，纹痕愈深刻，愈加孤独辛劳，但享高寿。

4. 伏犀纹额相

此额纹名“伏犀纹”，贵而长寿，得人钦敬，一生少灾厄，但颇劳心。

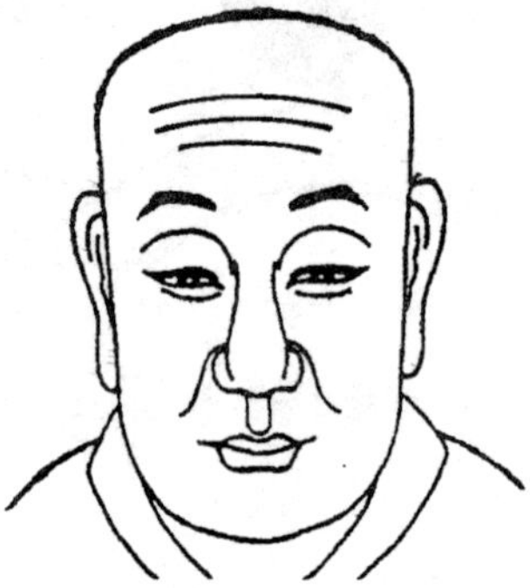

孤独华盖纹额相

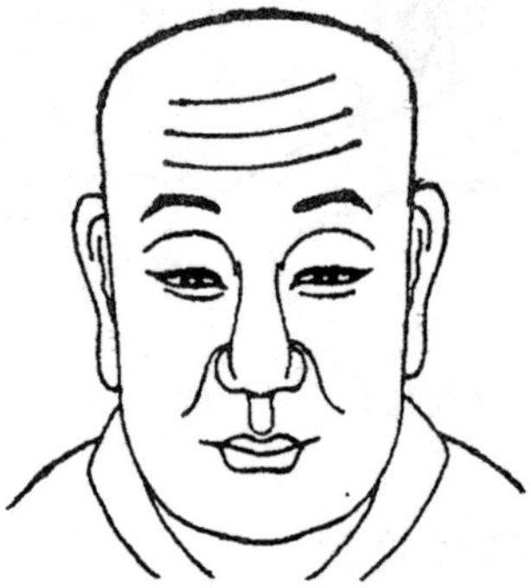

伏犀纹额相

5. 山字纹额相

此额纹名“山字纹”，主早年出仕，发达颇早。一般庶民有此纹，虽长寿而孤独。

6. 王字纹额相

此额纹名“王字纹”，为权力、名誉的象征，大贵之人相得益彰，一般庶民定有凶厄。

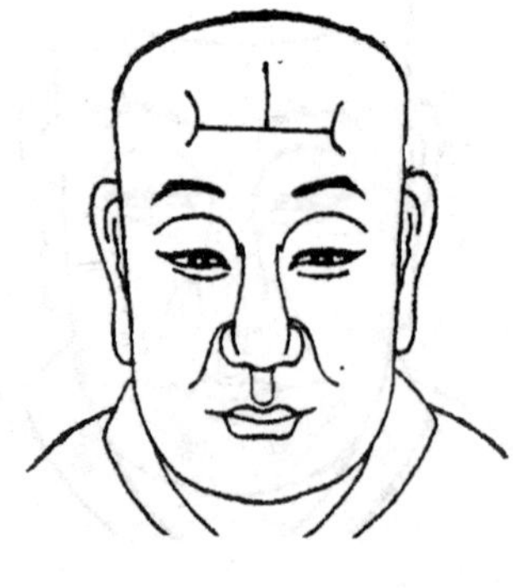

山字纹额相

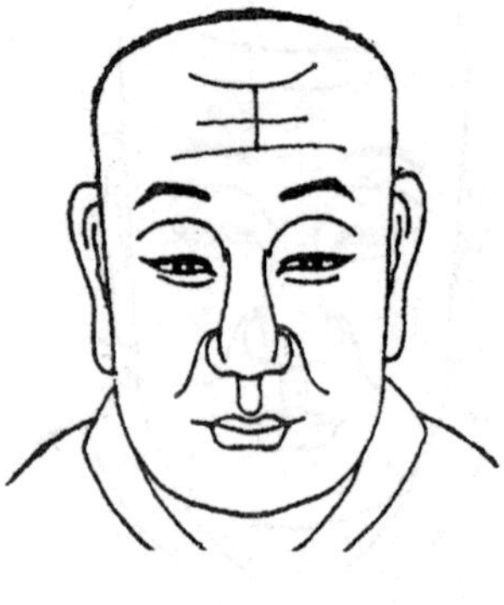

王字纹额相

7. 川字纹额相

此额纹名“川字纹”。纹长者，主事业有成，并享高寿；纹短者，主有凶厄并克子孙。

8. 井字纹额相

此额纹名“井字纹”，主人一生事业问富不问贵，但富而多惊险波折，婚姻亦欠美满，有二婚之象。

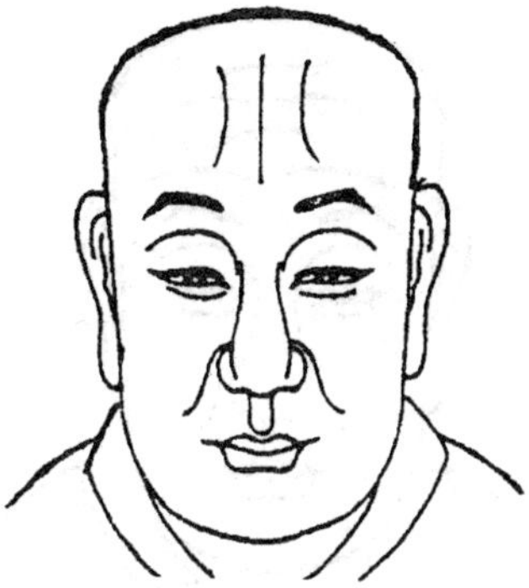

川字纹额相

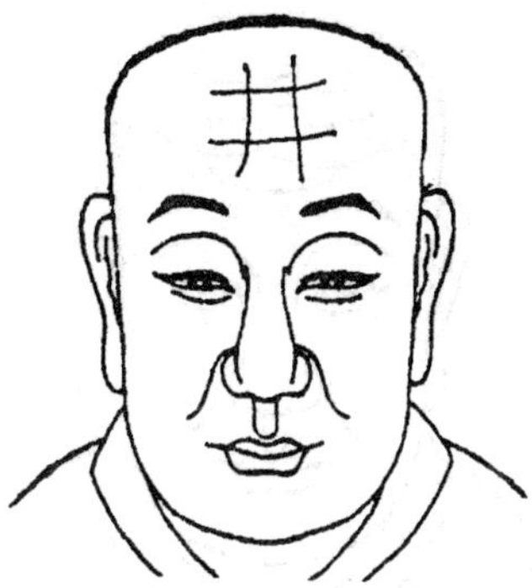

井字纹额相性

9. 交叉纹额相

此额纹名“交叉纹”，主大凶，必死于刑罚，不得善终。

10. 双直纹额相

此额纹名“双直纹”，主破祖离乡，六亲无助少缘，虽有才华并享高寿，但一生多险难，事业少成。

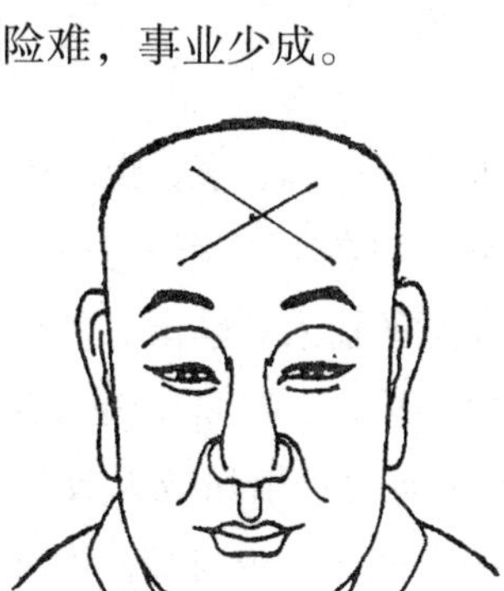

交叉纹额相

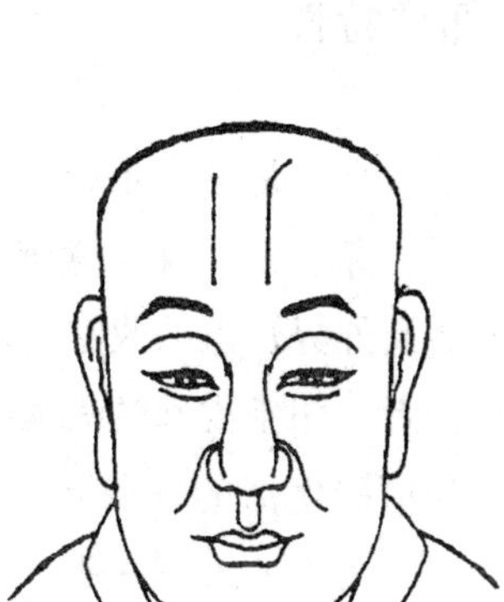

双直纹额相

11. 水波纹额相

此额纹为凶纹，主其离乡背井，波折重重，多劳少获，但寿年颇高。额相佳、纹有势者，另当别论。

12. 浮云纹额相

此额纹为凶纹，主其一生事业诸多阻碍，常有波折，劳碌终生，难有收获。但额相佳、纹有势者，另当别论。

水波纹额相

浮云纹额相

第三节　印堂

一、印堂部位特性

印堂就是命宫，是思维系统的总开关，人的喜、怒、哀、惧、爱、恶、欲七情及眼、耳、鼻、舌、身、意所衍生的六欲，均在印堂凝聚与扩散。人脑海中意念的传播及外界资讯的收集，均须经过印堂的输入和输出。凡意念资讯输出与输入顺畅者，印堂皮肉的表面亦随之宽松，反之，印堂皮肉的表面亦随之紧蹙，印堂为精神生活的气象台，是脑神经活动的总枢纽或人收集知识的门户。佛教称印堂为人的第三只眼。凡一个人一生命运之否与泰，均可在印堂相理中求得答案。

印堂为“九阳气”，九为数字，阳为骨骼，气为气势。其原意为，欲观看一个人头骨的好坏，只要观看印堂骨的气势就知道了，因为头为诸阳之首，印堂为九阳气聚之所。头骨内所覆者为脑组织，若头骨长得好，脑组织自然发育良好，人的健康、智慧和个性必然优良，因此人一生的命运也就自然通达。印堂是通往脑组织的门户。

印堂的相理特征不但与父母的遗传有关，亦与父系母系三代以上的遗传有关。印堂开阔平整，其人之遗传必佳，亦象征人的健康、智慧、个性三者均比常人优良，其人一生的成就与收获也较一般人辉煌。印堂为命宫，以观人的天命（遗传）的厚、薄、实的情况。

印堂气色的好坏，是由于脑部组织运转正常与否所致。如脑组织运转正常，脑波及脑压亦均正常，脑部所发出的电波必强大，而能量可发热，热可发光，因此，印堂外表就会出现“黄、红、紫”气色，人的运气必佳；如果脑组织运转不正常，那么人的脑波及脑压亦必不正常，脑部所发出的电波亦必弱小，因此印堂就会出现“青、赤、黑”气色，当然人的运气也就不佳了，甚至会遭遇意外凶险或疾病、败业等事。

印堂为人面相中最为当阳显眼之处，与眉、眼形成面相三大主体。凡观看一个人一生的贵贱、贫富、健康、寿夭、心性品德及女性是否相夫旺子，均以印堂相理的优劣作为主要观看点。

二、印堂断事业成败

1. 印堂开阔平正、丰润圆满如镜者，为符合相理标准，主此人天生福厚。再得其他各部位相理配合得当，主其可贵可富，三十岁前即可崭露头角。

2. 印堂相理符合标准，再加双眼秀长，山根鼻柱有势，两颧饱满，主此人权柄在握，功名显达，乃大贵相格。

3. 印堂起骨如印，乃大贵之格。

4. 印堂宽平、丰润，再加双眉开阔、清秀，主其官禄星照命宫，一生官运亨通，大有成就。

5. 印堂低陷，再加双眉侵入印堂，主其凶星侵命宫，一生宦途无望，终身贫苦。

6. 印堂深陷成坑，或有恶纹、恶痣，再加面部方正、两耳尖露，为“烈火化金”格，主此人一生穷困，凶灾连连。

7. 印堂陷破，眉头交促，主人的一生劳碌，事业难成。如下停相理佳，尚有晚运可行；若下停相理差，则晚运堪怜。

8. 在四十岁后，印堂两侧必须有纹。如纹理不乱不杂，不斜不曲，主人的一生事业顺利。

9. 印堂有十字纹、天字纹、王字纹、金印纹、仰月纹者，主乃大贵且能握大权之相格。但一般庶人有此纹或面相有瑕疵，反主不利或凶厄。

10. 印堂有悬针纹，木形人不忌，可在正路发展，而金、土、水、火形人，均不宜正路发展，只宜从事异路行业。依据生理学解释，印堂悬针纹的成因是人的脑系统及心肺系统有先天性缺陷，或后天脑系统及心肺系统受到家庭或社会不良讯息的刺激及疾病损伤，或自身个性急躁倔犟为常常蹙眉所致。

11. 印堂痣色灰白或淡黑，主人的意志薄弱，做事有始无终，一生难有成就收获。若印堂痣色朱红或漆黑者，主其有宗教及哲学上的慧眼，从事宗教、哲学、五术研究必有成就，但宦途不利。

12. 印堂破陷或有痣纹，或印堂过于狭窄，不容一指，主此人即使在事业上有小成就并衣食丰盛，但一生快乐的日子少，内心忧烦的日子多。

13. 印堂有纹痣或伤痕，主人的一生职业常多变动，劳多获少。

三、印堂断家族关系及婚姻子女

1. 印堂丰满、眉清眼秀、额骨隆起者，主其三十岁前父母健在；反之，额陷成坑，两眼无神，两眉不秀，印堂低陷恶纹恶痣，虽额有日月角，亦主父母有损。

2. 印堂有恶纹恶痣或破陷者，主其青少年时离乡别祖，在外谋生，且又多波折凶险，学业中途辍断。幼少年及晚年大多刑克六亲，或与六亲少缘。

3. 印堂痣纹陷破或狭窄者，主其一生不得长上六亲帮助，难承祖业。

4. 印堂低陷或两眉侵入印堂者，主其难报亲恩。同时晚婚，妻迟子晚，起码二十八岁后才能结婚得子。

5. 印堂有悬针纹，主其刑妻克子，应妻迟子晚方吉。如三十岁前结婚者，主其不生离死别，亦婚姻不美满。

6. 印堂纹理过于杂乱者，主其父母祖先有恶行或有恶死他人，自身亦难以长寿或死于非命，印堂、山根有痘痕者更验，应修身积德以弥补。

7. 印堂痣色灰白或淡黑者，主其刑克父母或出继，不得祖产。

8. 印堂或山根有痘痕者，主其必为养子女或与父母少缘。

9. 印堂有痣纹或陷破者，主其婚姻欠美满夫妻情薄，严重者非离即克，二婚不休。再加鼻相亦有痣纹陷破，主娶挥霍之妻。

10. 印堂狭小，再加山根折断，鱼尾纹下垂，天仓凹陷，主其一生命运逆滞。男主克妻，女主克夫。

11. 无论男女，印堂宽平，再加山根丰隆挺直，主其所生子女必优秀。如印堂宽平，山根凹陷歪斜，主二十八岁前所生子女优于二十九岁后所生子女；印堂破陷而山根隆挺者，主其二十九岁后所生子女优于二十八岁前所生子女。

四、印堂断健康智慧及个性品德

1. 印堂宽平圆润如镜者，主其头脑发育良好，个性英明贤良，气量宽宏而有远见，精力充沛而愉快长寿。又主其德望高，一生贵人多小人少；亦象征其肺部活量大，身体健康，不易感冒。

2. 印堂狭窄痣纹者，主人的心胸狭窄，个性好胜急躁，对事物缺乏透彻的观察力，又易患得患失，并易患感冒、忧郁病或有神经过敏倾向。

3. 印堂骨高突者，主其有奇特的才能及性格。

4. 印堂有悬针纹者，主其通情达理，气概刚毅，意志坚强，不畏困难，做事彻底；但个性顽强固执，欠缺圆通，喜吹毛求疵，因此不得人和而常招官非口舌。如悬针纹深长，则主有牢狱凶灾，一生事业多挫折。木形人的事业，不忌悬针纹，金、土、水、火形人则大忌。

5. 印堂细毛从生者，主其幼少年多感冒，呼吸系统欠健康。

6. 印堂的悬针纹深长又无吉纹破解（悬针生脚可解凶性），主其终必凶死；印堂的悬针纹浅，亦主生平多危险，常有孤寂感，常多烦恼。

7. 印堂破陷及有恶纹、恶痣，称为“印堂带杀”。如眉毛亦带杀（眉尾上翘），主人的一生虽多凶险危难，但能逢凶化吉。

8. 印堂右侧靠近刑狱部位有灰黑痣者，主人的一生难逃一次牢狱灾祸；有黑子者，主有痼。

9. 印堂旁的交锁有痣斑，主人的心肺系统有隐疾或心脏衰弱无力。

10. 印堂有恶纹、恶痣，或印堂狭窄凹陷者，主其虽读书多，但多学少成，或虽有才华，但有志难伸，一生波折，起伏不定，劳多获少，同时心胸狭窄。

11. 印堂出现淡红气色或脱屑者，主人的肺部火气过旺或发炎。如出现块状或条状赤气色，则主有风的危险。

12. 印堂气色发黑，乃脑部病变的讯号，主其有暴毙或大凶之危。

五、女性印堂独特相理吉凶

1. 女性印堂平满、开阔、色润，山根有托又无任何瑕疵，主其必配有成就之夫，同时相夫旺子，一生福厚又来得自然。

2. 女性印堂有恶痣，主其刑克六亲，婚姻欠美满，非克即离。

3. 女性印堂有悬针纹，主其孤寿，刑克丈夫子女或无子女，一生劳碌，个性刚强。但眉、眼、鼻相佳者，另当别论。

4. 女性印堂有川字纹，主其刑克败家，一生贫贱，夫星不旺，易招凶险，个性阴毒恶狠。但眉、眼、鼻相佳或自身有疾者另当别论。

5. 女性印堂纹理杂乱，主其智慧不高，一生下贱贫苦，丈夫亦无好运，与公婆相处不睦，身体健康欠佳。但眉、眼、鼻相佳者，另当别论。

6. 女性印堂凹陷，主其夫妻缘份薄，婚姻欠美满，夫妻感情疏淡。

7. 女性印堂凹陷再加额头凹陷，主其必嫁贫贱之夫。

8. 女性印堂肉多隆起，主其个性男性化，喜欢做女强人。

9. 女性印堂宽过二指，主其早婚，额低者更验。如女性印堂超过三指以上宽度，则主其个性男性化，贞操观念淡薄，处事缺乏主见。

10. 女性以印堂及鼻为夫星。如女性印堂破陷且有痣纹，主其压夫运，丈夫有志难伸。

11. 女性印堂气色佳，再加鼻气色亦佳，主其丈夫正处盛运，事业顺利，健康亦佳。

六、各种印堂纹痕图

1. 悬针纹

印堂有悬针纹，主难享祖荫亲情，一生奔波少成，多凶多险，功名无份，婚姻不美满，男女同论。印堂有悬针纹之人，最宜追求异路财荣。

2. 二竖纹

此纹为印堂唯一善纹，主人脑组织发育良好，神经运转正常，有才华，有中心思想，富有正义感，一生事业有成就，并享高寿。

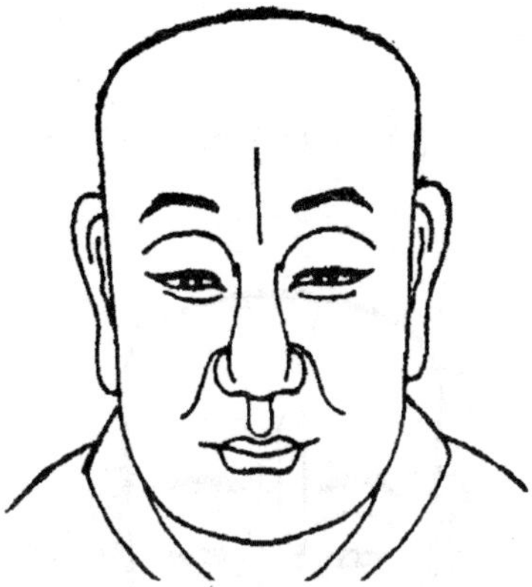

悬针纹

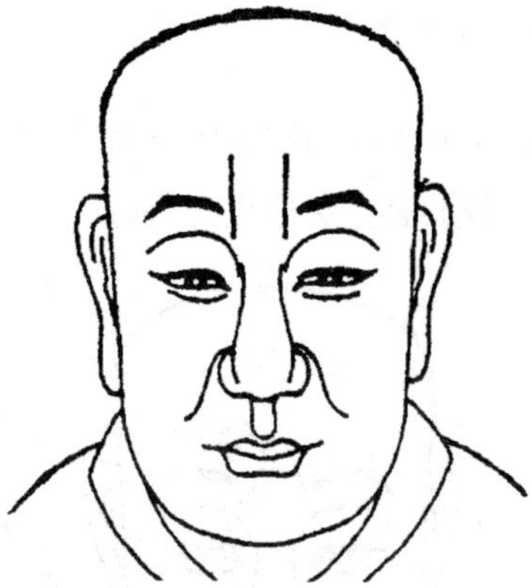

二竖纹

3. 左眉头一竖纹

此纹在左眉头旁，名“伤害纹”，主其易遭袭击伤害，或易患关节风湿疾病。如在右眉头旁，名“牢狱纹”，主其一生必有一次牢狱之灾。

4. 悬针生脚

此纹主祖产无靠，但祖德深厚；一生中虽波折凶险颇多，但可逢凶化吉，转危为安。印堂有此纹之人，最宜追求异路财荣。

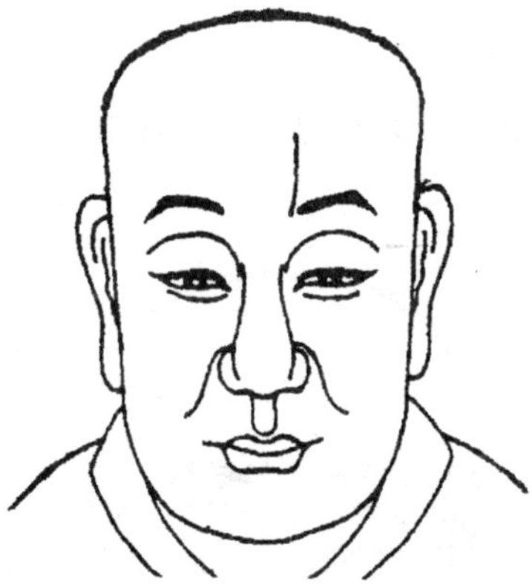

左眉头一竖纹

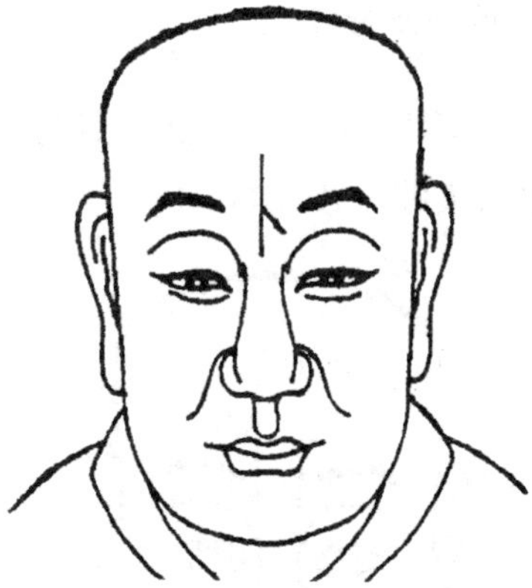

悬针生脚纹

5. 八字纹

八字纹主一生难有扬名吐气之时，必然劳碌奔波，成就微小。女性有八字纹，主嫉妒心重，难安于室，一生辛劳，一嫁再嫁。

6. 川字纹

此纹为印堂恶纹，主破败祖财，奔波劳碌，中年灾难多端，并克妻再三，晚年难享于福。女性克夫再嫁。

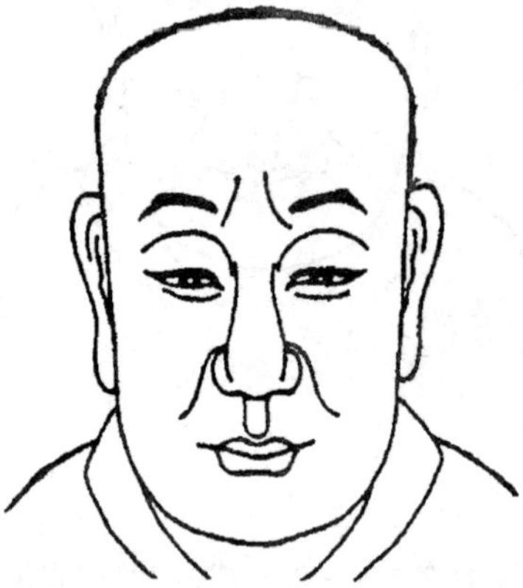

八字纹

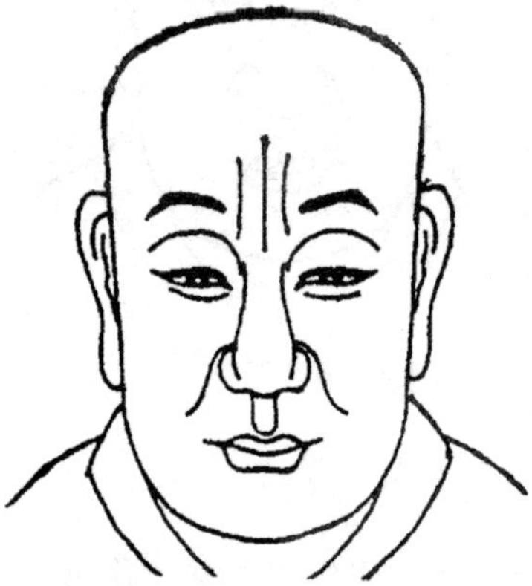

川字纹

7. 两竖带钩纹

此纹为印堂恶纹，纹深者更为不吉，无论男女，均主早克父母，一生事业无成。若再加乖谬乱行，则定然遭凶险而丧命。

8. 两弧反背纹

此纹为印堂恶纹，主人生性愚昧，智能低下，无论男女，常怀怨天尤人之心，做人失败，做事亦少成。

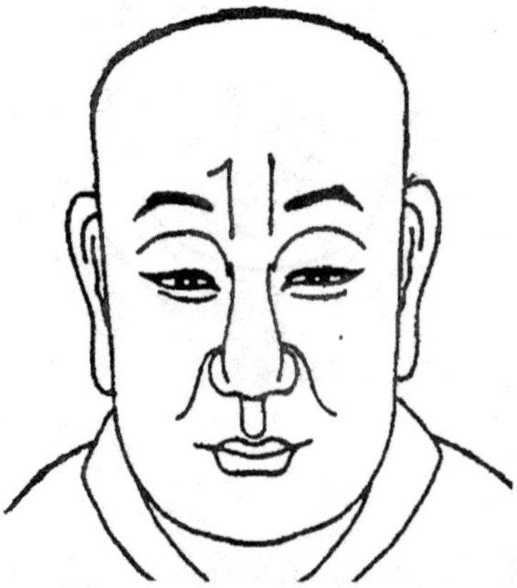

两竖带钩纹

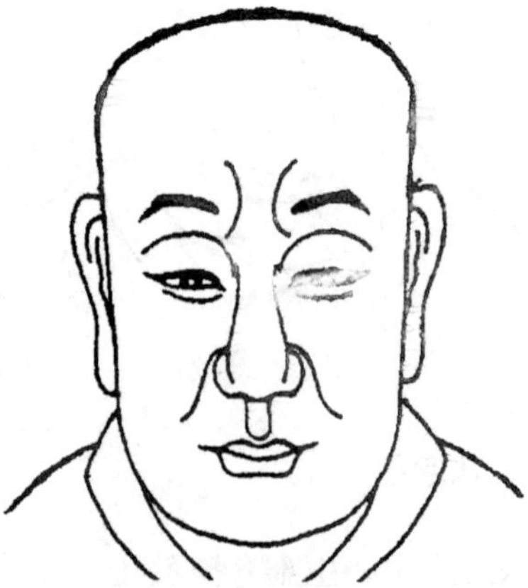

两弧反背纹

9. 乱绞纹

此纹为印堂之恶纹，无论男女，均主妨父母，刑妻克子，一生劳多获少，破祖败家。如不存心向善，三十岁前后定有大灾难。

10. 一竖带叉纹

此纹为印堂恶纹，纹形杂乱叉纹深者更为不吉，无论男女，主败祖辱身，如行为不自检点，则一生中定然难逃灾难凶险。

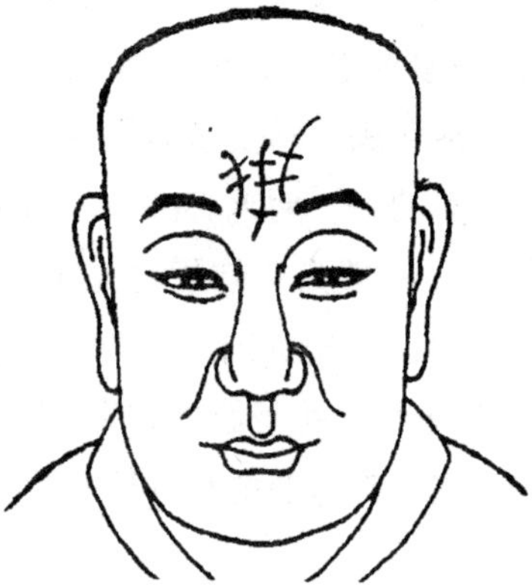

乱绞纹

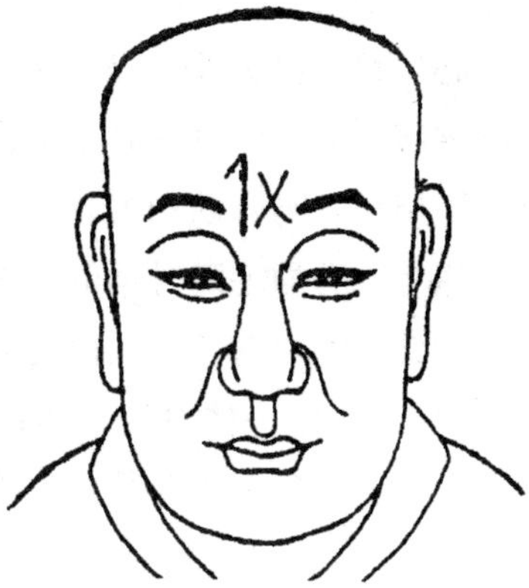

一竖带叉纹

11. 印堂可容二指，大吉。

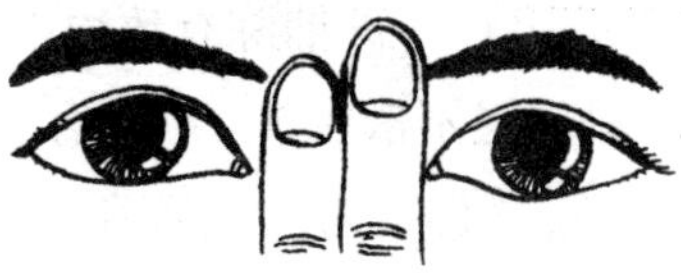

标准印堂

第四节 眉

一、眉部位特性

《神相水镜集》云："藏精于骨，现精于眉"。精者，即指精华或精神。人全身的精华是藏于人的骨髓之中。

一般来说，眉毛浓、眉棱骨又起的男人，骨髓内的精华亦多；眉毛黑亮且眉棱骨形状良好，骨髓内的精华亦优良。眉有彩，即指骨髓精华的具体表露。眉毛长者起伏如乘风飘秀，眉毛短者毫光如远山郁秀，眉毛浓者细发如貂毫闪光，眉毛淡者色华如羊毛润泽，均是有彩之眉。

从眉毛可以观看人的个性，眉的前端与肺脏关联，眉的后端与肝脏关联，眉棱骨与骨髓关联。每个人的眉毛长相不一样，他们的骨髓和肝肺的遗传、发育和组织结构也不相同，家庭中兄弟姐妹的个性也不一样。眉毛的行运流年从三十一至三十四岁。

眉尾为妻子财帛宫，与人的肝及小脑相关联。肝脏健康的人，眉尾必聚，必弯下，必过目，因此个性优良；个性优良则事业有成，事业有成则财富必聚。小脑健康之人，内分泌必正常，则夫妻生活美满，子女多而优秀。眉又为保寿官，因眉棱骨与骨髓相关联，骨髓中精华多的人，眉毛必浓秀，眉毛必随骨而起，眉毛浓秀眉毛随骨而起象征健康长寿。一般人只知眉对兄弟、姐妹、交友有影响，其实眉对一个人命运的影响相当大，故先贤们说：“扬眉吐气”、“少年一轮眉，老年一林须”。人的命运自七岁开始，就与眉的相理关系密切，一直到九十七岁，每一重要部位的流年运程，均要参考眉的相理论断。

二、眉相断事业成败

1. 眉相有八种要求：一是退印（即眉头相距两指以上宽度）；二是居额（即眉毛长在眉棱骨上）；三是毛顺（即铺陈有致浓中细发）；四是过目（即眉尾长过眼尾）；五是尾聚（即眉尾不散乱）；六是有彩（即眉毛有亮光、眉肉有翠润或白润之色）；七是有扬（即自眉头至眉身三分之二处略略向上再缓缓下弯）；八是根根见肉（即眉毛虽浓但不可浓如泼墨或杂乱无章）。眉相符合以上八项要求，即为相学上所说的“龙眉”，若再得面相其他各部位配合得当，主此人必大有成就，乃大富大贵相格。

2. 眉毛符合以上八项相理标准为眉形美好，再加印满、眼秀、鼻隆、口阔，主此人青年发达，终身扬眉吐气。

3. 眉形美好，眉毛光亮有彩，眉内肉白润成翠色，再加耳色红润，眼睛神光充足，主其人好运来临，不论求官求职，竞选创业均可成功。

4. 眉长者富贵，眉短者贫寒。眉长即指眉尾比眼尾略长，眉短即指眉尾不能盖过眼尾。

5. 眉有彩者富贵。即眉毛有多层光亮或眉肉有白润翠润之色。

6. 眉疏而不密，清秀有致，主人一生衣食丰足、富裕。

7. 眉浓居额，眉眼间距离达一寸以上，再加山根丰隆两眼长大，主其一生运气平顺，财禄有余。

8. 眉轻且眉尾上扬入鬓，称为“卧蚕眉”，再配丹凤眼，若逢乱世，可成就大事业。眼浊神弱者，虽发达而不善终。

9. 眉长入鬓，乃大贵之相；眉毛上竖，则主残忍成性，虽有智勇，但易损阴德，一生中必有一次大险。

10. 眉相一字形，宜在军警界发展或文领武职。

11. 眉尾如剑，称为“剑眉”，主其个性急躁，英明勇猛，最宜从事职业军人。

12. 眉形虽好，但山根低陷，鼻柱不丰隆，鼻准不隆挺，主其廿五至三十四岁眉仓运不好，又不聚财，并多灾疾。眉相与鼻相要相互为用，若眉相好而鼻相不好，主眉运不发。

13. 眉黄薄为六害眉之一，主终生不发，一生贫困，又多奸计。如眼相再不佳，主孤苦凶死。

14. 眉散乱（眉尾散乱）为六害眉之一，主人的一生难聚钱财，或多败少成。如眼相再不佳，主刑克贫苦。

15. 眉逆生为六害眉之一，主其刑克六亲，个性暴躁，常犯官非，一生多成多败。如眼相再不佳，一生劳碌贫苦；如眉棱骨再高露，主其个性粗暴，不忠不孝，不仁不义，终必招凶险而亡。

16. 眉交加（即眉身两层重叠）为六害眉之一，主刑克六亲，破祖离乡，多招小人，常犯官非。如眼相再不佳，主其一生劳碌贫苦。

17. 眉锁印者为六害眉之一，主刑克六亲，妻迟子晚，多学少成，一生无官禄。尤以二十八至三十二岁及三十六至四十三岁运程最为不顺。

18. 眉压眼为六害眉之一，主其二十六至四十六岁运程蹇滞，难有收获。如印堂山根再陷破，主其破祖离乡，一生劳碌贫苦，并易遭灾凶。

19. 眉倒生且眉毛粗长，主其一生贫贱招凶，晚年必陷于穷困孤苦境地。

20. 眉如一撮，主其个性不良，事业难成，并主孤独贫贱。

21. 眉头尖小而眉尾宽大，主其初运欠佳，但晚景荣华，愈老愈丰；如面相其他各部位再配合得当，必有相当成就而享有盛名。如眉头圆而眉尾宽大有聚亦同论。

22. 眉头之毛浓密，但眉尾之毛稀疏若无，主其三十三岁后事业运转差。如面相其他部位再配合不当，主其晚景凄凉，孤独贫贱。

23. 眉的前半截长出单独一根竖生的长眉毛，称为“眉毛带箭”，主从生长箭毛之日起运程不顺或刑克家人，应将箭毛拔去并多行善积德以补运。

24. 眉毛浓而不浊（浓中有细发），鬓发、胡须亦浓，眉毛与胡须上下相照应，称为“三浓”格。秃发者得此格，主一生福寿。

25. 眉粗浓又浊，密而凝滞，主其易陷于穷困潦倒之境地。如头发亦浓厚，主其终身运蹇。

26. 眉毛粗浓而倒下，再加面方（金脸），主其纵有学问才华，亦属寒儒或虎落平阳之辈，终生难有发展。

27. 眉毛粗浓又浊，如再眉压眼且眼神昏浊，主其十九至三十九岁之间定有牢狱之灾。眉粗浓之人，即使无牢狱之灾，青年亦难发达。

28. 眉毛竖生，再加眼内红筋缠绕，主其十九至三十九岁之间定见官讼牢狱。

29. 眉毛黄薄，再加眼暗无神者，主其有牢狱之灾。并死于牢狱。

30. 眉梢开叉，主其正处霉运。

31. 眉浊而不清，再加眼形不秀，主其三十一岁后运程渐趋逆境。

32. 眉毛稀疏，再加鬓毛亦秃（鬓毛未过耳），主其晚年孤独贫寒。

33. 眉毛无故变为杂乱不聚，主其人应在事业上保守前进，防损财挫败，并谨言慎行，避免口舌是非和意外灾难之发生。仅眉头毛变乱，主人的心神不宁。

34. 眉不过目或眉头交促者，主其最宜从事异路行业。

35. 眉头毛顺生，眉尾毛平直，主人的考运佳，可早发。

36. 眉上有乱纹或凹凸不平，主人的一生劳碌，事业上劳多获少，难成大器。

37. 眉中生有漆黑痣，谓之“草里藏珠”，象征聪明有才艺。如面相其他部位再配合得当，主其有或多或少的成就，但在事业上有一次大波折，并防手部受伤。左眉黑痣主财，右眉黑痣主寿。

38. 眉上端有痣，行眉运时运程蹇滞，事业上应保守前进，贪多急进者必见破败。

39. 眉头有肉瘤恶痣或凹陷，主其中年有官讼缠身或事业失败。

三、眉相断家族关系及婚姻子女

1. 眉毛（含眼）形状的优劣与父母的遗传关系至关密切，父母的生理、心理、年龄相当，父母健康智慧品性优良，父母婚姻美满，父母曾受良好教育，其所生子女的眉形眼形必佳，同时健康聪明且个性优良，思想高雅且感情理智平衡。反之，父母所生子女的眉形眼形必劣，或带“六害眉”，其验至爽。眉与父的遗传因素较多，眼与母的遗传因素较多。

2. 眉有彩，再加眼有真光，主其父子兄弟均贵，三代显赫。

3. 眉清有扬，额正而圆，双颧有势，地阁有朝，主其四十五岁前父母不伤。颧骨失陷，额偏不正，无须或须无情者，主父母有伤。

4. 眉清眼秀，眉尾弯下，印堂宽平，山根又丰隆，主其夫妻恩爱，婚姻美满，同时子女聪明优秀。

5. 眉毛浓浊锁印，称为“重罗叠计”，再加眼大，主其出继养为佳。否则，主其夭折或刑克父母兄弟。重罗叠计，多是父乱母淫因奸而生。出继是送给他人作养子女，乃使出继者变换生活环境以利养育，及阻隔与父母兄弟相互间电质素的干扰，这对自身及父母兄弟姐妹均有利。

6. 眉毛若无，再加双眼深陷，主其无子嗣。

7. 眉毛粗而浊，又短不盖目，主人的性情刚愎自用，兄弟不多，六亲少助。

8. 眉毛粗而浊，再加山根低陷，主其破祖离乡，三十四岁前多灾厄。

9. 眉毛竖生，再加太阳穴陷，主其刑克六亲，自身常有灾难，终身运蹇。

11. 眉毛浓密，但覆盖有致，不论男女，主其家庭观念浓厚，能尽家庭责任。后枕高隆，地阁丰厚，亦主有家庭责任观念。

12. 眉毛倒或竖生、逆生，左妨子，右妨妻，主其青中年时期家运不好，夫妻不和。女性尤甚。

13. 眉前半截上竖而后半截垂下，或左眉毛上竖而右边眉毛垂下，主其父不善终母再嫁；反之，母死父再娶。

14. 眉头冲向山根者，刑克父母。

15. 眉头有眉毛逆生，主其不为父母送终。

16. 眉头乱毛丛生，主人的一生劳碌，背井离乡，难有大成就。

17. 眉头有纹冲破，左眉头主与兄弟不睦，右眉头主与姐妹不睦。男左女右。

18. 眉头高过眉尾，主其兄弟的成就不如自己。眉头毛交逆，主不孝。

19. 左眉低陷，主克父；右眉低陷，主克母。

20. 眉棱骨高，罗汉眉，八字眉，眉疏鬓疏，面大无眉，鼻高无眉，颧高无眉，鬓厚无眉，须浓无眉，眉头常蹙，均主无子嗣。虽高寿，但多为孤相。

21. 眉浓，但眉毛垂下，眉的后半截亦斜下，称为“罗汉眉”。如再鼻短，则谓“罗汉面”，主其不为僧道，亦必刑克六亲，妻迟子晚。面貌臃肿，五官凸露，眉毛低平，称为“判官面”，亦主子女迟或无子。

22. 眉浊压眼，主其初年妨克父母，中年妨克妻子。

23. 眉上福堂部位或眉尾天仓部位有灰黑痣，主其早婚不利或早婚少缘，或无缘继承父产，三者必定有其一。

24. 眉尾为妻子财帛之宫，眉虽过目但眉尾不秀不聚者，主其虽有妻缘子缘但欠情缘，虽有财缘但欠聚大财之缘。

25. 眉尾斜上天仓，主其因婚姻失败而破家。天仓部位有痣同论。

26. 眉尾压住奸门，主其婚姻不美满，非离即克。

27. 眉尾奸门多青筋，主其妻健康不佳，严重时主刑克。

28. 眉尾奸门丰起平阔，再加鱼尾纹上仰、双颧饱满，主其可得妻财之助，或娶妻贤能。

29. 眉尾有斜纹，主其有娶妾心态，克子或子嗣多凶险。

30. 眉尾眼尾及上眼胞一带出现桃红气色，主其异性缘动，结交异性朋友顺利。

31. 眉尾上翘，再颧露骨，又声音嘶哑，主其婚姻不美满，晚年鳏寡孤独。

32. 眉尾天仓部位丰隆高起，主其可享父祖余荫。

33. 眉尾天仓部位有乱纹，主其克妻再三。

34. 眉尾散而不聚，再加鬓秃，主其老年孤独。

35. 眉尾有旋涡形卷毛，左眉主父先亡，右主母先亡，左右均有者为孤儿。

36. 眉毛中间断或有疵痕，主其脾气躁急，为难妻子，严重者有离婚之可能。早岁离家、六亲无缘。

37. 眉短不过目，再眉尾上翘，主其妻性格倔犟泼辣，夫妻时有争吵，如面相其他部位再配合不当，主离异。

38. 眉不过目，主其与子女情份薄，或无子女，一生难享子女之福，并为子女辛苦。

39. 眉毛若无，主其夫妻缘薄，即使结婚，亦主夫妻感情空疏。

40. 眉左边长者多子，右眉长者多女。(男左女右)

41. 眉毛弯长，再加眼睛秀长，印堂宽平，山根隆起，左颧阔，耳相好过口相，人中深明，主其子女七八人，并男多女少。

42. 眉短又不过目，主其子女稀少。但印堂相佳，子女可多至四五人。

43. 眉虽过目，但印堂破陷，主其无子嗣。

44. 眉清目秀，泪堂平满，山根隆起，人中深明，主其多子而少女。

45. 眉毛稀疏，再加眼珠黄，主其难育子嗣，喉结过露者尤验。

46. 眉毛曲生，主其子女个性不良。面相其他部位再有缺陷，则主刑克子女。

47. 眉上有直纹者吉相，但直纹长在眉头上，主其刑克兄弟姐妹。眉尾上端有横斜之纹，主其刑妻克子。

48. 眉上生有横纹，主其少子缘或克子，老年运蹇。

49. 眉为兄弟宫，父精强者，眉毛必随眉棱骨而起，眉毛必秀长过目，故兄弟多，人缘好，朋友也多。左眉为兄弟，右眉为姐妹（男左女右）。

50. 眉秀长过目，印堂丰满宽平，山根隆起，两颧耸秀者，主其兄弟优秀，可得兄弟之助，兄弟之间无刑克。

51. 眉毛内有痘痕者，主其兄弟缘薄，又少子嗣。

52. 眉毛忽然缺落一撮者，主其之兄弟姐妹，必有重大事故发生。

53. 眉中有灰黑之痣者，主其兄弟姐妹有人会遭意外凶险。又主左眉中有痣克妻，右眉中有痣婚姻不美满。

54. 眉毛清秀弯长，印堂丰满者，主其可得兄弟金钱之援助，或在事业上得兄弟之提携。

55. 眉毛中如有纹冲破者，主其刑克兄弟姐妹，或与兄弟姐妹不合无助。

56. 眉内有疤痕疵痕者，主其与兄弟姐妹亲戚朋友甚至与家庭少情少缘。

57. 眉弯长过目，山根亦隆起者，主其自身与兄弟姐妹均有成就。

58. 眉短不过目者，主其多为独生子，性情孤独怪癖，然眉清、眼长、印宽、有颧者，主有兄弟三四人。

59. 眉毛不一样者，主其克父或克母，或有异母或异父兄弟。

60. 眉毛与眼齐者，主其兄弟二人，但印堂平满，山根隆起，眼秀而长，双颧有起者，则主兄弟可多至五六人。

61. 眉毛过目，再印堂平满，山根隆起，眼秀而长，双颧有起者，主其人兄弟可多至八九人。如再眉毛浓秀者，兄弟可多至十余人。

62. 眉毛过目但颧不起者，主其无兄弟，或兄弟一人。

63. 眉毛过目又弯长者，主其有兄弟七八人，但眉尾不聚者则无兄弟。

64. 眉毛过目者，主其有兄弟五六人，但眉粗浓锁印者，则主其人无兄弟。

65. 眉毛过目者，主其有兄弟五六人，但印堂双颧有破陷者，主其人兄弟二三人。眉尾再不聚者，主其无兄弟。

66. 眉毛如扫帚者，主其兄弟虽多，但必有刑克，如印堂双颧再破陷者，则主其人无兄弟。

67. 眉毛间断者，主其刑克兄弟，或与兄弟少情少缘。

68. 眉毛锁印堂，或有眉无山根者，主其兄弟感情疏空。但眉尾有聚者，老来兄弟团圆。

69. 眉毛稀疏若无，再加无颧者，主其兄弟相害。有颧无眉者，则主兄弟冤结仇。

70. 眉毛不过目，虽有兄弟，但兄弟各奔前程，难有照顾。

71. 眉少发厚，额高无眉，须浓无眉，面大无眉，鼻高无眉，腮骨太露，横纹破颧，皆主刑克兄弟姐妹，六亲少助少缘，孤独之相也。

72. 眉秀长过目者，主其有兄弟。但观看兄弟之多寡，应配观印堂颧骨相理之优劣而增减之。山根则为观看兄弟优秀。

73. 眉毫竖生或上翘者，主兄弟感情空疏或刑克兄弟，亦主老年个性固执。

74. 眉相有任何瑕疵，均主与夫妻或兄弟或子女少缘，寿亦难永，纵有朋友，终难和睦相处，如与人合伙，则互损运气。

四、眉相断健康智慧及个性品德

1. 眉毛清，眉尾弯长过目，眉毛不上竖下垂，眉身不中断，眉棱骨不高露，再加印堂开阔者，主其性格温和、聪慧，可享高寿。

2. 眉毛全部竖生者，主其个性乖戾狠毒，虽有智勇，但易损阴德，终其一生，必见大险。与人交往，则重视现实，讲功利。

3. 眉毛全部逆生者，主人的气量小，骄傲躁急，好斗嗜杀，常自以为是，难得长上的欢心和提携，容易在朋友同事间树敌。

4. 眉毛成一字形并过目，主有大志，有男子汉气概，气宇不凡，为人处事循规蹈矩，心口如一，但性情固执，不够圆融。若能积极进取，允文允武，再加面相其他部位配合得当，主其可贵可富。

5. 眉毛成三角形者（即弹弓眉），主其个性奸诈，不仁不义，决断力不足，一生事业少成，刑克六亲。

6. 眉毛纤细形如柳条（春心眉），主其聪明，有才华。不论男女，得此眉者，均主好色贪淫。男人生有此眉者，主其异性缘特别多，常受女人金钱帮助，须防色痨。

7. 眉毛一根一根婆娑垂下，称为“婆娑眉”，主其重色欲，喜偷香。

8. 眉如帚者，称为“扫帚眉”，主其个性不良，事业多成多败。如眼形严重缺陷者，应防落入法网而亡。

9. 眉毛中间间断或成波浪形，主此人爱出风头，虚伪狡诈，好勇斗狠，主观意识强，喜争是非。眼相再有缺陷，最终会因诉讼而卖尽田园。情绪不稳定，个性孤癖，与朋友交往，两肋插刀，当意见不合时，立即翻脸无情。眉毛中间有间断者，男性主上肢容易受伤，女性则下肢容易受伤。

10. 眉毛稀疏且色淡形劣，主其个性狡诈，自私自卑，性急，任性，气量小眉毛稀疏又间断，主其计划不周详，处事不条理，一生难有大成就。

11. 眉毛浓浊压眼者（即杂乱无章），主其容易自寻烦恼，多忧疑愁思而善变。

12. 眉毛上下左右交错密生，且眉尾开叉不聚，俗称“鬼眉”，主其心性怪异，残忍狠毒。

13. 眉身成卷曲状者，主其生活孤独，与有“罗汉眉”的人同样，适宜出家为僧为道。眉毛曲生，主其聪明，喜研究，学问，但贪色好淫。

14. 眉毛稀薄，再眼浮露无神，主其中年事业破败，寿命难过四十五岁，无子息。眉毛稀疏，再嘴型阔大不收者，应注意水险。

15. 眉毛粗且毛色带黄者，主短寿。寿年未过三十岁者，谓之夭寿；寿年未过五十岁者，谓之短寿或促寿。

16. 眉毛左右两边不一样，主其才高胆大，感觉敏锐，能深谋远虑。但眉毛较稀疏一边之上肢容易老化。

17. 眉毛掉落，是由于疾病引至内分泌失调或免疫力减弱，或骨内精髓虚弱所致，应特别注意保健。

18. 眉锁印堂，眉尾又不聚，主其个性急躁，心胸狭窄，德难服众，难负重托，不宜担任主官职务。如眉尾有聚，则主守份不贪，认真不苟，又急功好义，个性急躁，叛逆性重。

19. 眉形如尖刀状，称为“尖刀眉”，再眼带刹者，主其有兵亡之险。

20. 眉头过于靠近（不足一指宽），主其个性急躁任性，气量狭窄，爱计较，眉锁印堂者尤甚。在二十五至三十四岁之间，行事不顺，容易遭受挫折，同时促寿。

21. 眉头过于靠近，又蹙眉，主其个性消极，遇事犹豫不决，并心胸狭窄，喜钻牛角尖，中年必败业或工作不顺。同时，其人健康欠佳。

22. 眉头毛杂乱，主其气量狭小偏激，不善言辞表达，心情常有郁闷。

23. 眉头毛粗浓上竖，主人的个性残暴，好勇斗狠，杀人放火。在二十五至三十二岁时，必招凶横死，不得善终。眉压眼、眼睛红筋缠绕者更验。

24. 眉头下弯冲山根，眉尾亦垂下形成覆月状，主其虽有过人才华，但遇事优柔寡断。

25. 眉头生有黑子，主其个性刚强，亦象征呼吸系统曾有过病变。如眉头有黑色善痣，主其喜清闲风雅，喜研究道术，一生不畏鬼神，不惹官非。

26. 眉头和眼头四处过于接近，称为“罗计日月交征”，主其三十至四十岁之间要特别注意保健及外出车马安全。出家修道之人可以免灾。

27. 眉尾短不过目，眉身稀疏轻淡，眉棱骨又不起，主其个性急躁，气量小，往往感情用事，缺乏理性；胆识心力均有所不足，为人奸猾，容易疲劳，应多注意保健和锻炼。在三十一至四十五岁之间，应特别注意培养夫妻间之容忍。一生只宜领固定薪水，不宜自己创业，不宜急进贪多，否则必见是非失败。

28. 眉尾斜上饱满的天仓位，主其富贵寿考；若天仓位低陷，主其贫贱促寿。

29. 眉尾过于浓密宽大而又不弯过目，主其精力旺盛，但个性刚愎自用。

30. 眉尾弯下且收聚，主其心口如一，处事执著，有始有终；血液循环良好，健康少病。

31. 眉尾不聚，再加眼珠黄色，主其易患肝炎，严重者易患肝肿瘤。

32. 眉尾上翘者，主其个性倔犟傲慢，好胜心强，犯上欺尊。

33. 眉尾生有漆黑痣，主其有野心，企图心旺盛，具有大智慧，为人处世手法高超。但为人奸猾，喜弄权术，先贤称为“奸贼”。

34. 眉尾生出毫毛三五根，主人的好运来临，身体健康。古人曰：“二十出毫三十死，三十出毫四十亡。”眉尾出毫乃象征身体健康，有如老树干生出新枝一样，但人年轻时出毫，象征内脏器官提早老化，身体素质差。

35. 眉棱骨高耸圆起者，主其精力充沛，敢作敢为，个性优良，志向远大，青年发达，晚年高寿；亦象征人出生时，其父正值身强体壮之年。

36. 眉棱骨太过高耸突起，主人的个性刚烈，急躁易怒，骄傲，乏修养，偏见，六亲不和，缺乏朋友；又主人有大志，喜大言，不能从俗，自以为是，勇敢而富自信心，知进不知退，难成大事。如眉棱骨高如刀背状，乃大恶无道德欠理性之人。

37. 眉棱骨低陷者，主其个性自卑，阴险狠毒，刚愎任性，为危险人物。

38. 眉浓的人，个性受父的遗传较多；眉淡的人，个性受母的遗传较多。

39. 眉身宽大，主人的胆量大。眉身窄小，主人的胆量小。

40. 眉生的位置高居额中，形成田宅宫宽广丰腴，主其给人第一印象良好。不拘小节，待人推心置腹，人缘好，朋友多。思想高雅，个性不急不躁，精神物质并重，乃愉快长寿之相。

41. 眉的位置过低，形成田宅宫狭窄无肉，不善阿谀奉迎，人际关系不良，做好不讨好，多劳而收获少。虽思想积极，但个性急躁，物质重于精神。

42. 眉形八字，眉毛柔细压眼，主其多忧多愁，个性欠慷慨，懦弱怕事，处世欠缺决断力。

43. 眉粗浓如泼墨，主其一生少快乐，命运蹇滞，但精力旺而贪淫。

44. 眉与天仓之间有三条横纹，主其死于兵灾战乱。

45. 眉毛中有黑子，主其应防水险，并易与女性发生口舌是非。

46. 眉毛薄，眉尾又有黑子，主其有腰脊之痼疾。

47. 眉毛黄，眉毛中间有红子，主其应防火险。

48. 眉尾天仓部位及面颊生黑斑，老年人主有大寿大福（体肥老年人更宜有斑），面白而斑黑亮者更佳，主老年风流享福；老年人斑粒小而褐色，仍主不寿少福，面白斑黄者亦主不吉。少年或瘦人起斑，为色斑或痨斑，乃夭寿之相。

五、女性眉毛独特相理吉凶

1. 女性长新月眉，主其个性优良，娴静贤惠，持家有方；必配有成就之夫，并旺夫相子，孝顺翁姑，婚姻美满。

2. 女性眉毛形佳，主其必配贤能有成就之夫；如眉形恶劣，主其必嫁颟顸无能之夫，或婚姻不美满。

3. 女性以眉为夫妻关系“情份宫”，眉毛轻淡者，应配眉毛轻淡之男；眉毛浓密者，应配眉毛浓密之男。主其夫妻情分必浓，永浴爱河。

4. 女性眉形纤细如柳条状（春心眉），主其个性聪明，感情丰富，有艺术眼光。如配桃花眼，则主淫荡，婚姻不美满。

5. 女性眉形一字，再加头发自然卷曲，鼻梁起节，双颧骨露，主其刑克三夫。

6. 女性眉棱骨以平起为佳相。如女性眉棱骨高耸，主其个性强，不得人和，性情孤僻，不享夫福，又不孝顺父母翁姑，易遭风险。若其婚姻宫再有瑕疵，则主不离即克。

7. 女性眉上的天仓以平满为佳，不宜凸露。若宽广露骨，则主其个性凶恶，并刑克六亲。

8. 女性眉上天仓部位饱满或有黑亮痣，主其善于生男，体形小者尤验。

9. 女性眉粗浓似男眉，且眉形清秀弯长，主其有男儿性向，工作能力不输异性，并有家庭责任感，富孝心。但个性争强好胜，有女强人心态，大多为职业妇女，婚姻欠美满，难享夫福。

10. 女性眉过于粗浓，眉形又恶劣，主其个性偏执倔犟又贪淫，难嫁有成就之夫，一生劳碌少福，婚姻不美满，非离即克。眼恶、声雄、气浊及鬓毛多者尤甚。

11. 女性眉粗浓且紧蹙垂缩，称为“眉寒”，主其乃孤独刑克相格，难享丈夫子女之福。

12. 女性眉稀薄，主其夫缘夫福均薄，子女福子女缘亦薄，同时贪淫损胎。其御夫无术，无法约束丈夫的婚外情。当其发胖时，非克即离。

13. 女性眉毛稀疏若无，称为“白虎眉”。若腋毛、阴毛亦稀疏若无，那么此人发育不全，内分泌异常，定必克夫刑子，难有生育，婚姻必破裂或遭丈夫恶意遗弃。

14. 女性眉毛稀疏若无，再加奸门部位深陷，主其早婚少缘，三十四岁后才有姻缘。如早婚必克离，婚后夫运不佳，亦少子嗣。

15. 女性眉毛似浸油，面呈滑艳之色，主其丈夫运程欠佳，有志难伸，甚至捉奸犯科。

16. 女性眉头毛浓，眉尾毛稀疏，主其性急，感情胜过理智，婚后往往忽略丈夫，容易导致丈夫外遇。

17. 女性眉尾斜下，眉头指向中正、印堂部位，主其心性不良，有杀夫害妾的心理倾向。

18. 女性眉毛成螺旋状，主其个性强，又好淫。

19. 女性眉毛短不过目，主其婚姻不美满，非克即离。眉毛稀疏者更验。

20. 女性两眉相距过窄（不足一指宽），主其一生财运欠佳，婚姻欠美满，迟婚者可减凶灾。

21. 女性眉低压眼，再加眉毛散乱，主其克夫刑子，难配有成就之夫，一生贫贱，不善持家。

22. 女性眉毛不散不乱，聚附紧贴于肉皮，且毛色光润，触摸鼻准又无裂开之感，主其尚属处女之身。已婚女性则否。

23. 女性眉过高，或竖生逆生，或眉毛过长，或眉尾上翘，均主其个性怪僻，不讲情理，婚姻不美满，非离即克。

24. 女性眉过高，再加颧亦高近眼，主其个性偏执，会逼迫丈夫犯法。

25. 女性无眉且发多，为带刹，主其品性低下，克子刑夫，一嫁再嫁，孤独到老。女性发多无眉是吕洞宾所说的女性七刹之一；六刹为眼大眉粗。美妇黄睛，面大口小，鼻上生纹，耳无轮，美面如银色。

26. 女性无眉，再加眼睛深陷，唇色青黑或淡白，主难育子嗣。

27. 女性眉黄，主其丈夫性机能特别旺盛，夫必纳妾或外遇或寻花问柳。

28. 女性眉上福堂位有痣，主其在家压父运，出嫁压夫运。两边福堂均有痣者，主其与父母少缘。

29. 女性眉毛长出长毫，主其个性不良，刑克六亲，婚姻不美满，晚岁孤独。

30. 女性眉尾生有黑痣，婚姻宫再有瑕疵，主其必定克离再嫁。

31. 女性眉毛、鬓毛、腋毛均浓密，称为女性“三浓”，主其个性男性化，事业心重，有家庭责任感，但好淫。

第五节　眼

一、眼睛部位特性

印堂为人脑思维系统（即脑组织）的总开关，山根为人的运作系统（即五脏六腑）的总开关，眼睛为人的思维系统及运作系统的交汇点。凡人的思维系统所激发的心性、智慧及运作系统所激发的精神、体能均汇集于眼，眼是人的健康、智慧与个性的缩影。

人相学是遗传学、生理学和中医学三者融会的学术，一个人眼睛的善恶与其父母祖先的遗传因子密不可分，尤其与父母的遗传基因关系重大。眼善者，其父母祖先及自身的健康、智慧、个性必善；眼恶者，其父母祖先及自身健康、智慧、个性必有瑕疵。眼正心正，眼善心善，眼恶心恶，眼斜心邪。心性端正之人，眼平正而不斜视；心术不正之人，眼上下左右顾盼不止。

贵人不一定有好耳，但一定有好眼。人有一对好眼，必名扬而志伸，不为达官定是富贾。

眼睛与大脑、小脑有密切关系。凡人的眼有瑕疵，其大脑与小脑亦会有瑕疵，大脑和小脑之间必会发生运作不良的现象，例如小脑的内分泌过多时，会促使性欲冲动，而大脑不能及时下令压抑时，就会发生越轨淫乱之事。眼有一分病，心有一分病；眼有十分病，心有十分病。

如果人的眼有毛病，就会影响一个人的命运，例如劳多获少，事业挫败，或个性不良，智慧不高，常有疾病；或刑克六亲，婚姻不美；或水惊火险，跌打扭伤；或意外灾害，血光兵亡；或牢狱官非，短寿夭死等。

“眼之善者，其遗传亦善；眼之恶者，其遗传亦恶。”此项遗传可上溯至第八代第九代（即隔代遗传）。如果其父母及祖先在健康、智慧、个性等方有缺陷，那其本人在健康、智慧、个性、品德等方面也必有缺陷。眼与印堂及眉毛，为面相三大主体，眼为主体中的主体，除眼当令流年会对人产生较大的影响外，并能管人的一生。如人有一对好眼，定有出头之日，绝不会终身埋没；反之，若眼相不好，绝无富贵可言。

眼与婚姻、子女的关系亦非常密切，虽奸门为婚姻宫，人中、泪堂为子女宫，但夫妻的情缘要看眼睛，夫妻的情分要看眉毛，夫妻的情爱要看嘴巴，夫妻的恩情要看耳朵，夫妻的情欲要看鼻准鬓胡（女性看腋毛）。故眼为情缘宫，眉为情分宫，口为情爱宫，耳为情恩宫，鼻准鬓胡为情欲宫。至于看子女的多寡及子女的健康情形，要看人中和泪堂；看子女的智慧和个性，则要看眼睛。例如父母均为双眼皮，则生下的子女必系双眼皮；如父母均为单眼皮，则生下的子女必为单眼皮；如父母眼皮单双各异，则生下的子女眼皮亦有单有双。

二、眼相断事业成败

1. 眼要秀而正。眼前眦钩圆后梢刀裁，黑白分明如点漆，神强而藏，灼然有光，称为秀，主人聪明而多才华，策划及执行能力均强。

两眼间距均匀，两眼大小一致，黑睛位于眼的正中，不偏左或偏右，不偏上或偏下，称为正，主人不乱用聪明，事业往正途发展。若秀而不正，则智邪行歪，为相法之大忌。

2. 眼要细而长。眼圆谓大，眼扁谓细。眼细并非眼小，眼大者黑睛多欠收藏，眼波多成双，眼细者黑睛多深藏眼眶之内，眼波多内双或单波而有栏，前者主其人个性浮躁勇多于智，后者主其人个性内敛智勇平衡。

眼长者即河目之谓，能自顾其耳者最佳（孔子能自顾其耳）。眼大之人，虽有才艺但难见贵，难在官场发展；眼小之人，虽贵亦属小品，唯有眼细而长之人，能成大器并享大寿。眼长不细，既愚又恶；眼细而不长，属器小之人。眼、鼻、口、耳均大者，主贵。

3. 目光有聚，称为“定”；目光不聚，称为“露”。目光聚者，主其志向远大，体能超群，乃大寿之相。但目光必须聚而出，令人感觉眼内有神光射出，始能与社会相遇合，然后成就事业；如目光聚而不出，称为不流通之死水，虽有大志而难于发挥，虽有机会而难于掌握，事业上难有成就。

4. 眼内神光有出，犹如太阳光照耀大地万物，凡目光所及之处，即机会遇合之所，但神光要令人有出而入的感觉。因出这为震摄力及奋发力，为信心、毅力与才华、智慧的象征，而入者则为亲和力及信用感，乃公正仁惠与谦让合群的象征，这样机会的遇合能历久不衰；如神光出而不入，主其人为浪荡子，易招凶厄枉死，如系事业有成之人，则招嫉结怨而遭小人暗害，事业必见阻碍挫折。

5. 眼不宜上下均白。不论男女，眼的黑睛应多于白睛，如黑睛少于白睛，人的眼必浮白。不论“上白”、“下白”、“一白”、“三白”或“四白”，均主招凶而有刑克，即使眼形秀而长亦属恶眼，主人的健康、智慧与个性上必有瑕疵。因此，影响人在事业上的收获，婚姻上的美满。甚或促寿凶亡，或虽高寿而孤独。

6. 眼久视后神光愈充足愈皎洁有威，而又眼光逼人者，称为眼“不脱”，亦称为“神足”或“神壮”，主人的遗传优良，身体健康而长寿，事业上必有成就。如久视后，神光渐缩而怯，年少者频频眨眼，年老者两眼昏蒙，主其欠缺恒心与毅力，身体衰弱而促寿，中年事业有挫败。

7. 眼睛遇变不眊。变者即突然到来的灾厄险境，眊者即减损昏暗。人能处变不惊，心静而神定，眼睛不昏花乱眨，有泰山崩于前而心常一的气概，主人的元神元气不会损耗，此人必非凡器，来日在事业上必有大成就而寿考。遇到灾险，眼睛中立即现出张惶恐怖的神态，元神元气因而大受损耗，此人乃凡夫俗子。

8. 眼长而秀，黑白分明，瞳孔润泽而有光彩者，亦谓之“凤眼”，主人可致大贵或大富或为圣为贤，并享高寿。

9. 眼秀而正，细而长，眼势上入天仓者，称为“丹凤眼”，主人重义轻利，正气凛然，大贵而名扬四海，最宜担任司法工作。有丹凤眼者，担任行政工作，必是贤能清官；如任武官、武职，必为忠烈之将。虽非凤眼，但眼神藏而不露，黑睛灼然有光者，主其富机智而有决断力，事业上主有中等成就，有中等富贵。

10. 眼神既不藏又不清，称为神浊。凡神浊之人，其健康、智慧、个性必有严重瑕疵，一生事业难成，或多成多败，既不能贵，又不能富。

11. 眼睛黑白混浊，黑睛灰暗无光，白睛满布红筋，此乃贫贱之相，终身没有通达之日。如暂时性白睛布满红筋，亦主此人多烦恼，求谋不遂，或有是非，诸事应保守忍耐，切忌急进贪多。

12. 眼、眉、印堂、山根六曜齐明，再加额圆地方，乃形俱全，主其青年早发，一生事业亨通，并有晚福。

13. 眼的黑睛黑亮如漆，眼内神光射人，再加额高宽（木形人最宜），主其个性聪慧贤良，事业必有成就，可贵可富。

14. 眼的黑睛占满整个眼眶，乃奸雄之相，主其有大智慧，有谋国篡位的野心，必为大奸臣或开国英雄。黑睛虽大，但眼形大而无栏，神光散而不聚，主其促寿，儿童更验。

15. 眼的黑睛有白云遮盖，或眼白有痣斑，不论男女，一生中必见破耗灾厄。

16. 眼的黑睛少而白睛多，形成一白眼、上白眼、下白眼或四白眼者，主其肝及脑组织发育欠完美，影响其健康、智慧与个性，因此常遇凶险，事业上难有成就或即成即败。

17. 眼的黑睛有夜光，白昼看时如虹彩如紫电，此乃真光，主大富大贵相格。

18. 眼睛有真光，虽人瘦骨嶙峋，相貌不扬，也可登上极贵极富之境。

19. 眼与眼距离过近，山根狭小，称为“日月争辉”。军职人员不忌，但其他男女，主其中年败业。

20. 眼头破缺（内眦破裂），主其中年事业破败，应验于生日年龄三十二岁、三十五岁、三十六岁、四十一岁、四十四岁之时。

21. 眼尾垂下，再加耳形歪斜及鼻骨弯曲凹凸，主其四十至五十岁进入败运，事业不顺破败损财。

22. 眼圆大且有神，再加双颧有势，主其大贵，但终必凶死。

23. 眼长大且有神，再加眉毛宽大过目，主其事业有或大或小的成就，从事影艺工作最宜。但眉尾短散者，并中年有灾。

24. 眼大而额头窄小者，主其一生运蹇，并促寿。

25. 眼大而黑睛凸，眼神又露，主其野心大，欲望高，但不善终。尤以马脸、尖刀眉、剑鼻、猪头、吹火嘴、招风耳之人更验。一般人眼凸，亦主眼睛当令之年不利，终身不荣，并会因妻儿子女致讼。

26. 眼大睛露而鼻过小或过尖，为木克土，主其终身难有富裕之时，并中年波折凶险。

27. 眼大睛露而耳过于薄小，称为水不生木，主其多学少成，终身运蹇，同时促寿。

28. 眼大而口过小，为木不生火，主其四十九岁有关限，若事业顺利必定促寿。眼大而面过小者，主难聚钱财。眼小而面过大，主防血光之灾。眼小而耳大，主一生贫苦又孤独。眼小而口大，主富贵难求，贫穷到老。眼小而眉毛粗浓，因龙（眉）虎（眼）互欺，不但眉、眼运不发，而且终身运蹇，灾厄连连。

29. 眼虽佳，但眉相不佳，乃龙欺虎格，主人在三十至四十岁之间运蹇。眉相佳，但眼相不佳，乃虎欺龙格，亦主在三十至四十岁之间同样难发运。

30. 眼的大小、形状，要左右平衡，如左眼劣（女性右眼劣），主其三十二岁、四十一岁、四十八岁、五十岁之年，事业上必挫折或犯小人损财，或健康有损；如右眼劣（女性左眼劣），则主其二十六岁、三十五岁、四十四岁之年，事业上必挫折或犯小人损财，或健康有损。不论男女，均甚应验，其不吉程度，尚应参照山根年寿地阁垂珠的相理综合论断。

31. 眼瞎之人，曰“眇目”。读书之人最忌眼瞎，尤忌左眼瞎，称为陷了“文星”，主其终身难有功名。如再头尖齿露，即使有大学问，也难有出头之日。但眇目之人从事军职不忌，称为“独眼龙”，主大有成就，但个性好色、有桃花劫，婚姻不美满。

32. 眼睛虽凸露，但眼神不露，再黑白分明，称为“恶形善眼”，主其可发达，事业上有成就，但多劳多险或因婢妾致讼招凶。如眼凸露而无威或眼凸露神也露，称为“恶形恶眼”，主其刑克劳碌，一生无成就，并多危险凶灾。

33. 眼角鱼尾纹上拂天仓，主其白手兴家，贵而有寿；如面相其他部位再配合得当，主其大有成就。

34. 眼角鱼尾纹过长而又垂下，主其一生事业劳多获少，难有大收获。

35. 眼角鱼尾纹过多，虽富贵，但至老劳碌不休。

36. 眼旁奸门深陷或凸露，主其三十九岁及四十岁必见是非或破败损财。

37. 眼睛深陷且眉散乱，主其一生难聚大财，四十一岁前虚花。

38. 眼被眉压，或左眉毛有缺憾，主其三十七岁事业破败，亦主是非破财。

39. 眼睛有两个瞳仁，称为“重瞳”，身体高大魁梧者，非圣贤亦必大贵。

40. 眼黑睛周围有多重蓝圈如蚯蚓盘绕，主其一生劳碌，但可成就事业而享福禄。

41. 眼的相理佳，再加鼻柱贯气、双颧有托，主其在三十五至五十五岁发大运。

42. 眼相理有瑕疵，主其不宜从事正路行业，只宜从事异路行业，或担任受薪工作，否则中年波折难免。

43. 眼下有骨起，称为“奴隶骨”，主其终身贫贱。

三、眼相断家族关系及婚姻子女

1. 眼露一白、三白、四白或眼睛凸露，主其祖先三代内必有恶死之人或有损阴骘之人，或有短命夭寿之人。眼善象征父祖遗传优良，眼凶象征父祖遗传不良。

2. 鱼尾及眼旁奸门为夫妻宫，是观看男女婚姻夫妻感情的主要观察点，但须配观额、印堂、眉、眼、耳、鼻、颧、口、鬓、发、胸、腹、腰、臀、手形、手纹等部位。

3. 眼旁奸门（夫妻宫）阔平无纹，主其娶妻贤惠美丽。奸门为“肝脑穴”，奸门阔平无纹象征肝脑（小脑）发育良好，因此人的个性及性机能亦必优良正常且外貌英俊，所接触的女性亦必个性贤惠、外貌美丽。奸门狭小者，所接触的对象，个性必不良，外貌必庸俗。

4. 眼旁奸门凹陷，主其克妻再三。奸门凹陷，象征人的肝与小脑先天发育不正常，因而导致个性不良，房事要求过多或感到不足，或内分泌不良，妻方连年累月遭受精神与肉体的折磨，或因不良内分泌影响妻子的身体健康，严重时妻方死亡，此即所谓的克妻。

5. 眼旁奸门有交叉纹（十字纹），主其虐妻，应防妻妾缢死。奸门有恶纹恶痣出现，均是人的肝与小脑有病变或内分泌不良的象征，因而导致其个性品性不良，性机能不足或过强，因此不能满足妻子的精神生活及肉体生活。

6. 眼旁奸门位尖起，主其娶娼妓女子为妻。奸门位有杂色者亦同。

7. 眼旁奸门有痘痕成片，主其必迟婚，或婚姻不美满。

8. 眼旁奸门有直纹上达眉尾，主其有娶妾心态，眼斜视者更验。

9. 眼旁左边奸门有灰黑痣或黑斑（非老人斑），主其克妻（男左女右）；痣斑生在右边，主其婚姻不美满，或有外遇（男右女左）。

10. 眼旁奸门平满，主其子多而贤。奸门平满象征此人的肝与小脑先天发育良好，父母祖先的遗传亦佳。

11. 眼角的鱼尾平满，眼细而长，秀而正，主其婚姻易成，娶贤惠美妻，可得妻助。女性则嫁贤能之夫。

12. 眼角鱼尾凹陷且色暗，主其刑克妻子。

13. 眼角鱼尾凹陷、乱纹、恶痣或枯干，主其婚前恋爱不顺，难得早婚，这是因肝脑先天发育不良导致。

14. 眼角鱼尾部位及奸门均饱满润泽者，主其虽家境清寒，但婚后夫妻恩爱，同时妻能帮夫。

15. 眼角鱼尾纹上拂天仓且奸门平满，主其可娶妻得财，妻善于理财或有事业基础。天仓奸门气色红润时即验。

16. 眼角鱼尾纹太多太乱，主其劳碌终身，愈老愈辛劳，且刑妻克子、奸诈好色。人脑海中欲念多，歪点子多，小脑内分泌不正常，因而形成多而杂乱的鱼尾纹。

17. 眼角鱼尾有黑气色，主其妻室病灾。

18. 眼角鱼尾气色黄中透黑或生黑斑黑点，主其妻室好淫。

19. 眼角鱼尾纹成梅花形，主其因妻破产。

20. 眼尾肌肉丰腴，年龄逾四十岁无鱼尾纹，主其好淫，婚姻不美满。

21. 眼尾有直纹，主其婚姻不美满，非离即克。

22. 眼尾下弦有三纹斜向奸门，主其花言巧语，腹藏奸计，贪恋女色，刑克妻室。

23. 眼尾垂下，再加婚姻宫相理不佳，主其性邪而奸淫，婚姻不美满，非克即离。

24. 男性左边眼尾靠近天仓部位长痣，或女性右边眼尾靠近天仓部长痣，主其夫妻刑克或离异。男性左边眼尾或女性右眼尾下靠颧骨部位长痣，主其夫妻互有私情；男性右边眼尾或女性左边眼尾靠近天仓部位长痣（男右女左），主其风流成性，一生桃花运不断，严重时夫妻必离异。

25. 眼上田宅宫气色灰暗，主其家运不佳或家中发生变故。严重污浊色黑者，主家中发生变故并破产败业。

26. 眼上田宅宫有痣斑、痘痕、伤疵，主其难得祖产，并常常迁移居处，购买或建筑房屋时，容易吃亏上当。如田宅宫忽生小疮小疱，则主发生财产是非之事。

27. 眼下弦（即卧蚕）丰满，主其生殖系统发育良好，异性缘佳，并多诞男。

28. 眼下弦无栏（即卧蚕不起），主其子女少缘或刑克子女。又主异性缘少，对异性的追求不感兴趣，婚后家庭观念淡薄，婚姻生活不美满，无臀之人更验。

29. 眼下有三条直纹，主其老年不享子女之福。纹在右眼下，主克妻。

30. 眼下卧蚕常年气色青惨或有纹破，主其刑克子女。

31. 眼睛凸露，再加眉毛稀薄，主其少子；如眼睛凸露，眉毛若无，主无子。

32. 眼睛凸且神露，主其刑妻克子，富贵之人更验。

33. 眼睛凸露而神不露，主与配偶少缘。耳廓又露出者更验。

34. 眼大，睛又突出，再加鼻高无肉而露骨，主其刑克子女或与子女无缘。

35. 眼大，又圆又露，再加鼻小准尖，主其刑妻克子。

36. 眼大无神，眼又有双波，男性主易招女人口舌。

37. 眼大有神，再眉毛粗浓，主其妻室贤淑。

38. 左眼大者，主克妻或虐妻；左眼小者，主其父先亡且内有女祸。右眼小者，主其母先亡，晚运欠佳，子孙少缘。

39. 眼一大一小，主婚姻欠美满，男女同论。

40. 眼形恶，再加眉压眼，山根又断，主其刑妻克子。此乃五脏六腑先天发育不良，影响其个性及内分泌失调所致。

41. 眼睛（瞳仁）黄，白睛有红筋，主其刑妻克子。

42. 眼睛黄，再加眉毛稀疏，喉结又过露，主其命带劳碌，难聚钱财。

43. 眼四周浮白，谓“四白眼”；眼上边露白，谓“上三白眼”；眼下边露白，谓之“下三白眼”。均主刑妻克子，婚姻不美满。

44. 眼神眼形似怒，主其无子嗣，声焦性躁者更验；眼无神或眼睛混浊者，主其难育子嗣。

45. 眼似羊眼，再禾仓陷削，主其中年鳏寡孤独，刑妻克子；同时轻言寡信，好勇斗狠，性淫乱又贪逸乐，多不得善终。男女同论。

46. 羊眼的特征为眼眶短小，眼有双波，眼珠微凸，黑少白多，眼露四白，瞳仁淡黑，目光上视，眼神外射，白睛有红筋又带绿色，黑暗中视之有车轮之状。

47. 眼不哭而泪汪汪，主其命带劳碌，晚年刑克妻子儿女，孤独之相。眉常蹙者更验。

48. 泪堂为心肾之交，心为火为血属母，肾为水为精属父，父精母血相合而成胎，故眼下泪堂为子女宫。如眼下泪堂深陷，象征人的循环系统及生殖系统有缺憾，刑克子女，或与子女无缘，即所生子女身体差而夭折，或无法生育子女。

49. 眼下泪堂平满润泽，神态安和，主其子女多而贤。如眼下泪堂急泻而不饱满，主其子女不肖而愚。

50. 眼下泪堂平满润泽，主其身体健康，精力充沛，夫妻恩爱，子女乖巧孝顺，亲子关系良好。

51. 眼下泪堂有痣，主其刑克子女。眼下泪堂有斑点或小肉瘤，主其为子女烦恼担扰（男左女右）。

52. 眼下泪堂有直纹，谓之“哭子纹”，主克子，女性尤验。泪堂有两条直纹，则主刑克配偶。泪堂有井字纹，亦主刑克子女。

53. 眼下泪堂虚肿或肉坠如袋形，主其克子或子女稀少，夫妻感情淡薄。

54. 眼下泪堂有隐约横纹，谓之“阴骘纹”，主其积有阴德而子女发迹。纹内有黄红色盘绕者更验。

55. 眉清，再泪堂平满，山根隆起，人中分明者，主其多子女，同时子女优秀。

56. 眼睛深陷者，主其子女少缘，到老孤独。但眉毛清秀，额骨有起，地阁厚圆，后脑隆起者，仍主子孙繁荣。

57. 眼左右长得显然不相同，主其人有异母兄弟。

四、眼相断健康智慧及个性品德

1. 眼睛黑白分明，再加眼神清澈，此人乃贤良有为之士，健康长寿之人。

2. 眼睛黑白分明，黑暗深藏，主其人享高寿，富孝心。

3. 眼细长有栏，又不浮白、不露神，主其人遇险不险，逢凶化吉。

4. 眼的黑睛有蓝圈环绕，主其聪明干练，勤劳奋发，乱世出外发展必有成就。可享高寿。

5. 眼黑睛成碧绿色，主其既贵又寿；再瞳方者，乃得道仙人或宗教长老。

6. 眼睛黄亮灼灼有光，主其个性急，能急中生智，乱世时有相当成就。

7. 眼睛有重瞳，主其内脏结构异于常人，或两个心脏四个肾脏，两个心脏两个肾脏。

8. 眼内眦如钩，主其聪慧富机智，善营谋策划，富恒心毅力，念书过目不忘。

9. 眼内眦如钩，再加眉秀弯长，手掌巽宫有进步线，大拇指或食指有"夫子眼"，主其学历最低有大专程度。如额高广，发际整齐，手掌巽宫有两条以上进步线，人纹亦佳者，主其有硕士或博士学历。

10. 眼内眦成圆形，主其不会念书，缺少机智，胆小又喜虚张声势。

11. 眼内眦里的"怒肉"成紫色，主其心毒。

12. 眼内眦里的"怒肉"露出过多，又赤红，主其有深仇大恨未消，官场、事业或感情上必曾遭过受打击挫败。怒肉略露，主其个性急躁，常招是非官讼，又喜急进，贪而自招烦恼。如怒肉收藏不露，主其个性优良又有修养，事业上名利双收，一生享厚福。

13. 眼外梢收藏如刀裁，主其很有才华，能文能武，文思快速，善于写作，个性宽宏雅儒，乃非寻常之人，一生必有成就，可得贤内助。

14. 眼外梢露出过大，主其有隐疾，好色而又刑妻。露出过小，主其有偏好又惧内，常有是非口舌。外梢成圆形，主其欠诚实，喜弄是非，做事拙劣，每事后悔又有女祸。

15. 眼外梢上仰（非眼角上翘），主其英明多智，有大志，自尊心强，有领导能力，临危不乱，有随机应变的能力，最宜从事军职或司法官。一生事业主奇贵而有贤名，对爱情反应明快，敢爱敢恨。

16. 眼无前眦又无后梢，属"猪眼"、"羊眼"、"狗眼"、"鸡眼"、"蛇眼"之类，主其一生劳碌少成，多惊险凶厄，疾病破相，刑克六亲，处事多失败，常后悔。

17. 眼的黑睛周边有红筋缠绕似火轮，称为"火轮眼"，主其心性狠毒，有杀父犯上心态，终必死于非命。

18. 眼神蒙昧再偷视，主其有偷盗嫌疑。

19. 眼神昏如醉，再眼光流散，谓为"淫眼"，主其好色贪淫。

20. 眼露凶光，主其必死于非命，三角眼、四白眼、上白眼、下白眼，一白眼者更验。

21. 眼光流视，再加眉毛似柳条（即春心眉），满面白嫩带红艳，称为"朗君面"，主其自命风流，好色贪淫，亦主刑克孤独，婚姻不美满。

22. 眼睛黄，再加眉毛稀薄，面无四两肉且多青蓝之色，称为"青鸡面"，主其心性狡猾刻薄贪婪，愈老愈孤寂贫穷。

23. 眼睛凸露，山根、年寿亦低陷，主其十七岁、二十六岁、三十岁、三十二岁及三十五岁、三十七岁、三十八岁及四十一岁、四十四岁易犯车祸血光之灾。

24. 眼睛凸露之人，如非因甲状腺症状所引致，主其个性反常，喜多言，耐力毅力不足。如再唇掀口翘，不论男女，均主寡情薄义，男性容易招小人损财或盗贼劫财。

25. 眼睛凸露，再眼眶内水光泛泛，主其四十一岁前后事业挫败，性命难保。眼内水光泛泛，乃肾水泛滥不固所致。

26. 眼睛凹陷在眼眶内，主其易患肝病，睛黄眉乱者更验。

27. 眼露四白者，为“四白眼”。不论男女，主其个性暴躁，心狠手辣，有杀父杀君心态，乱世可发达一时。有四白眼者，好色贪淫，刑克六亲，虽富贵而不能善终。

28. 眼虽非四白，但显然黑睛过小，主其个性急躁，负气任性，处事贪多急进，轻率妄动，常弄巧成拙。

29. 眼左右及上端露白，称为“上三白眼”。不论男女，主其心性刚愎自用，野心大，目中无人，喜弄机智，心性奸诈，一生多成多败，常遇凶险，欠孝心，不得善终。

30. 眼左右及下端露白，称为“下三白眼”。主其心性狠毒狡诈，大多不得善终。一般有下三白眼之人，大多离乡奔走，贪淫好色。

31. 眼的黑睛斗于眼头，而其他部位露白，称为“一白眼”或“斗鸡眼”、“斗角眼”。不论男女，性急奸猾，待人无礼，虽富贵也招凶灾，必主短寿。

32. 凸露眼、三角眼、四白眼、上三白眼、下三白眼、一白眼，如眉毛粗浓有致，眉棱骨高起有覆者，可减免其凶灾和不良个性。

33. 眼圆大，再神壮光正，称为“虎眼”，主其视死如归，最宜从事军职。

34. 眼大而神光射人，主其斗志坚毅，精力充沛，手法高超，活动力强，才华高超，勇于面对任何难关。若眼中充满震慑之灵光，能做领导人物，但喜自由发挥，不喜拘束，事业发达颇早。

35. 眼大之人，主其个性爽直，胆大，热诚开朗。如再眼有神，眉毛浓秀，则主其必享高寿。

36. 眼大而四边浮白，主其性情偏乖戾，常招女人口舌，内戚失和。

37. 眼大再额头窄小，主其学问不成，无禄促寿。

38. 眼大而口如一撮，主其四十九岁有关限。

39. 眼小之人，主其个性保守，胆小，器量小，才能低下，寿命短。但眼小而藏神，主其心思细密，可做研究工作和财务工作。

40. 眼睛圆小者，主其心地善良，志向平凡，没有野心欲望，安分守己，衣食无虞。

41. 眼睛圆小，再瞳仁黄色，白睛微带青色，眼内满布红筋，称为“蛇眼”，主其奸诈毒辣，卑劣无耻，六亲不认，虽父母也视若路人。

42. 眼一大一小，称为“雌雄眼”或“阴阳眼”，主其母亲怀孕时，精神不稳定，心理欠平衡，或父母感情不佳所导致。其人颇有才华和野心，但个性喜怒无常，情绪不稳，老运不佳，多奸诈，一生事业多成多败。

43. 眼波成双（双眼皮），主其感情脆弱，易受感动，有时冲动，遇事拿得起放不下，但个性开朗热诚。

44. 眼波成单（单眼皮），主其冷静沉着，忍耐力强，谋而后动，遇事拿得起放得下。但有时表现冷漠，待人不够热诚。

45. 眼波成一单一双，主其感情常处于自我矛盾中，或有双重个性，情绪必欠稳定。

46. 眼的上眼波成直线，主其头脑冷静，判断力强；上眼波成圆形，主其性情爽朗，易被人利用，眼波成双者更验。

47. 眼内有红筋缠绕，主其个性急躁刚烈。如再神光流散，鼻尖而钩，或鼻梁不正，则主其既奸又恶。

48. 眼内终年有赤脉纵横，主其赋性凶恶，有杀人偷盗的心理倾向。

49. 眼下泪堂有横向细纹，多而不乱，再加眼细而长，神光不露，主其修仁尚义，心地光明，子孙繁衍，一生富贵，学术技能名闻于世，善始善终。

50. 眼上泪堂有井字纹，主其有自杀倾向，喉结有痣者更验。斜形井字纹及横向细纹，乃阴骘纹，主大吉。

51. 眼下泪堂有川字纹，主其面善心恶，表面花言巧语，但腹藏奸计，欠缺恻隐心及乐善好施心，并好女色。

52. 眼下泪堂有罗网纹，主其自身或父母祖先做过损阴德的事情，终身不荣，常有凶险。

53. 眼下泪堂丰满高超，主其性机能旺盛，又见识广博，理解能力强，分析事理清楚，处世老练，手法高明，待人接物心平气和。

54. 眼下泪堂丰满，主其一生福寿，少灾厄，或逢凶化吉；同时个性乐观，内心充满希望。

55. 眼下泪堂干涩无肉，主其心性狠毒，健康运程均欠佳。

56. 眼下泪堂青暗，再加准头肉少，主其心机深沉莫测，凡事思贪图小便宜。

57. 眼下泪堂气色暗浊，主其事业不顺，身心操劳过度，精神不佳或是健康欠佳，心肾不交，或是感情婚姻有变，或是内心有压力感。

58. 眼头部位滞黑，主其常多忧疑愁思，或压力感，或思虑过度所致。

59. 眼下弦有薄黑气色，主其失眠或工作过度，或酒色过度精力透支。如眼之上下弦均出现薄黑气色，则主有不正常的男女关系（即有偏桃花）。

60. 眼下弦饱满（即卧蚕肉堆），中央部位又引上，再眼有含露，称为“桃花眼”，亦称“笑眼”，主其温柔亲切，男女均主淫荡。

61. 眼下弦常年赤红色，主其喜争是非，心火过旺。

62. 眼上田宅宫宽广丰腴，主其精力旺盛，消化功能及吸收功能均强，心性仁厚，能获得长上赏识提拔，异性缘亦佳，婚姻易成。如凹陷肉薄，异性缘薄，婚姻难成，又难获长上赏识提拔，如是影艺人员，则难获得捧场，上眼睑肉色污浊者尤验。上眼睑肉色污浊，主身心必欠健康，睡时易做梦，或是纵情色欲之人。田宅宫以眼睛睁开时，可容一指以上者为标准宽度。

63. 眼上田宅宫特别高广，主其颇有修养，颇有学问，持心平正，有宗教观念。但务实精神差，又无营利观念，但颇讲究居住环境的品质。

64. 眼上田宅宫中央有痣斑，主其个性聪明干练，同时象征其父母有消化系统疾病，并遗传给自身。如再眼神斜视流视，则主有贼心。

65. 眼上田宅宫狭窄，主其个性急，处事积极，进取心强，颇有知识，观察力敏锐，务实观念强，营利观念亦强，但有时重利而轻义。

66. 眼角鱼尾纹青少年时即有，主其命带劳碌，性情奸诈，寿命不长。

67. 眼角鱼尾纹过于庞杂，主其情欲重，好色贪淫。

68. 眼角鱼尾纹中年以后尚无，主其不求长进，终日无所事事，很少用脑，是好色贪淫之人。“皱”与“纹”不同，皱是皮肤收缩，乃是一种老化现象；纹是因内分泌作用而形成，若内分泌正常，面与手掌就会出现吉纹，内分泌不正常，面与手掌就会出现凶纹。如人不常用脑思考问题，则脑的活动减少，面和手掌亦因此不会出现纹理；过于劳碌或脑子乱动的人，其面部或手掌会出现过多不好的杂纹。

69. 眼睛上翘如丹凤眼，主其个性豪迈，忠信重义，不拘小节。眼睛上翘与眼尾上翘二者有区别，前者乃忠义之士，后者婚姻不美满。

70. 眼尾出现赤脉接近瞳孔，乃灾祸之预兆；赤脉穿过瞳孔，主灾祸即将发生；白睛全红，主意外灾害的预兆。赤脉贯睛是肝肺相火，因肝肺火气上升，使脑压过大，导致事物判断错误，或因肝肺相火，导致脾气变坏，故易发生灾祸。赤脉贯瞳分为两种：由眼尾横贯入瞳，主凶死；由上或下直贯，主危险伤残。

71. 眼睑跳者，左主有吉，右主有凶，男左女右。

72. 眼的黑睛带黄色，白睛又有红筋缠绕，主其个性急躁偏执，恶毒奸诈，贪多急进，易犯官非。

73. 眼的黑睛带赤色，再加胡须带黄色，主其个性极端暴躁易怒，终遭横祸。

74. 眼黑睛呈金黄色，睛又凸露，但白睛贯神，主其为勇猛之人。如头角再峥嵘，谓为"虎眼金睛"，主其乱世时可大贵，在军中发展可立战功。

75. 眼的白睛先天呈红色，再加黑睛似金黄色，称为"火眼金睛"，主其个性狠毒，有夺人性命、吸人骨髓的毒心，六亲不认，逆伦犯上。面呈黑色者尤验。

76. 眼白睛昏浊，黑睛带黄色，再加眉乱，主其死于战乱兵灾。有此眼相者，不宜从军参战。

77. 眼之白睛忽变红色，面色又赤红，称为"朱雀面"，主其即将有官非或祸事发生，以不与交往为宜，以免连累。

78. 眼的白睛常带黄滞色，主其寒湿生痰，乃好色贪淫之人。如白睛过黄，为肝胆有病。

79. 眼形恶再加眉压眼，山根又低陷，主其个性不良，有牢狱之灾，以三十二岁流年几率最大。

80. 眼内有痣，主其非常聪明干练，但中年会因是非损财，同时主其内脏器官有隐疾。

81. 眼如含露（水汪汪样），上弦下弦均眼波成双，眼常左右转动，不论男女，均主好色贪淫，未语先笑者更验。女性再发黑又浓，必为娼妓。

82. 眼形如鸡之眼睛，主其好色，且有偷窃习性。鸡眼形圆小，睛淡黄，惯作瞪视，甚少瞬动、性急贪色。

83. 眼睛瞳孔过大，称为"散瞳"，主其感情丰富，但情绪不稳定，同时肾水不固。浮光呈现之时，即死期至矣。

84. 眼的瞳孔聚小，称为"聚瞳"，主其身体健康，事业顺利。瞳孔散大，不是身体健康有问题，就是事业不顺利。

85. 眼在沉睡时张开，主其有神经质，脑力超载，或消化机能欠佳，不得善终，声音破锣者更验。眼在沉睡时张开，主其神经和脾胃不健康，消化系统气弱，而不能贯注于上眼睑。

86. 眼睫毛过长过粗，乱世主贵但好淫，盛世不贵且劳碌。男性睫毛以柔细而短，主吉。

87. 眼与眉相挤压，主其性喜嫉妒，狡猾奸诈，并克长子。

88. 眼头上方“精舍”、“光殿”宽平饱满，主其先天胸腔乳房功能良好，后天胸襟宽广，包容力强，决断明快，个性爽朗。如气色暗滞，主其内心有压力感，胸腔血液循环不良，或胸腔神经作痛。

89. 眼形三角形起自眼头，再眼神强，眉毛又粗浓有覆，称为“龙虎得配”。主其个性刚正，精明干练，攻守有方，敢做敢当。事业大成，乃贵相。

90. 眼三角形起自眼头，再眼神强，称为“有神三角眼”，主其心性奸诈，缺少情义，刻薄寡恩。如眉毛轻淡不配，主其中年事业失败或招牢狱之灾，又主刑克妻儿，并不得善终或短寿。

91. 眼三角形起自眼上弦的中段，主其苦于心计，忘恩负义，难成大器。

92. 眼三角形起自眼下弦中段，称为“下三角眼”，主其有艺术天才，可从事工艺美术工作。

93. 眼形三角但无神，称为“无神三角眼”，主其身带隐疾刑克妻儿或无子。

94. 眼看人时左右飘摇不定，主其犹豫不决，做事无主见。

95. 眼在看人时，习惯从脚看到头，主其猜疑心重，遇事犹豫不决，瞻前顾后，性傲而偏，常招人厌恶，但最宜担任刑事侦查工作。

96. 眼在与人对谈时，急速转动眼珠，主其乃奸诈虚妄之人。

97. 眼在与人对谈时不看着对方，主其多猜疑心，并私欲甚重。

98. 眼常上视，主其优柔寡断，意志不坚，自傲多疑。

99. 眼常下视，主其多阴险奸诈，个性倔犟，城府深，自卑心重。

100. 眼近视者，主其视神经衰弱，性急主观；眼远视，主其智慧高；眼斜视，主其异常淫乱，并存嫉妒心态；眼偷视，主其奸淫，个性狡猾多疑，处世欠良策。眼连续眨动，主其心有奸计，老谋深算。再斜视，则主口是心非，话多虚妄，待人接物时警觉性高。

101. 眼旁奸门平阔无瑕疵，主其个性耿直，心胸光明且无淫邪之念。

102. 眼四周终年气色暗黑，主其酒色夹寒，德行不好，自身及家运不顺。

103. 眼四周终年黄明红润，眼下有阴骘纹，主其积有阴德。男则运程通达，女则生育贵子，遇凶不凶，遇险不险。

104. 眼要湿而干。“湿者”指黑睛及白睛均有湿润之感，主肾水既不枯竭亦不泛滥；“干者”指眼眶内不宜有水汪汪之感，如眼眶有水汪汪，则主肾水泛滥，必好淫短寿。

五、女性眼相独特相理吉凶

1. 女性眼长眉秀，眼神明媚，声音清脆，山根隆起，奸门丰满，双颧隐圆，主其必配富贵之夫并生贵子。再加眼睛黑白分明，鼻准丰圆，鼻翼有收，唇红齿白，主其不但能嫁贵夫、生贵子，并能相夫旺子终身。

2. 女性眼若辰星，唇如涂朱，手绵手暖，威严厚重，虽面貌丑陋，亦主夫贵子荣。

3. 女性眼大眉粗为带刹，主夫妻克离，一嫁再嫁。迟婚者可另当别论。

4. 女性眼有凤目，主其必嫁贵夫，子女贵显。女性子星在眼。

5. 女性眼细而长，秀而正，黑白分明，再加新月眉，六府丰腴，主其子女成群并优秀，又享高寿。

6. 女性以眼为夫妻关系的情缘宫。眼大者配偶亦宜眼大，眼小者配偶亦宜眼小；女眼有双波（即双眼皮），配偶亦宜有双波；女眼单波者，配偶亦宜单波。如此配婚，夫妻情缘必长必久，乃上上之绝配。

7. 女性眼神有神静、神藏、神和之相，主其身心两健，贤淑温良，持家有方，夫妻恩爱有加，并旺夫兴家，子女优秀。

8. 女性眼神浊，再加腮骨过露，命门过凸，头发过硬，腰围过大，主其刑克丈夫。

9. 女性眼光锐利，再加鬓发多而漆黑，口唇肥厚，地阁圆厚，主其刑子克夫。

10. 女性眼有艳光又太过美丽，或眼神混浊又太过丑陋，均主克夫或离异。眼有艳光乃白睛露光，再加眼眶内有水汪汪。

11. 女性眼的黑睛带黄色，白睛又昏浊，再加眉毛纷乱，主其婚姻不美满，克夫或离异。

12. 女性眼睛大，眼波外双，主其有艺术才华，个性爽朗大方，社会活动力不输异性。但个性不稳定，往往感情用事，婚姻欠美满，离婚者居多。

13. 女性眼大又圆，再马面（即面长），主其一生奔波劳碌，难享夫福。如再眉疏项细，则主贪淫并嫁为妾。

14. 女性眼大浮光，再口大无收、蹙眉掀唇，主其喜弄是非，个性贪淫，刑克丈夫子女。

15. 女性眼大颧高，主其必夺夫权，牝鸡司晨。

16. 女性眼大颧高，再颧骨粗，主其克夫孤苦。

17. 女性眼小，再眼神浊，主其心胸狭窄，一生贫贱，难享夫福子福。

18. 女性眼小，再加鼻尖口尖，主其不守妇道，贪淫偷情。

19. 女性眼小，但眼形美好，主其诚实，守本分，处世有持久力，最宜担任财务会计等定型又细心的工作。

20. 女性眼睛一大一小，主其心情矛盾，不服输，善察言观色，但有神经质倾向。如左眼小，主一生克夫，为夫劳；右眼小，主其畏夫，亦克夫。

21. 女性眼尾垂下，主其对异性的吸引力及蛊惑力均强，好淫，婚姻不美满，非离即克。

22. 女性眼尾垂下再加额高，主其必然迟婚，否则夫妻克离，一嫁再嫁。

23. 女性眼尾的上下弦气色污浊，主其性冷淡，难生育，有妇科隐疾。

24. 女性眼尾纹多，再眼大且眼有双波，主其容易有婚外情。

25. 女性眼尾上翘，主其主观意识强，非常聪慧，但个性嚣张，婚姻难得美满，非离即克。

26. 女性眼尾鱼尾纹过长，主其犯孤神，克夫孤苦。

27. 女性眼尾鱼尾纹上拂天仓，主其个性倔犟，自我意识太强，个性男性化，欠缺女人味。

28. 女性眼尾下方青气色成条，主其恋爱失败或婚姻触礁，正处于异常伤心之境地，或有其他方面的远虑深忧。

29. 女性眼尾气色莹静润泽，主其尚属处女身，眉毛聚附贴肉者更验。如气色忽呈嫣红色，主其婚姻缘动，或近日失身。

30. 女性奸门丰满又不过宽，主其善于诞男，子女优秀贤良。

31. 女性奸门深陷，再加山根低，颧高，声破，主其婚姻非离即克，夫缘屡变。

32. 女性奸门凸露，再加眼光流射，主其克夫，早熟多淫。

33. 女性奸门过宽（超过三指宽度），主其夫缘屡变，婚姻不美满。奸门过宽，为女性小脑分泌男性荷尔蒙过多，其个性男性化，事业观念重于家庭观念，贞操观念淡薄，故其婚姻不顺。

34. 女性奸门有黑气色笼罩，主其个性好淫，刑夫克子。奸门青黑色同现，主离异。

35. 女性右边奸门鱼尾一带生黑痣黑子，主其克夫。左边奸门鱼尾一带生黑痣黑子，主其淫荡。

36. 女性眼下泪堂有阴骘纹，主其旺夫兴家并生贵子（子女有成就）。如卧蚕肉实又厚，主其善于诞男。

37. 女性眼下泪堂一带气色青黑混杂，主其贪淫好色，家运不佳，刑夫克子。如再手软绵无骨，主其红杏出墙；如泪堂气色暗黑色或暗赤色（赤浊），主身带隐疾，家运不佳，刑夫克子，如怀孕时有此色，则有产厄之虞。

38. 女性泪堂深陷，主其中年与子女分离。

39. 女性眼下有罗网纹，主其克离再嫁。

40. 女性眼下有直纹（哭子纹），主其克子并有产厄血光之灾。

41. 女性眼下有疤痕，主其克子女。

42. 女性眼下卧蚕生黑子，主其生贵子并疼爱子女。泪堂生痣，主克子。

43. 女性眼下弦无栏（即卧蚕不起），主其克子刑夫，下弦外翻者尤甚。

44. 女性眼下卧蚕肉堆，主其异性缘重，性欲强。卧蚕肉实又厚，性欲正常，善于诞男。卧蚕深凹血枯，主其性冷淡难受孕。

45. 女性眼上田宅宫及泪堂饱满丰腴，再加颧骨隐圆，主其家族观念重，家庭及夫妻生活均美满，未婚者婚姻易成且美满。

46. 女性眼上田宅宫及泪堂臃肿，主其夫妇感情不睦。

47. 女性眼上田宅宫凹陷或有严重伤痕，主其恋爱欠顺，婚姻难成。如再颧高，主其家庭及夫妻生活不美满，或离异。

48. 女性眼上田宅宫过于窄小，主其纵有才智，亦缺妇德，性急性强。

49. 女性眼上田宅宫过于高广，主其热诚爽朗，心直口快，有男性的志向和心性，但婚姻不美满。

50. 女性眼斜视、上视、下视、偷视，主其心性欠仁厚，贪婪无厌，喜存私房钱。

51. 女性眼露四白，并带赤脉红筋，为带“杀剑”，主其心毒性悍，有毒夫杀妾倾向，自身寿命亦短。

52. 女性眼露三白或四白，主其刑夫克子及产厄，心性不良不孝。女性如有一白眼或瞟眼，主克子或少子。

53. 女性眼形三角，主其个性阴沉，心机多，夫妻不睦，非离即克，乃孤独之相。

54. 女性眼睛深陷，主其心恶不仁。如再眼睛又圆又大，则主一嫁再嫁。

55. 女性眼睛深陷，黑睛带黄色，白睛又有红筋，主其人心性急躁偏执，克子刑夫。

56. 女性眼睛露又眉黄，主其克离再嫁，并防产厄损胎。

57. 女性眼睛露又睛黄，主其心性不良，狠毒阴险。

58. 女性眼凸露，再加颧露，主其产厄克子。

59. 女性眼凸露，再加声粗，主其婚姻不美满，非离即克。

60. 女性眼睫毛过长过多，主其个性骄傲，婚姻欠美满。睫毛过短过少，主其个性冷漠，缺乏热情。

61. 女性眼睫毛不多不少，主其聪明灵活，颇有艺术方面的兴趣和才华。

62. 女性眼无睫毛，主其性格怪僻，聪明过分，狡猾，对下一代遗传不良，畸型儿比例高。

63. 女性有眯缝眼，再加鱼纹长，眼珠带黄色，主其心性狡猾、贪淫。

64. 女性眼有“狼顾”的习惯，主其心性狠，阴险狡诈，刑克六亲，孤独之相。狼顾即指行路时快时慢，并常回头。

65. 女性有桃花眼（即笑眼），主其待人亲切，最宜担任公关及外勤工作。

66. 女性有桃花眼，再配柳条眉（即春心眉），主其水性杨花，淫贱至极。

67. 女性眼上弦平直，下弦中央垂下形成倒三角形，主其寡情薄义，生理期间有发狂伤害丈夫的心态。

68. 女性眼头斜上指向印堂，主其个性凶残，有杀夫毒妾的心态。

69. 女性眼竖眉粗，主其“犯孤神”，克夫刑子女，又主孤苦。

70. 女性眼在对话时含情脉脉，主其淫乱多情。

71. 女性有“羊眼”，主其贪淫孤独。

72. 女性怀孕时（三个月后为准），眼下卧蚕、泪堂及左手掌心均红中泛青，脸色憔悴而欠明润，主诞男。如眼下卧蚕、泪堂泛红及右手掌心均红中泛青，脸色明润而不憔悴，主诞女。

第六节　鼻

一、鼻部位特性

“邪正看眼鼻，真假看嘴唇，功名看气概，富贵看精神，寿夭看指爪，风波看脚跟，若要看条理，尽在言语中。”这是曾国藩研究人相学的体会和心得。鼻子除了能观看人心性的邪正外，还能观看人一生的健康。根据中医针灸鼻针图解，小小的管鼻，与人体内外所有五脏六腑均有经络联系。健康长寿的人，有一好鼻；健康不良或夭寿的人，其鼻子一定气势不足，并相理上存在严重瑕疵。

“问财在眼，问富在鼻。”就是说，财缘的广狭要看眼睛相理，聚财的多寡要看鼻子相理。凡眼睛相理不佳的人，财缘不好，赚大钱的机会少，不论理财手法如何高明，亦难赚取大量财富；凡鼻子相理不佳之人，虽赚到了大钱，也因欠缺理财方法而难积聚大财富。鼻准称为“财星”，但“财库”则在两鼻翼（兰台、廷尉二部位），凡守财有方偏财横财机会多的人，兰台、廷尉二位必圆厚有收。

“问贵在额，问官在眼，问职在鼻，问权在颧”。额头眼睛相理同佳的人，其最终官职的高低，则要以鼻子相理好坏为断。因为鼻子为意志力行动力坚强与否的象征，缺乏意志力行动力的人，虽然思维发达，眼光敏锐，但在人生战场上仍是有所不及。鼻子代表官职的高低，颧则代表权力的有无，鼻子与颧相配者必主有职有权。

鼻为夫星，亦为妻星，鼻的相理无缺陷瑕疵，男性可娶得贤惠且貌美之妻，女性可嫁得有成就且英俊之夫。没有任何一位达官富翁及其夫人的鼻子是凹塌曲勾的，尤以女子纵有花容月貌，如果鼻子长得不好，也失本色。

鼻为肺的灵苗，鼻的通塞可知肺的虚实，故鼻在五宫中称为“审辨宫”。鼻的准头与脾脏相关联，脾的五行属土，故在五星中鼻称为土星；鼻居于面庞之中点，象征五岳之中岳，故鼻称为“中岳”。鼻与颧的关系犹如君与臣的关系，故鼻不宜孤峰独耸，颧不宜高过于鼻。若把鼻比喻为自己，则颧为兄弟，为朋友，为家庭，为亲族，为社会，鼻颧不配，绝非吉相，主其一生单打独斗，因而收获少，成就小。《铁关刀神相》云：“鼻之气由颧来，颧之气由命门来，命门之气由耳来。”行鼻运时，不仅鼻相要好，而且鼻颧有配，眉鼻有配，同时鬓毛不闭命门，木星不克土星，才能财星高照，或官运亨通。

鼻准及鼻翼与消化系统相关联，亦与肾水及生殖系统相关联。鼻准扁平的人，其脾脏或生殖系统先天发育不良，乃土不藏水相格，主其欠缺生财之道，亦少理财之方。鼻翼过小或有痣或鼻孔仰露，主其先天肠胃系统及男性睾丸、膀胱与女性卵巢、膀胱先天发育不良或后天发生病变，以五行来说，亦为土不藏水相格。

鼻的种类繁多，人相学前辈将鼻分为六种类型：第一型为“善鼻”，外形端正莹洁，主学识品德俱优，心胸宽宏大量，有济世救民之心；第二型为“贵鼻”，外形通天有势，主仕途成就非凡，不为邦国主宰，亦为地方大员；

第三型为“富鼻”，外形丰满藏孔，主一生事业多方面发展，富裕多金；第四型为“恶鼻”，外形鹰钩结节，主心性奸诈恶毒，不得善终，死于非命；第五型为“贱鼻”，外形面大鼻小，主一生难有出头之日，并健康不佳，刑克孤苦；第六型为“贫鼻”，外形凹陷露孔，主一生没有富裕之日，并个性不良，多灾多难。

鼻的富型与善型，男女同论；鼻的贵型，男者主吉，女者则不一定主吉。富、贵、善三型鼻相，如有颧相配吉上加吉；恶、贫、贱三型鼻相，如无颧相配则益彰其凶。

二、鼻相断事业成败

1. 鼻直如截筒，丰隆润泽，准头圆满，不仰不露，兰台、廷尉相辅相应，上下贯通有气，再加两颧拱照，此乃土星入命，为上等好鼻，主其可大贵或大富，福禄寿俱全。

2. 鼻相虽佳，但耳相、眉相、眼相、口相任何一位恶劣不相配，主其难发运，或成败迭见。

3. 鼻如猪胆，称为“悬胆鼻”，主其横财横发，白手可成家。如再耳厚、口厚、手厚及头圆、腰圆，主其富而长久。

4. 鼻梁丰隆贯顶，再加眼秀藏神，眉秀伏彩，主其三十一至五十岁好运连年，一生有贵人提携。

5. 鼻隆颧拱，鼻颧相配者，主其中年事业顺利，自助人助。鼻好而无颧相辅，中年不发。

6. 鼻颧相配，额有辅骨，主其因官禄发财致富。如两眼藏神，颧骨插天仓，主其先官后商，可致大富。

7. 鼻颧均佳，但印陷目昏，只宜作嫁衣人或从事异路行业，不宜从事正路行业，否则中年必定失败。

8. 鼻好颧差或有鼻无颧，或颧有疵痣，主其一生不宜合伙，否则与合伙人会发生是非或遭受金钱上的损失。

9. 鼻相虽佳，但天仓凹陷，称为来龙不旺，主其行鼻运时易成易败，颧不拱鼻者尤甚，以四十一至四十七岁最为倒霉。

10. 鼻的相理有缺陷，但枕脑及天仓、眉毛相理均佳，主其仍可发达。鼻的相理虽好，但枕脑及天仓、眉毛相理均不佳，仍主行鼻运时是非破败或健康不佳。

11. 鼻虽短小但无缺陷，再加四岳峻拔，主其仍有大成就。

12. 鼻直而肉薄露骨，称为“剑鼻”，主其一生奔波，劳碌少福，事业少成。如鼻再高耸，即使父祖遗产丰厚亦将破败。

13. 鼻扁、曲、凹、塌，主其四十一至五十一岁（中年）多病而事业破败，但眉伏有彩，眼秀藏神者，另当别论。

14. 鼻梁左右三曲，称为“反吟”，鼻梁上下三凹称为“伏吟”，不论男女，均主刑克破败。前者刑克多过破败，后者破败多过刑克。

15. 鼻有二三凹凸之处，不论男女，多有灾疾，事业无成。

16. 鼻的大小，要与面形相配合，额低、面小、颧平、颏尖而鼻非常丰隆，称为“孤峰独耸”，不论男女均主不能聚财并有破财之虞，上唇无髭者尤验。

17. 鼻从正面看端正丰隆，从侧面看准头不起，主其三十八至四十八岁败业。

18. 鼻与脸形相比，鼻子显然短小，主其在官途发展没有前途。如经商，则中年运蹇，经营失败。

19. 鼻小面大，鼻瘦面肥，若经商，则主一生多成多败，财难入库，劳多获少；如从事军公检法职业则难掌正权，并功归他人，过归自己。

20. 鼻小孔大，或鼻翼显然一大一小，主其一生破败少成，难聚钱财，五十岁后必贫穷度日。

21. 鼻小且人中细窄，主其一生事业多波折而少收获，但上唇有髭者略好一筹。

22. 鼻大口小，再加准头下垂，称为“土伏水”，主其五十岁左右破败。

23. 鼻小又扁塌，主其一生难成事业，孤苦贫贱。

24. 鼻小山根又低陷，主其生来辛苦劳碌，难享六亲之助。

25. 鼻翼大而肉厚，主其可早发，生财有道，颇善理财。

26. 鼻的兰台（即左鼻翼）较延尉（即右鼻翼）略显丰厚，主其一生多偏财浮财。如廷尉较兰台略显丰厚，主其一生多交际财、合伙财、中介财、转手财（男左女右）。

27. 鼻无翼，主其一生不能聚财，无理财观念。但准头丰满，眼秀且藏神者，情况较好。鼻翼宽度以与自己眼黑睛内侧成一直线者，为符合标准。

28. 鼻翼有灰黑痣，主其曾患有消化系统疾病，五十岁前很难聚财并败业他乡。但眼秀藏神、人中有髭者，另当别论。

29. 鼻翼有红筋者，主其损财或财务情况欠佳，同时家有耗财之妻，女性则主夫财运不佳。

30. 左鼻翼有缺陷，主其三十三岁、四十四岁、四十九岁会因是非破财；右鼻翼有缺陷，主其三十四岁、四十五岁、五十岁会因是非破财。

31. 鼻翼过薄，主其一生难聚财。鼻翼薄，乃消化系统发育欠佳，男性又主睾丸发育欠佳，女性又主卵巢发育欠佳。

32. 鼻孔无毛者为凶相，主其一生寅吃卯粮。鼻孔有毛，称为有余粮，但鼻毛外露者主不吉，此为长枪。

33. 鼻孔仰露，主其难聚钱财，或易聚易散。若仰露见鼻梁者，则主贫穷一生并客死他乡。

34. 山根为人体内部运作系统的总开关，凡山根丰隆端正无痣纹，象征人体内部循环系统先天发育良好，传导功能佳，主其意志坚定，决断正确，一生运程通达，直上青云，少有灾疾。

35. 山根丰隆齐眉，额头再饱满，主其可继承祖业财产而致富。如天中平起，边城丰起，山林隆起，祖业富甲一方。丰是指有肉起，隆是指骨起。

36. 山根丰隆，再加发际整齐、山林及天仓饱满，主其六亲有靠，家境富裕，可享父祖余荫。

37. 山根隆而不丰（即有骨无肉），主其徒有清高，一生运途蹇滞。

38. 山根丰隆，再加眉形亦好，称为山根有来龙，主其自身可贵可富，兄弟姐妹优秀有成。

39. 山根断折，再加眉眼不秀，主其青中年事业少成。但眉毛浓秀再加地阁方圆，主其晚年仍有成就。

40. 山根断折，再加眉眼不秀，主其青中年败业，老年穷困，但眼藏神者，可逢凶化吉。

41. 山根断折，主其三十岁前难早发，即使有发，四十一岁前也将虚花殆尽。山根低与山根断折不同，山根中心点与眼内眦同高，才算山根断折。

42. 山根丰隆，但有横断纹或八字纹，主其四十一岁事业挫败、损财。

43. 山根既高又大，直下到准头，主其一生不聚财，事业难成。

44. 山根有一横纹或二横纹，主其中年事业挫败；但有三横纹，主其可白手起家，生平劳碌但享高寿。

45. 山根有灰黑痣斑，主其远离家乡，到外地发展，才可顺利通达。

46. 山根上端有灰黑痣斑，主其一生必有一次官非。

47. 山根相理优劣，必应验于二十六岁、三十岁、四十一岁。

48. 年寿丰隆黄润，面部其他各官无大瑕疵，主其即使不贵不富，也可致福寿。如年寿陷薄、气色黑暗，不夭也贫。

49. 年寿丰隆黄润，准头又圆厚，主其可白手创业而致富。如其五形五官得吉配，且眼伏真光，则富可敌国。

50. 年寿有横斜深刻纹（名羊刃纹），或有显著损伤，主其一生定有一次事业破败。年寿皱纹过多，亦主中年损财。年寿为一般庶民的大运位。

51. 年寿骨凸起，主其一生中必遭受一次严重挫败，时在二十九岁、三十一岁、三十二岁、三十七岁、三十八岁、四十四岁、四十五岁，并客死他乡。

52. 年寿有灰黑痣，主其命运蹇滞，尤以行鼻运时最验。一痣主失败一次，二痣主失败二次，即使一生收入丰盛，亦难聚财。

53. 年寿歪曲不正者，主其三十一至四十七岁事业挫败。

54. 年寿塌陷，虽准头丰隆，亦主其四十四至四十七岁失官败业。

55. 准头圆肥，再加山根低小，鼻翼左右横张，称为“狮子鼻”，主其精力强，财运亦强。如额头高广，亦可发贵。

56. 准头破陷或有痣纹，主一生事业成败迭见。准头、印堂、地阁三者为面部前山三主，如有破陷痣纹，必见反复成败。

57. 准头尖而带钩状形如鹰嘴，称为“鹰钩鼻”，主其四十四至四十八岁事业失败，或有官非、破财、灾厄。

58. 准头尖而小，主其一生贫贱。

59. 准头垂下伏在水星（口）上，再上唇无髭，主其欠缺统御能力。从公者，主官职不大，从商则主收获少。

60. 准头虽圆厚，但山根折断，主不但不能致富，而且会劳碌贫困一生。

61. 准头起骨直上天庭，称为“单犀贯顶”。虽得伏犀贯顶，但鼻孔仰露或无鼻翼，反主中年大败凶险。

62. 准头突然出现黑斑，主其当年失财失官，四十八岁之年尤忌。

63. 准头突然出现赤斑者，主其四十八岁当年有官非。

64. 准头有黑点或有垢污，主其一生为金钱劳苦而且少收获。又主四十八岁会因是非而破败。

65. 准头斑点丛生，主其运程蹇滞，一生虚花到老。

66. 准头不论寒暑而频频出汗，主其一生劳碌到老，难聚钱财，身世飘零，个性孤独怪僻。

三、鼻相断家族关系及婚姻子女

1. 鼻直丰隆，山根有势，颧起朝拱，两腮照应，此乃骨髓有气有神。主其四十五岁前，父母无伤。如有一失，左颧左腮应父，右颧右腮应母，男左女右。

2. 鼻直如截筒，丰隆润泽，准头圆满，鼻孔不仰不露，兰台延尉相辅相成，上下贯通有气，再加天仓奸门饱满，两颧圆耸，主男人可娶得貌美贤妻，女可嫁得富贵之夫。年寿、山根为夫妻座，愈圆满愈验。

3. 鼻大而面小颧平，称为“孤峰独耸”，主其无子息，或一子多女。

4. 鼻小而扁塌，主其夫妻不能偕老，子女无缘，但眼秀者另当别论。

5. 鼻小再加须多或须赤，主克妻。鼻小面大，亦主克妻。

6. 鼻柱肉薄而高耸，鼻准薄，鼻翼小，再加眉毛稀薄，主其克星太重，不但无兄弟姐妹，夫妻缘亦薄，不克即离，同时个性不良。

7. 鼻柱骨起棱起峰，主其幼少年刑克父母，中年刑克妻子儿女。

8. 鼻直而肉薄露骨，称为“剑鼻”，不论男女，匀主刑妻（夫）克子，到老孤寒。

9. 鼻孔掀露上仰，不论男女，均主配偶其貌不扬，如再眼斜者，其配偶容貌更丑。

10. 鼻似山羊鼻（即鼻翼似削），主其迟婚；若早婚，主夫妻刑克离异。

11. 鼻有二三凹凸处，不论男女，主夫妻缘薄，刑克子女。

12. 鼻无翼但准头高方，称为“界方鼻”，主无子息，或一子多女。

13. 鼻上皱纹过多，主少子息或生劣子。

14. 鼻端正丰隆，再加山根隆起、印堂平满，主其子女聪明优秀。

15. 山根丰隆，再加腹圆臀丰，不论男女，均可享闺房之乐。

16. 山根隆起而无肉或山根窄细，主刑妻克子，或有女无子。

17. 山根有横断纹或八字纹，主刑妻克子。山根低平者更验。

18. 山根有三横纹，主克母；如有三直纹，主克妻。

19. 山根断折，主不得祖业，不得父母助力并刑克六亲（尤其克母）。

20. 山根断折，主兄弟少缘，难得兄弟助力。

21. 山根断折，主得子必晚，晚年不享子福。

22. 山根高过印堂，而鼻准又有缺陷，主其刑克父母和配偶，自身外伤破相，半生孤独。

23. 山根中央有灰黑痣，主克妻再娶并克子，同时又破祖离乡。

24. 夫妻二人年寿均丰隆，主郎才女貌，夫妻白首偕老。夫妻座丰满的人，主其喜欢体形丰满的配偶；夫妻座瘦削的，主其喜欢体形瘦削的配偶。夫妻座在年寿两侧下。

25. 年寿低陷或凹折，主其刑妻克子，中年丧偶而续弦。

26. 年寿骨凸起或年寿骨起棱起峰，主其青少年刑克父母或与父母无缘，中年刑克配偶。

27. 年寿凹陷，主其四十四至四十五岁有孝服。

28. 年寿有灰黑痣，主其刑克妻室，一生中必有一次桃花劫。

29. 年上结节，主其祖上曾出继改姓。寿上有结节，主自身出继改姓。刑克六亲，破梓离乡，死于外地。

30. 准头尖而带钩状如鹰嘴（鹰钩鼻），主其刑妻克子，六亲无靠。头大者尤验。

31. 准头终年红赤（即酒糟鼻），乃土、水二系统不协调的象征，主其难育子息或刑克子女。

32. 准头偏左，主克父克妻，婚姻不美满；准头偏右，主克母且有女祸，老年贫穷。鼻左边肥大者兄好，右边肥大者弟好。

33. 准头正中破损或有纹痕，主其刑克子女或育残障子女（男女同论）。

34. 准头前端及鼻中隔内收，称为“回回鼻”，不论男女，均主迟婚或终身不嫁娶，如早婚定主离异刑克。

35. 准头有恶痣，主其好色，有女祸，晚年孤独。寿上有痣，主克兄弟。

36. 山根、年寿、准头均多斑点，主其因娶妻而丧命亡身。

四、鼻相断健康智慧及个性品德

1. 鼻直如截筒，丰隆润泽，准头圆满，不仰不露，兰台廷尉相辅相应，上下贯通有气，主其内脏系统先天发育良好，精力充沛，工作认真负责，做人讲求信义，不论男女必享瑕龄。

2. 鼻虽有富贵相，但眉、眼、耳有夭寿相，主难享富贵，或英年早逝。

3. 鼻虽有富贵相，但眉、眼、耳有凶恶相，主必死于非命。

4. 鼻直而长，坚硬有肉，主其意志坚强，健康高寿。

5. 鼻直而肉薄露骨，称为“剑鼻”，主其心性刻薄寡恩，缺乏同情心，办事能力虽强，但好争是非，得理不饶人。

6. 鼻有肉而无骨，主其意志薄弱，恒心毅力不足，多病短寿。

7. 鼻虽丰但有斑痣，主其后天健康欠佳并有血痔。

8. 鼻大而眼小，主其寿命不长。

9. 鼻高耸，主其意志力坚强，富有毅力及创造力。鼻虽高耸，但印堂窄，主其计较小节，心胸不宽宏。

10. 鼻扁平低陷，主其在事业上果断力不足，缺乏创造力及恒心毅力，工作不努力，遇事优柔寡断，有自卑感。

11. 鼻扁平低陷再加鼻小，主其懦弱无能，一生供人指使。

12. 鼻高耸，但双颧低平不配，称为“孤峰独耸”，主其缺乏修养，个性骄傲，冷漠无情，不能从善如流，与亲戚朋友均难以相处。

13. 鼻骨起棱起峰，主其个性阴险倔犟，刻薄寡恩，胆大妄为，六亲不睦，为社会上的危险人物。又主身带隐疾。

14. 鼻短又塌陷，主其五脏不坚，体弱多病，寿年难过五十岁。如眼神再弱，山根年寿再断折低陷，寿年更短。

15. 鼻孔过小，主小气；如四渎再小并掌厚指短，加倍小气。

16. 鼻孔过小，主其易患睾丸炎或输精管系统疾病。但鼻孔过大，主膀胱泌尿功能不足。

17. 鼻孔圆形为吉相，主个性优良；长方形，主其性刚；横形，主其难聚财；八字形，主其钱财易聚易散；三角形，主其个性吝啬。

18. 鼻小孔大或鼻翼一大一小，主其个性急躁，生性嗜赌且逢赌必输。

19. 鼻孔特大，主性喜投机，爱说大话，即发即败。

20. 鼻孔大而鼻翼肉厚，主其个性开朗，作风正派，胸襟开阔，决策快速，具有做领袖的才华，寿命亦长。

21. 鼻孔仰露，主个性开朗，心直口快，难得保守秘密。

22. 鼻孔朝上，主其个性天真、乐观、随便、好问；女性则易受诱惑。

23. 鼻孔毛不可露出鼻孔外，露出者称为“长枪”，主其喜弄是非，贫穷劳碌。

24. 鼻长又藏孔，主其处事有原则，责任心强，爱情专一。但鼻子长过面部三分之一长度，主其性格固执、保守、高傲，不善于通融。

25. 鼻短又露孔，主其粗心大意，不拘小节。鼻子过短之人，个性开朗，不固执。

26. 鼻翼大而薄，主其个性爽朗，心直口快，颇爱面子，用钱不制而喜铺张，常常做事出力不讨好，徒劳无功，一生难聚大财。

27. 鼻翼有灰黑痣，主其个性爽朗。曾患肠胃病。

28. 鼻翼生红白筋，不论男女，必好酒色。

29. 鼻中隔（即两鼻孔中间的肉条）偏斜，主其泌尿系统发育不良，容易患膀胱结石症。

30. 鼻有二三凹处，主其脊椎有疾或弯曲，个性怪癖。

31. 鼻向左右歪斜，主其极端自私，薄情寡义，心术不正，事业终败。

32. 山根丰隆骨起，但顶脑凹陷，枕脑扁平，眼睛昏浊，主其不夭即孤。

33. 山根丰隆，主其意志力坚强，爱惜名誉，但欲望高。

34. 山根虽高隆但窄细无肉，主其性急热诚，求好心切，有责任心，事业难有大成就，并有先天性循环系统隐疾。山根底部标准宽度，等于自身眼睛的长度；鼻的标准长度，以自身面相三停为准。

35. 山根低小扁平或歪斜，主其常有灾疾或暗疾，寿命难长。又主意志薄弱，有自卑感，常逃避困难。

36. 山根低平而有深刻横纹，主其四十一岁左右有夭亡或血光疾病之灾。

37. 山根破损疵痕，再加眼睛黄色，眉粗印陷，颧破发硬，主其难逃兵灾，或在战乱中死亡，或有意外横祸。

38. 山根两旁有青筋浮露，主其有疾病在身，小孩尤验。

39. 山根有灰黑痣斑，主其有严重胃疾。

40. 山根两侧有灰黑之痣斑，主其有痼疾。

41. 山根有直纹，主其凶厄难免。如山根直纹下破年寿，主其有横祸。

42. 山根及年寿软若无骨，主其早夭。

43. 年寿歪斜不正，主其消化系统先天发育不良，功能不佳（含肝），或脊椎骨歪斜不正。

44. 年寿先天凹陷，再加后天色泽暗浊，主其心神不宁，魂魄不安，遇事多疑，处事不果决。

45. 年寿骨有裂断之状，主其常流鼻血，严重者则有血光之灾，应特别注意外出车马安全。鼻侧有痣者，尤应注意大凶灾。

46. 年寿露青筋，主其三十一至四十五岁之间易遭横祸。如临时起赤气色成条状，则应防水火之灾。

47. 年寿凸起而又横张，称为“结节鼻”，主其心性毒，事业无成。黑社会领袖人物多有结节鼻。

48. 年寿凸起，主其个性急躁倔犟，任性好辩，好面子，不愿认错，不肯妥协。

49. 年寿塌陷软弱，主其意志薄弱，缺乏独立奋斗的气魄，难享大寿。但心地善良，乐于助人。

50. 年寿在笑时有皱纹，称为“虚花纹”，主其个性深沉，善于机变，常因小失大。又主自傲自大，喜欢抬杠唱反调，缺少朋友，虽是父子夫妻亦难同心。

51. 年寿有川字纹，主其智慧超群，不贵即富，但性多诡诈。

52. 准头丰厚肥大，主其为人热诚，仁慈厚道，乐善好施，心地善良，个性随和，能识大体。但面色过白者，则主贪多而奸诈。

53. 准头尖而带勾状形如鹰嘴，主其心性恶毒阴险，不可论交。如眼形再恶，主其心如蛇蝎。

54. 准头尖小而斜，主其心性奸诈恶毒，不可论交。

55. 准头上翘，主其喜欢争辩是非，喜欢批评他人，猜疑心重，难得知心朋友。

56. 准头圆大不足，色泽又暗浊，主其消化功能有先天性障碍，精神涣散，见异思迁，常改变主意和立场。

57. 准头破裂，主其多疑而又胆小，应注意外出车马安全及肾水保健。

58. 准头有直纹，主其易招横祸凶死。如多横直杂纹，则主生理生殖方面有疾病。

59. 准头垂肉或准头横张，主其贪淫。贪淫之人不一定是坏人，英雄好汉或事业有成就的人，性机能往往比常人强。

60. 准头过小者，主其胆量小，不能成大事。

61. 准头前端或鼻中隔有灰黑痣，主其年轻时多淫，中年有自杀心态。痣生于鼻的前端或鼻中隔，乃因肾水系及生殖系曾有过病变，影响其行房能力，故萌生自杀念头。

62. 准头气色赤而焦红，称为“火烧中堂”，主其易招凶险而亡，应注意火险。命门、天中有痣者更验。

63. 准头突然出现红筋，主其四十八岁那年必有是非凶灾或损财。准头气色暗黑者，再加嘴唇命门气色亦暗黑，主其必死无疑。

五、女性鼻相独特相理吉凶

1. 女性以鼻为夫星，但应配观印堂、额颧、眉毛和眼睛的相理。如印堂丰满，眉清目秀，额颧圆秀，再加鼻柱丰隆，准头丰圆，兰台、廷尉分明，鼻孔有收，主其虽容貌丑陋，亦必配富贵之夫，并相夫旺子。

2. 女性鼻正眼秀，面庞椭圆形，称为“凤脸”，此乃贵夫人之相格，主其必嫁高官或自为高官。

3. 女性鼻正眼秀，面庞圆形，称为“满月脸”，主其一生富裕，不缺金钱。如其他各宫配合得当，主其必嫁大富之人，或自己致富。

4. 女性鼻高颧大，再加印堂丰满，主其为女强人，为职业妇女，或与夫共同创业且有成就。

5. 女性鼻孔过小或鼻孔不整齐，主其卵巢系统先天发育不良。如鼻孔周围有痣斑，主卵巢系统曾有过病变。

6. 女性鼻形高大，准头再横张，主其个性刚强，婚姻不美满。

7. 女性鼻扁平再口薄，主其伶牙俐齿，喜弄是非，贫贱劳碌；如再面大面方，婚姻非离即克。

8. 女性鼻露骨，主其难享夫福或夫运不佳，严重者必克夫或离异。女性鼻有任何瑕疵，均会影响丈夫的命运，即使勉强嫁富夫，也终必拖累夫运。

9. 女性鼻凹再加山根断，主其常受夫欺。

10. 女性鼻小再加头小，主其丈夫易有外遇。女性鼻小再加面方，主其欠孝心，丈夫多灾多难。

11. 女性面大鼻小，终身难享夫福，必须自力更生。面大鼻小的女性，大多为职业妇女。

12. 女性鼻左右歪斜，主其必三嫁四嫁。

13. 女性鼻孔大，再加鼻孔仰露，主其嫉妒心重，一生难聚钱财，甚至败尽夫家产业，晚年必定孤贫，无依无靠，两颧尖露者尤甚。

14. 女性鼻孔八字形，主其必嫁贫穷之夫。

15. 女性鼻毛过长而露出，主其一生贫贱、婚姻不美满。

16. 女性鼻有三弯，主其六亲无缘，多刑多克，累夫害子或无子，终生奔波劳苦。

17. 女性鼻尖、额偏、额低或面部偏斜，子午不正（火星与地阁不成直线），独颧出面（一颧高一颧低），主其嫁人作妾或作继室。

18. 女性鼻柱直，鼻翼端正饱满，主其为人正直，持家有方。

19. 女性鼻翼不起，主其一生贫穷。如鼻翼丰腴且色泽黄明，主其旺夫兴家。

20. 女性山根丰隆，主其必嫁有祖产之夫家，但年寿有凸者难享夫家产业之利。山根折断，主难嫁有祖产之夫，必须夫妻自己创业。女性山根不宜过高，尤忌超过夫的山根高度，否则主婚姻不美满或克夫。

21. 女性山根高阔，且准头、鼻翼相理不佳，主其四十一岁婚姻触礁，或重病重灾。山根属火，准头、鼻翼属土，准头前端及鼻翼内沿属水，两者相理不相称，主火土不生或水来克火。

22. 女性鼻子山根断折再加印堂破陷，主其夫妻感情不睦，婚姻生活不美满。

23. 女性山根有伤疵裂痕，主其爱情无善果，或中途分手，或对方事业失败或灾病死亡，夫妻必离异。

24. 女性山根有灰黑痣，主其克夫损胎再嫁。

25. 女性山根有横纹，主其三十五至四十三岁不利夫运，同时有性冷感症。如山根有直纹三条，则主淫荡私情。

26. 女性山根年寿均低平，主其见异思迁，个性急躁，易招血光之灾，婚姻难得美满，一生不聚财。

27. 女性山根、年寿丰隆，主其少疾病，旺夫益子。

28. 女性山根、年寿凹陷而额头高广，主其婚姻不美，非离即克。

29. 女性山根、年寿部位有横斜之纹或钩纹，称为“带刹”，主其克子刑夫。年寿有横斜纹或钩纹，其内分泌不良，遗传也不良，故刑夫克子。

30. 女性山根、年寿平塌而准头圆肥，主其夫妻同床异梦，志趣不投。

31. 女性山根、年寿骨凸起，主其个性倔强，独立性犟，有男儿气概，敢作敢为，但个性怪异，克夫刑子。二十九岁、三十一岁、三十二岁、三十七岁、三十八岁、四十四岁、四十五岁、四十七岁，均应防婚变。

32. 女性年寿骨像“剑脊”凸起，主其一生劳碌到老，欺夫妨子，难享夫福及子女福，婚姻欠美满。

33. 女性年寿起节（结节鼻）者，主其多嫁病夫，克夫寡居。

34. 女性年寿瘦削无肉或凹扁塌陷，主其克夫败家，个性不良，自身健康欠佳。山根低平者尤甚。

35. 女性年寿突发青筋冲上印堂，主其有谋夫杀妾心态。青筋未冲上印堂者，主自身有灾难发生。

36. 女性年寿有赤脉上侵印堂，主其刑夫克子。

37. 女性年寿有灰黑痣，主其多嫁病夫，为夫辛劳，难享夫福，或克夫再嫁。

38. 女性准头圆厚，主其个性温柔随和并相夫旺子。

39. 女性准头尖，再加牙龈露又有喉结，此种女相俗称“扫把星”，主其人败家克夫，但准圆者不克夫只败家。准头尖，牙龈露，表示内分泌失调，故克夫。女性有喉结，个性男性化，牝鸡司晨，整天吵闹不休，败家难免。

40. 女性准头有恶痣，主其一生为夫劳，不享夫福。

41. 女性鼻准垂肉，主其婚姻不美满，甚或一嫁再嫁。

42. 女性鼻准鼻翼丰满，主其胸部及乳臀亦丰满。鼻准前端及鼻翼前端均与女性的生殖系统有关系，胸乳臀则为女性第二性征所在，另配观女性脚跟肥瘦，印证女性乳臀的丰满与否则更验。

第七节 颧

一、颧部位特征

颧代表人的权力，凡是拥有大权力的人，都有一付好颧。颧与一个人的奋斗力和担当能力及魄力有关，颧骨完美的人，在事业上有勇往直前的奋斗精神和担当责任的魄力，不屈服于任何恶劣的环境，能克服任何困难险阻，同时在工作上全力以赴，精明而干练，因而获得上司赏识而获得提升，最终得到权力。

“颧为骨之府，颧秀则骨莹，颧恶则骨劣。”一个人的肩骨、臂骨、手骨的优劣，可在颧骨上反映无遗。颧骨完美者，其肩、臂、手的机能亦完美，主其行为心性上有担当和拥抱宇内的魄力，待人处事应对手法高超；颧骨不佳者，不但行为上表现懦弱，欠缺魄力，尤其缺乏不屈不挠的韧力，待人处事的手法亦不高明。

颧的正确位置应在眼尾下端约 3 厘米处，若过于靠近眼睛，则颧与眼争，其个性既强又急。过于下坠者，主其欠缺进取心，满足于虚名假利；过于靠近鼻梁者，主其观念十分闭塞，心胸欠开朗，待人处事欠缺热诚；过于外张者，主其有自我膨胀心态，喜管闲事而又自以为是。颧骨中心点的高度，等于自己鼻子年寿高度的三分之一至二分之一为符合相理标准。

颧骨分为两部：一为颧本身；二为颧柄。男性以颧骨高大饱满为上乘，女性以颧骨隐平圆秀为上乘。颧柄上插入天仓者为吉相，但男吉女不吉；颧柄横扫入耳鬓，无论男女均主高寿。颧表面肌肉（即颧大肌）反映胸肺、肝胆、颜面神经的健康情形。

二、颧相断事业成败

1. 颧饱满、高耸、圆秀、不低、不散、不露骨者，再加眼神澄澈，鼻部端正丰隆，地阁有朝，印堂光洁如镜，主其中年事业有成、权力在握。

2. 颧不宜高过泪堂，但颧柄不忌高。颧柄高插入天仓者，称为“龙翎骨”，亦称为“颧有来龙”，主其可文官兼任武职，例如国务兼国防部长或文职兼保安警察首长等（眉形一字者尤验）。

3. 颧的位置生得过高（高过泪堂），再加鼻低颐削，主其一生多成多败。

4. 颧位置下坠与鼻准平行，主其难掌正权，一生只有虚名假利。

5. 颧大鼻隆，主其最宜官途发展，可掌正权。如面相其他部位再配合得当，则主大有成就。

6. 颧左右小高低不一，主其三十七岁、三十八岁及四十六岁、四十七岁，事业破败或损财。

7. 颧骨尖露，主其三十七至四十七岁有是非，严重者破败失官。

8. 颧骨高而鼻塌，主其一生事业多成多败，并常受部属欺辱或牵制倒戈。

9. 颧骨高而天仓陷，主其难握大权，三十三至四十七岁防是非失官。

10. 颧骨高，颧柄又上插入天仓，再加法令部位丰起，法令纹长，主一生易得亲族朋友帮助，事业有成。

11. 颧骨高而无“禾仓”，称为“独颧无面”，主多学少成，中年败业。如“禾仓”丰腴而颧平陷，称为“有面无颧”，主其难得社会及朋友的助力。

12. 颧低平不起，称为“面无关锁”，主其一生难掌大权，不宜合伙。

13. 颧、颊及额头多凹洞，称为“月球面”，如其五岳有朝，六曜齐明，身体皮肤细白润滑，主其非富即贵，甚至贵至特任官。额头颧颊的皮肤沙粒点点，状似鸡皮称为“沙皮面”，主初运不佳而中晚年白手兴家。颧颊及额似橘子皮，称为“橘皮面”，主一生难有成就，并主孤刑、无子嗣。

14. 颧颊狭窄再加面长，主其三十五至四十八岁事业破败。

15. 颧相虽好，但有纹破或痣伤，再加眼无神、印堂破陷，主鼻运、颧运均不发。

16. 颧有纹破痣伤，不论任官经商，三十七至四十七岁必见破败，并常有小人为患。

17. 颧忽生小疮，须防小人是非或损财之事。

三、颧相断家庭关系及婚姻子女

1. 颧柄高插入天仓，主其可娶旺夫妻子，亦可得妻财或妻助。

2. 颧骨位置生得过高，再鼻低颐削，主其刑克六亲，晚年孤寒。

3. 颧骨高耸，但眉毛若无，主其无子嗣。

4. 颧骨高突超过年寿（侧面看），不论男女，均主晚年鳏、寡、孤、独，颐削无肉者更甚。

5. 颧骨左右高低或大小不一，均非吉相。左颧高者主克父，右颧高者主克母。

6. 颧骨一大一小，再加脸颊一边大一边小，主其父母遗传不平衡或其为养子女，一生运气多反复。右边脸颊大过左边者，主其惧内，其妻必牝鸡司晨或不享妻福妻财，终日为家事烦心，并男少女多。左边脸颊大过右边者，主其受妻子敬畏，可享妻福甚或妻财，并男多女少（男左女右）。

7. 左边颧骨有纹冲破，主其子女不肖，并受族戚欺侮；颧骨右边有纹冲破，主其妻妾不睦，兄弟仇怨（男左女右）。

8. 颧骨低陷，再加额偏或额骨不起，主其三十岁后父母有伤。

9. 左边颧骨有痣，主其常被亲族朋友的借贷或是非所烦累；右边颧骨有痣，主其常被家属晚辈索钱或口舌所烦累。

四、颧相断健康智慧及个性品德

1. 颧骨高大完美，主其意志坚强，有克服困难决心与毅力，性格豪爽，可托重任，同时主其有奇特才华。如面相其他部位配合得当，主其可立非常功业而流芳百世。

2. 颧骨高，再加准头圆大，主其赋性贤良，尽忠报国，最宜为官。

3. 颧柄高插入天仓，主其志行高洁，奋斗力强，自信心强，敢做也敢当。但五部瘦小之人颧骨插天，主其心性阴毒，个性偏执，又缺乏正义感。

4. 颧柄插入耳旁鬓部中间，又与耳连接，称为“凤骨成”，主其意志力坚定，奋斗力强。如再命门悬壁一带平坦饱满，则主老年福寿。

5. 颧骨高露，再加眉毛不过目，主其个性急躁，中年主有是非官讼。

6. 颧骨高露又尖，主其破坏性强，自私偏执，个性倔犟，与世不和，亲人不睦，终身劳碌。

7. 颧骨大，但面颊小，主其心绪不宁，不能专心学习，一生多学少成。

8. 颧骨横张，再加两腮骨突出，眼睛白多黑少，眼神尖锐，主其防御性及攻击性均强，看法偏执，做法过激，终生难有收获。颧与眼角应成垂直线，否则即为颧骨横张。

9. 颧骨尖露瘦削，再加无禾仓，鼻准尖削，两腮深陷，主其无情少义。

10. 颧骨高露，再加下鄂骨亦突出，主其除意志坚强外，并主双重个性，喜欢挑剔。

11. 颧骨低平，主其无勇无谋，欠决断力，依赖心强，德难服众。

12. 颧骨隐而不见，但颧颊部位肉厚，主其奋斗力不足，寿数不长，性格多庸俗。

13. 颧骨高低大小不一，左颧高大形佳，主个性外向，富开创能力；右颧高大形佳者，主个性内向，只宜守成，欠开创力。

14. 颧骨生的位置，上下左右偏歪不正，主其多言而无信，不能付重托。

15. 颧骨之肌肉横生（肌肉横生即颧颊有横纹），主其个性凶暴常有祸端。如自龙宫泪堂来纹侵颧，则象征不享子力并受六亲牵累。

16. 额骨破裂者，主其一生灾祸连连。

17. 颧颊布满雀斑，主其好色贪淫（女性尤甚），但亦为肝肺不健康之兆。

五、女性颧相独特相理吉凶

1. 女性颧骨圆秀或隐藏为合格，如再眼鼻亦秀，主其定为贤妻良母型人物，婚后旺夫兴家，丈夫有成就。隐藏，即笑时有颧，不笑时平满。

2. 女性颧柄高插入天仓，其为人干练，但难育子息，婚姻不美满，不克即离。

3. 女性颧骨丰圆，但无眉毛，主其难育子息。

4. 女性有颧无腮，主其晚年孤寒，无夫无子。

5. 女性颧骨凸露，主其终身贫贱并刑夫克子。

6. 女性颧骨低陷，主其无帮夫运。

7. 女性无颧骨又无禾仓者，主其多为人婢妾，鼻小嘴尖者更验。

8. 女性颧骨过于粗大，主其个性倔犟，赋性凶恶，婚姻不克即离，又欠孝心，终身劳碌，晚年孤独穷困。

9. 女性颧骨高耸，主其精力旺盛，有男儿性格，看法极端，妻夺夫权，逆夫反目，终身不荣，生活辛勤，不克即离，一嫁再嫁。

10. 女性颧骨的位置高，再加眉亦高，主其个性执拗，累夫受牢狱之灾。

11. 女性颧骨高突（侧面看颧骨高于年寿骨），额亦高突，此为“三颧面”，主刑克三夫，性淫而贱。

12. 女性颧骨高露，声粗声破，主其三度克夫、五度再嫁。

13. 女性颧骨高大，鼻高又瘦削无肉，主其刑克三夫。骨属阳，肉属阴，阳胜阴弱，主其男性化，内分泌不平衡，故会影响夫的健康和寿命。

14. 女性独颧出面，子午不正，鼻尖额低，主其嫁为妾或做人情妇。子午不正，即额（火星）与地阁不成直线。

15. 女性颧骨高大，再加手掌亦粗大，主其能耐劳苦，乃生活能手，但难享丈夫子女福。

16. 女性颧骨高耸而又鼻小，主其逆夫反目，夫婿多难，婚姻不美满。

17. 女性颧骨横张而又鼻小，主其个性既急又强，喜插手丈夫之事，无理欺夫，行为乖张，喜弄是非，贪心大，警戒心强，婚姻不美满。

18. 女性颧骨过于下坠，颧大肌退化，主其生殖机能退化。

19. 女性颧颊气色黄润，再加唇红齿白，主其相夫旺子，富裕到老。

20. 女性颧颊多青蓝色，主其性毒克夫破家。

21. 女性颧颊白里透红，称为“桃花面”，主其个性好淫，水性杨花。若桃花色引至鼻柱，主其有私奔心态。

22. 女性颧颊多雀斑，主其好淫且无子息。

六、颧各部名称图

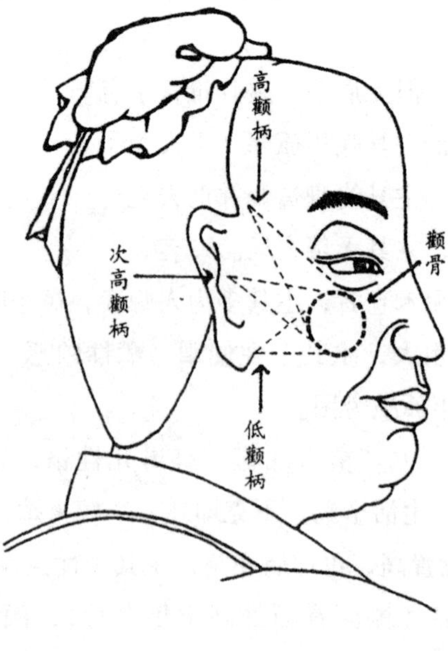

第八节　人中

一、人中部位特征

人中为“四渎”汇集而成的“沟洫”。沟洫者，运河也，运河乃沟通河海或江湖的通渠。若沟洫不通，则人的命运有阻。人中的位置，正好在眼鼻的下方，口的上方，具有沟通四水江渎（耳）、河渎（眼）、济渎（鼻）与大海（口）的功用。

依据中医学的理论，人中是人的生殖下阴系统及排泄系统的神经反射区与经络的联系点。如果人中形相有缺陷，就证明其人的生殖下阴系统及排泄系统结构有先天性瑕疵或机能有后天性毛病。尤其是五十一岁后的老年时期表现特别显著，例如肠胃消化吸收功能衰弱、长年便秘或溏泄、小便频数或小便艰涩、肾结石、膀胱结石、尿道结石、输精管结石、睾丸炎或癌症以及各种精神症候群（疲倦、心悸、不安、孤寂等）。

人中为“寿堂”，因为一个人五十一岁后患了生殖下阴系统与排泄系统疾病，当然会影响其老年时期的健康和寿命。“人中长一寸，寿命过百岁”，凡是长寿的老年人，不但很少患生殖下阴系统和排泄系统的疾病，同时人中的确较一般人的人中宽阔且深长。人中是人进入五十一岁后的健康与寿命的主要观察点，如果某人的人中长相不好，那么其老年时期必定健康欠佳，难享高寿，命运亦坎坷，运气蹇滞。

人中为“子庭”，人中与生殖下阴系统有关联，如果生殖下阴系统先天发育不良或后天机能有毛病，轻者生育不健康、智慧闭塞、个性欠优良的子女，重者男性不能生育而绝嗣，妇女不能受胎或难产。

凡人中长相不佳，再加额头长相亦有缺陷，乃“水火相克”之相。五十一岁之年，必然在事业或健康方面遭受或大或小的冲击。

人必须知命。知命即认识自己面相、手相、气色、骨骼相理好坏，只有知命而才乐天认命，才能在事业上把握进退，才能调整人生观及老年时期的人生计划，因此生活才会过得快乐，才不会自暴自弃、怨天尤人，才有勇气再接再厉奋斗下去。否则，即使自己有三头六臂的通天本领，也不能把握好人生的命运。

二、人中断事业成败

1. 人中深长，上窄下阔，明如破竹，肉质鲜润，并有棱线，轮廓清晰如剑，再面相其他部位（尤重额相）又无瑕疵，主其发达必早，功名早立，必享高官厚禄。但人中无髭者吉度减半。人中上半部过窄而下半部阔，主一生际遇乃先苦后甜，愈老愈荣。

2. 人中为四渎总汇而成的沟洫，故宜长宜深，宜上窄而下宽，宜水畅其流。如人中狭细短浅，称为四水不通，主其一生命运有阻，多劳少获，衣食不丰，易患各种生理、心理方面的疾病，晚年尤甚。人中的正常长度为 2 ~ 3 厘米。

3. 人中平满，主一生事业少成，常多灾逆。

4. 人中沟底凹凸不平，主五十一至五十六岁运气极差，应注意保健或防止因是非而损财。

5. 人中有靥，主一生财喜不断。大而凸色黑或色红者称为痣，略小者称为黑子或红子，青黄色或褐黑色平而不起者称为斑，大而无色并成窝状者称为靥。痣生毛者吉，黑痣与红痣长于隐处者吉；痣如生在当阳之处，除非痣色漆黑或朱红或玉白，其余一律以凶论；皮肤生长的肉瘤，不可谓痣。

6. 人中髭毛柔美，浓淡有致并有光泽，主一生富裕到老。

7. 人中髭毛红色，主盛世可蓄须，乱世则不宜蓄须。

8. 人中及上唇均无髭，此为空亡格，主一生事业少成并乏子嗣。

9. 人中无髭，不宜从事纯公纯商等正路行业，否则常有小人是非，易遭诽谤中伤，一生发达有限，又不聚财。如从事异路行业，则较有前途与收获，但仍主劳碌。异路行业的范围包括宗教、教育、文学、传播、科技、艺术、音乐、戏剧等职业，以及可独立执业的医生、律师，会计师、咨询师、设计师，以及从事相理命理研究或其他自由职业。

10. 人中虽有髭（含上唇），但髭粗浓逆乱，眉毛则稀疏柔细，额头太窄太低，头发太粗太浓，主御下无方，不宜担任主官职位，或公司主要负责人，否则做事不讨好，会被属下颠覆。在家常受妻子儿女奚落，常有亲族牵累的事情发生。如眉毛亦粗乱逆浓或有双下巴及重颐者，包凶度减半。

11. 人中为人的生殖下阴系统的“心性宫”，若人的生殖下阴系统的心性活动欠缺理性与不符合道德标准，则其人中就会变为歪斜或生出恶痣恶纹。

三、人中断家族关系及婚姻子女

1. 人中深长上窄下宽，主遗传优良，子孙满堂。

2. 人中上下俱直而深，主遗传优良，子孙满堂

3. 人中上下皆深而中间浅，主得子甚晚。

4. 人中上下俱狭而中间阔，主子息虽有难成，或子女灾疾败业不孝。

5. 人中上广下狭，主难育子女。

6. 人中平满，主子息难求，或克长子。

7. 人中细如悬针，主绝嗣，晚年孤寒贫贱。

8. 人中浅而泪堂深陷，主遗传不良，有子须过房才能育成。

9. 过房非指拜义父母或将子女送与神明作契子，乃将初生婴儿送与他人作为养子，借饮食及环境来改变其体质，使遗传不良的婴儿易于育成。

10. 人中略偏左，主男多女少；略偏右，则主女多男少，同时老年不享子女福。如偏斜过多，则主刑克子女，或因奸生子，或子女多生理畸型，或子女多顽劣不肖。刑克子女，包含子女灾病死亡，或与子女无缘。

11. 人中偏左者父先亡，人中偏右者母先亡。

12. 人中无髭者克母（上唇下唇全无髭须者尤验），又主其人老年不得子力，难享子女之奉养。

13. 人中（含上唇）髭须逆旋，主夫妻反目，婚姻不美满。

14. 人中有十字纹，为“孤绝纹”，主克子又克女。

15. 人中有横纹，为“绝子纹”，主有子即克，老年孤独，严重时饿死他乡（50岁前有纹者始验）。

16. 人中有直纹，主得子甚迟，或养他人之子。

17. 人中有漆黑之痣者主吉，但一般人人中有痣均主母难，即出生时母亲难产或母在坐月子期间病故，但自身主寿而终鳏。

18. 人中上端有黑子者主多子，下端有黑子者主多女，中端有黑子者，主娶妻容易养儿难。

19. 人中成双，男主赋性聪慧，又享祖业。女主赋性骄傲，婚姻克离再嫁。不论男女均主子女倍多。

四、人中断健康智慧及个性品德

1. 人中主人之寿命及心性品德，五十岁前多行不义，人中会变为歪斜狭短并生凶纹凶痣；存心积德为善，人中相理亦会变好。

2. 人中长再加耳朵亦长，主必享期颐之寿；人中与耳朵俱短，主必定短寿。

3. 人中端而直，主为人忠信重义，心地光明磊落。

4. 人中厚而宽，主待人宽厚，社交能力及随机应变能力均强。

5. 人中上狭下宽，又长又深，主聪慧好学，有恒心毅力，又有独立见解，处事积极，工作努力。

6. 人中短浅，主五十六岁有关限。

7. 人中短浅，再加鼻小而塌，主非常现实，有自卑感，淫贱短寿，并懒散贪睡，处事不积极，缺乏毅力和恒心。一般人中短浅之人，亦喜被人赞赏恭维，虚荣心重。

8. 人中上下俱浅而中间深，主个性急，处事忙乱又无条理，为人亦欠和睦。

9. 人中上广下狭，主为人奸巧，处事虎头蛇尾，后劲不足，一生事业难成，愈老愈艰困。

10. 人中上下俱狭而中间阔，主为人奸猾。

11. 人中细如悬针，主器量小，好钻牛角尖，生命力不强。

12. 人中屈曲或歪斜过多，主为人虚伪，常使诡计。端直者则为人忠信厚道。

13. 人中略歪左或歪右，不是患习惯性便秘，便是肠胃过敏常常便溏，同时脊椎亦偏斜，容易患腰酸背疼之疾。

14. 人中有十字纹或交叉纹，主应注意水险。

15. 人中有横纹者主其人应防凶灾（尤其水厄）或饿死。

16. 人中有直纹，主心性奸猾。

17. 人中无髭，主聪慧多谋，富策划能力，但喜贪多急进，除非眉鬓二者均轻，否则，五十岁前运途多舛，很难聚财，常惹是生非，出力不讨好。

18. 人中气色黑，主病情严重，若口唇再青或枯黄，双目又失神者即刻死亡。

五、女性人中独特相理吉凶

1. 女性人中深长上窄下宽，主前阴系统发育正常，牝户阴毛浓密，阴道及子宫发育良好，多诞男而又分娩容易，一生少有妇科病，旺夫兴家富裕到老。又主其人个性优良，才华不输异性，婚姻大多美满。凡患有妇科病之妇女，人中相理必不佳。或手之动脉纹断续曲折，个性方面大多急躁偏执而欠理性稳定，因此婚姻生活亦大多欠美满。

2. 女性人中狭窄，主前阴系统（尤其子宫）发育不良，大多有妇科病。

3. 女性人中前端有卷珠，或上唇卷起形成人中过短，主应防产厄或自杀或个性不良。

4. 女性人中上下同宽，主克子刑夫，心性不良。

5. 女性人中上宽下窄，主喜管闲事，不贤惠，少妇德，少子女，并防产厄，又主短寿。

6. 女性人中上下均尖，而中间宽，主克子损胎，心性不良。

7. 女性人中有直纹，主到老孤独。

8. 女性人中平满，主诞男少，诞女多。并有子宫发育不良现象，易流产。

9. 女性人中有横纹，主夫缘薄。纹浅者主产厄，纹深者主克十夫。

10. 女性人中有小伤痕，主子宫曾承受一次或多次人工堕胎手术，伤痕为人工堕胎时留下之记录。

11. 女性人中与法令之间汗毛过长过黑，主五十岁前克夫寡居或婚姻不美。

12. 女性人中歪斜，主子宫不正，有妇女病，受孕概率极低。五十岁左右防妇科疾病，同时心性不良。

13. 女性人中两曲，主水性杨花，好淫败德，可能因奸生子，或子女多畸形变态，或生子不肖。

14. 女性人中有赤丝赤气色出现，再相带淫妇格，主目前行为淫荡，子宫或牝户发炎。

15. 女性人中生小疮小疹，乃生殖系统病变之警兆。

16. 女性人中有两个黑子，主有生双胞胎的机会。

17. 女性人中有痣，主曾有过妇科病（如子宫病变），难育子女，或应防产厄。同时，婚姻不美满，常欺夫害夫。

18. 女性人中有靥，主应防产厄，亦主欺夫害夫，又象征其母曾有产难。

19. 女性子宫割除，原来分明的人中就会变为隐平。

六、各种人中图

上宽下窄，恶性克子	上下同宽，高寿克子	上窄下宽，子孙满堂

人中横纹，有子即克	人中直纹，得子甚迟	细如悬针，老年孤贫

人中疵痣，不吉之征	人中屈曲，虚伪奸诈	人中交纹，刑克重重

第九节　法令

一、法令部位特征

法令即指法制号令之意。凡领袖群伦之人，都讲求法制的严密，号令的严明；领导有方、统御有术的领袖人物，其相貌都非同凡响，不但眉相严峻，眼睛有神，而且法令纹开阔深长，形状如钟。人相学以法令纹为社会地位及事业成就的象征。

法令为业务流年法的观察点，通过观察法令可以评鉴一个人对本身业务是否全心投入。人的法令纹有长短深浅宽窄的不同形状，左右法令长短一致，象征其一生均兢兢业业投入工作事业，如左右长短不一或法令纹显然过短，则主其不是常常变换工作，就是一生对事业和工作的投入不足。法令纹自鼻翼而出外，又从两口角再出现法令者，则主其一生事业到晚年时还有重大转变。法令纹过短者，不是一生事业无成，就是大器晚成。

法令纹又称为“寿带”，法令纹的长短、深浅、宽窄，亦象征生命的久暂、荣枯。法令乃脑神经的传导，消化系统的运转及股肌伸缩优良与否的缩影。凡法令纹长相佳者，一生极少发生神经衰弱、头疼、消化系统机能失调及腿疾、足疾等毛病，其寿命自然亦高。

长相不佳的法令纹为“螣蛇”，螣蛇入口必主饿死。螣蛇入口，即指法令纹弯入口中，此乃消化系统有严重病变的缘故，最后因不能饮食或不思饮食而饿死。

凡是螣蛇入口之人，大多是消化系统发生病变，尤以个性浮躁、敏感及容易紧张激动的人，发生病变的概率最高。

二、法令断事业成败

1. 法令纹圆而深正、广大、厚实，形状如钟，人的事业运长久。三十三岁后，事业渐渐有成，并福寿双全。

2. 法令纹末段（不论左右）分出枝纹，为“金缕”。自枝纹长出之日起，人的声望与地位日益高隆（双重法令亦同论）。

3. 法令纹长到金缕之位，主可贵至部级官员，或威镇江山大将军职。

4. 法令纹不明显或有恶痣，主中年事业不利，四十四、四十五、五十四至五十七岁为甚。

5. 法令纹在五十岁时仍未过口，主上半生在事业上谈不上风光和收获。但五星六曜五官六府俱佳者，眉须有情的三浓格另当别论。

6. 法令纹长短不对称或不显明，主一生事业多变化，少收获。

7. 法令纹细窄，主一生不能扬名，又终生劳碌。

8. 法令纹短，主一生不能担任主官或台面人物，否则必多小人是非（眉相严峻，眉须有情，眼睛有神者不忌）。

9. 法令纹短，最宜担任幕僚工作或从事异路事业。如面相其他各部位配合得法，主其人有异路功名和异路财荣，甚至死后留芳。

10. 法令纹未过口，如其是大富大贵相格，则主必大器晚成，同时口角必另外长出小法令纹；其人一生事业有重大转变，或先公后商，或先军后政。

11. 法令纹因面庞由胖变瘦致隐而不见，主正处困境，必须待纹深形秀后方能转运。

12. 法令纹穿破兰台延尉，称为“法令挂鼻”，主一生辛劳而少收获。

13. 法令纹中断或歪曲，主中年事业挫败或中年失业。

14. 法令纹有痣，主易发生工作或业务上之疏失，左法令尤验。

15. 法令纹忽生小疮小痘，主业务不顺或见是非损失。

16. 法令纹气色佳，主事业上正处旺境，或有新机会发展新事业，同时财运亦佳，出现黑气色时，应特别注意失窃。

三、法令断家族关系及婚姻子女

1. 法令纹宽广，肉质又厚实，主有广大之家族，或有广大之社会关系，愈宽广者愈验。

2. 法令纹宽广，但长度不过口角，主晚年刑克子孙，并孤寒贫穷疾病连年（女性不忌）。

3. 法令纹细长又窄狭，主晚年刑克子女，自身贫病相加。

4. 法令纹长短不齐或有缺陷，主家业屡变，早与亲离。

5. 法令纹一边单纹一边双纹，主别祖出继，或有异性父母。（男左女右）

6. 法令纹左边纹深者主得父助，右边纹深者主得母助。

7. 法令纹虽未入口，但过于靠近口角，或口角两边另生直纹，主婚姻生活欠美满，尤以初次婚姻为甚。

8. 法令纹虽长，但绕口而行，主晚年孤独，或婚姻生活欠美满，或家庭成员不和。

9. 法令纹有痣，主不能承袭父母之职业。

10. 法令纹左边有痣，主父先亡；右边有痣，主母先亡，并不为父母送终。（男女同论）

四、法令断健康智慧及个性品德

1. 法令纹长至地阁，主老年健康少病，并主高寿。

2. 法令纹圆而深正，且广大厚实如钟，主自律严谨，思考周密，处世执著，并有始有终，个性随和稳重而待人不卑不亢。

3. 法令纹旁另有深秀直纹，称为“双重法令”，主老年福寿愈老愈荣。

4. 法令纹双重，主处事感情理智并重，逆境或遭遇不愉快的事物时，能自我克制，自我舒解。

5. 法令纹内再长出小法令纹，主个性保守拘谨，不善表达内心的真实感受和实际需要，但颇重情趣，亦有女人缘。

6. 法令纹明显又左右相称，主有法律秩序观念，喜欢安定的职业与生活。

7. 法令纹锁口，称为“螣蛇入口”，主三十三岁后有灾难，六十五岁前必因病或其他原因饿死。

8. 法令纹锁口，但又从口角另生出法令纹，称为“螣蛇生角变龙”，此象主吉。此乃消化系统病变痊愈的象征。

9. 法令纹锁口，如口角生出法令纹又再下游绕口且双重锁口，主饿死。此乃消化系统病变痊愈后再复发的迹象。

10. 法令纹过于深刻（型深沟亦深），主欠缺人情味，待人过于严峻刻薄，甚至性酷杀生。如军公人员得此纹，主专制独裁，嫉妒猜疑，但责任心强。

11. 年过四十岁后法令纹仍然不明显，主个性急躁偏执，虚妄自大，对事业或职业喜见异思迁，自我认识不足，为人处世不够踏实。

12. 法令纹短或断，但另生支纹，称为“阴骘纹”或“金缕纹”，主其积有阴德。不论富贵贫贱之人，自支纹出现之日起，健康变佳，寿命亦延长。

13. 法令纹出自泪堂，其应注意饮食服药中毒或其他凶灾。

14. 法令纹形成年龄，以三十三岁、三十四岁为准。如三十岁前长出法令，主其早熟，事业早发，为人精明而又奸猾。过晚长出，主不是脑神经系统或消化系统不健康，就是处世欠积极欠奋发，早岁无成。

15. 法令纹有灰黑痣及斑点，主患有腿足疾病，或腿足容易受伤；女性则主手部有疾，或手部容易受伤。黑子同论。

五、女性法令独特相理吉凶

1. 女性法令纹又深又长，称为犯“孤神”，主其夫运不佳或夫缘薄，有独身主义倾向。如面相其他部位再有缺陷，主克夫刑子，晚年孤苦，嫉妒心强。但其独立心强，工作能力亦强。

2. 女性在三十岁前就有法令纹，主其乃女中豪杰，女强人型人物，必是女企业家或高级职业妇女。

3. 女性法令纹若无，主其绝非职业妇女，乃过着平淡、安静生活的家庭主妇。

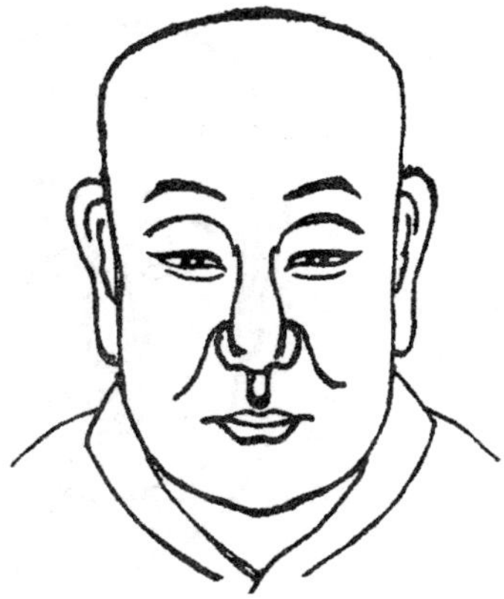

法令成钟形

4. 女性法令纹末端（不论左右）长出支纹，主其婚姻不美满，乃二嫁之相格。

5. 女性法令纹生恶痣，主其不甘寂寞，不安于平淡生活，婚姻欠美满。

六、各种法令图

1. 法令宽广成钟形，但未长及地阁，主其事业有成，是否高寿须配观其他部位断定。

2. 法令宽广成钟形，又长达地阁，主其必然富贵寿考。

法令长达地阁

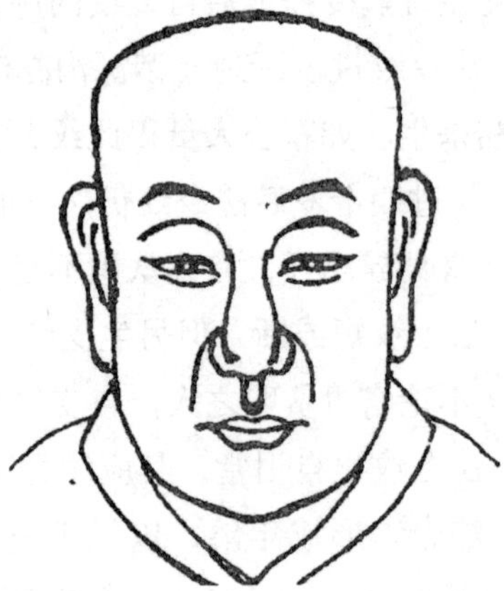

法令不过口角

3. 法令长度不出口角，主其自身健康不佳，乃短寿之相格。

4. 法令长至地阁，但宽广度不足，主其可享高寿，但事业难有大成。

5. 法令形成螣蛇入口，必因暴食而致肠胃病，终因不能饮食而饿死。但口角生出短纹者，为螣蛇变龙，不忌。

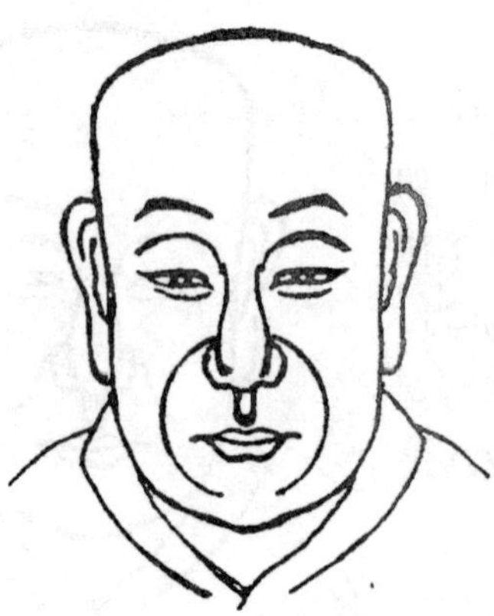

法令宽广不足

法令纹入口

6. 法令隐而不见，主其一生常处困境，事业上难有成就，健康平平。

7. 法令为螣蛇入口，又自泪堂起纹入口，主其因饮食或服药中毒而死。

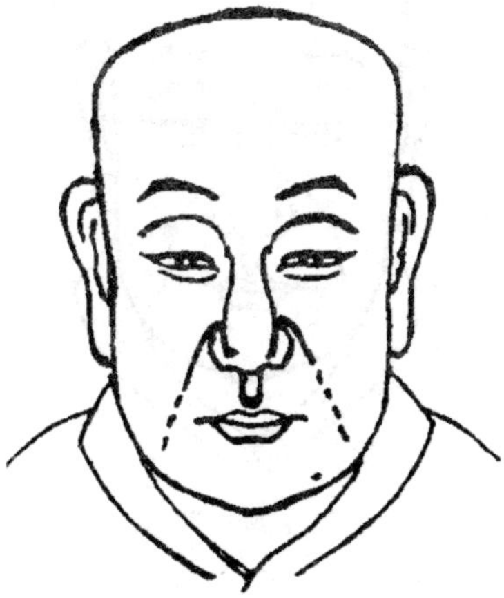

法令纹隐而不见

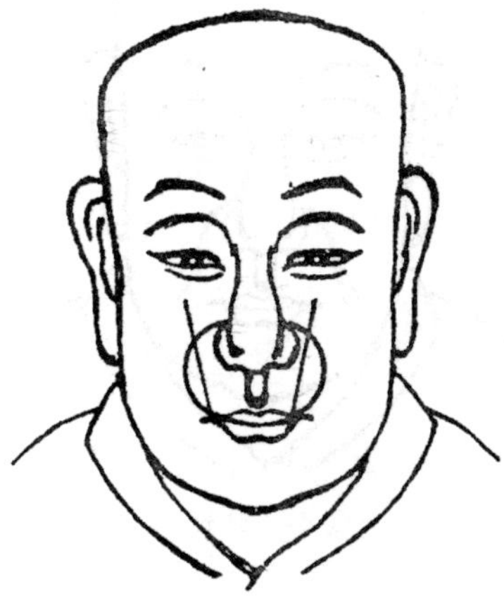

法令泪堂起纹入口

8. 法令为上下双重螣蛇入口，终必因消化系统疾病或贫穷饿死。

9. 法令为一边有双纹，而另一边单纹，主其出祖承继或有异姓父母，一生事业变化不迭。

法令双重入口

左右法令纹数不同

10. 法令纹上再生支纹，此乃阴骘纹，主其有行功德、心德、阴德，老运佳并高寿。

11. 左边法令有痣者，主与父少缘；右边法令有痣者，主与母少缘，并有足疾，又主婚姻欠美满（男左女右）。

12. 法令两边深度不一，左边深者，主得父之蔽荫；右边深者，主得母之蔽荫（男左女右）。

法令生枝纹

法令纹长黑痣

法令两边深度不一

第十节　口、唇、舌、齿的相理

一、口的相理

（一）口部特性

凡是口形不正，左歪右陷，或口唇过薄的人，不论男女，均主不懂得情爱，其爱情和婚姻生活不美满。

人相学称口为“出纳官”，即口乃言语所出之门，饮食所纳之处。口又像大海，容纳百川，上通五岳四渎，下通周体百谷，接纳万物饮食，以济五脏之造化。

口（含唇）除了与心脏有联系外，又与内脏其他器官有着密不可分的关系，如上唇与大肠及生殖泌尿系统相关联，下唇与消化系统相关联，上下唇的内缘与肝胆相关联，口四周棱线与脾脏相关联，口内的牙齿与骨骼相关联，牙龈与肾脏及内分沁系统相关联，口内之舌与心脏相关联，口内之喉管与呼吸系统相关联。凡唇的厚、薄、大、小、尖、垂、揭、缩、扁、平、歪、陷及唇色之美恶，均与以上各系统的器官先天结构和后天机能有密切关系，进而影响人的生理健康及心理意识状态。

口的相理年龄指五十至六十岁的十年流年，行运至口，已是中年时期的结束，老年时期的开始，象征生命的光和热已经到了巅峰。

先天命运占七分，后天能掌握的仅占三分。也可以说，人一生命运是好是坏，完全系于祖先父母遗传是好是坏。例如，患了肺痨病的父亲和患了白痴症的母亲，绝不可能生出一个健康好、智慧高、个性优良的子女来，祖坟风水好，或出生的八字好，或名字取得好，或体育锻炼，决不能改变先天遗传的缺陷，最多少生一点病，延长寿命若干年而已。智慧是无止境的，学问和智慧相比，前者仅仅是一口或大或小的井，后者却是一片汪洋大海，有智慧的人虽未读书亦会有成就。其并不一定要去学校就读，随时随地均可以借自修而得到学问。

论口必须配观眉与须，“口相有十，须眉居七”。如口的相理符合标准，但须眉相理不佳，则口的吉度也减分论断。口相如四字为吉，尚须配观准头、人中、法令、耳珠、承浆、地阁、须眉等部位，其中任何一位相理有缺陷，均足以影响口的吉度。

人生已经历了五六十载的寒暑，阅历丰富，为人处世稳健保守，往往谋定而后动，只可惜夕阳无限好，但已近黄昏了。五十至六十岁以后，此种人乃是人相学所谓之“大贵格”或“大富格”也。

（二）口相断事业成败

1. 口棱角分明，形如角弓，开大合小，唇上有纹，上下唇相称，唇嘴色彩鲜艳，再加小水星有成（人中下端成三角形），此乃最上乘口相。主此人通达事理，聪明仁厚，心口如一，工作能力强，文化生活水准及社会地位均高人一筹。

2. 口大有收（即开大合小），端正而不偏，口角翘上，唇厚而正，齿齐而白，主其豪放大胆，精力充沛，富于行动力及决断力，大多为领导人物，五十五至六十五岁定行大运。口的大小以口角闭合时略宽于自己的鼻，与自己眼的黑睛中心点能成一直线为符合相理标准。

3. 口在说话时而不见齿，主其非富即贵。笑不露齿者尤佳。

4. 口出声悠扬有力，主其非富即贵；口出声嘶哑低弱，非贫即夭。说话时声音屡变，为“病言”，主其目前运程蹇滞，百事不顺。

5. 口形比鼻形小为劣者，主其五十岁后运程多逆滞。

6. 口下承浆部位平满无势，主其六十一岁防破财防灾病，老运亦差。

7. 口下承浆部位可容指又有须，主其老运佳，酒量亦佳。

8. 口宽舌大，主其一生衣食丰足；口大舌亦宽，主其一生财帛富足，金水土形人尤验。

9. 口大能容拳，主其官禄荣贵，但必须身材魁梧之人才验，瘦小者不验。

10. 口大唇红，主其一生衣禄丰盛，愈老愈荣；又喜美食，有口福。

11. 口大耳小且耳薄，乃“水多木漂”之格，主其一生事业飘零，难有成就，欠缺福禄。但耳小又厚，轮廓分明者另当别论。

12. 口大鼻小，乃“水反克土”之格，主其一生常因言语招祸，是非多端，中年皆难有成就。

13. 口大眼小，主其一生不宜求官；如再口大不收，眼小又无钩无梢，主其死无葬身之地。

14. 口大无棱，主其难聚钱财，并喜投机。棱即口唇周边棱起一圈黄色唇肉。

15. 口大而身小，主其可贵可富。口小而身大，主其一生难有成就。

16. 口小再加口尖口反又唇黑，主其一生贫寒，同时招凶促寿。

17. 口小额大，乃“火多水渴”之格，主其初中年运程蹇滞，晚年孤寂。

18. 口小而头大，主其早岁贫苦，晚年运蹇促寿。

19. 口小鼻大，乃“土克水”之格，主其一生劳碌而少收获。

20. 口如吹火，称“吹火口”，如再言多言急，主其一生破败贫贱。

21. 口如覆船，称为“覆舟口”。主其人一生贫穷劳苦。

22. 口在无人时自言自语，主其贫贱孤苦。

23. 口不言而口动，称为“马口”，主其一生劳多获少甚或饥寒贫苦。

24. 口无痰而常吐，乃气衰之象，主其先富后贫。

25. 口四周有胡须锁（困）口，其口形再佳亦难发大运，老年辛劳运蹇。

26. 口角两边有井字纹，主初年劳苦，中年得贵人帮助而略有发达，晚年虽有福寿但刑克子女。

27. 口角两边有直纹，主晚年破家败业。

28. 口上边食禄二仓有痣，主一生不聚财，五十岁后易耗财，但生性风流，一生颇有口福。

（三）口相断家族关系及婚姻子女

1. 口形完美，唇红齿白，主夫妻恩爱，家运隆昌，子孙贤孝。

2. 口左歪右陷，主夫妻不和或刑克配偶，子女缘薄或晚年刑克子女。

3. 口角下垂，主其老年孤苦，夫（妻）缘子缘均薄。

4. 口上唇包下唇，谓为“雷公嘴”，主个性不良，无子嗣。

5. 口上下有直纹（非唇纹），口角又垂下，称为“皱纹口”或“布袋口”。不论男女，主一生劳禄少成，常有凶险，老年孤寒，无子女缘，即使有子女亦外出他乡。

6. 口形似吹火，主刑克子女，到老孤独。

7. 口形偏左者，主克妻（男左女右）。

8. 口四周有胡须锁（困）口，主不享子女福。如年过六十五岁胡髭仍然黑亮未变白，主子女必幼小而不能自立，或不享子女福。如头发再黑亮，则主晚年辛劳又刑克子女。

9. 口角生有短纹多条，谓“孤寿纹”，主晚年运蹇，子女少缘。

（四）口相断健康智慧及个性品德

1. 口为脾窍，舌为心苗，齿为骨之余。口正脾正，口歪脾偏，口小脾小，口大脾大，口上脾高，口下脾低。口唇肌肉紧实又有弹性，主脾脏先天发育良好，后天功能亦佳。脾脆脾虚，则口常开。

2. 口在闭合状态成弯弓形，谓“仰月弯弓口”，主意志坚定，工作认真，生活有规律，很懂得调养身心，感情专一。

3. 口似四字形，谓“四字口”，主口才佳，最宜从事律师、公关等职业。

4. 口阔再加眼神清，主文章盖世，才华横溢。

5. 口常紧闭，主工作认真负责，意志坚定，机谋深藏。口常张开，主浮躁欠耐心，意志薄弱，并少机谋。

6. 口开齿露或睡中口开，主短寿。再眼睛露白，胸口生乱毛，必死于非命。此为脾脏虚弱。

7. 睡时口水外流，谓“夜漕”。七十岁以上老人有“夜漕”，主高寿；中年人有“夜漕”，主短寿。口水乃一种综合性内分泌，七十岁以上老人流口水，象征其内分泌正常，是因年老口腔内的自律神经松弛或牙齿缺落而外流。如中年人流口水，象征其未老先衰，故短寿。

8. 口下承浆无须或有痣，主消化系统有隐疾，不宜饮酒过量，否则醉死。又不宜游泳，易遭水厄，有波纹者更验。承浆有痣的人，主其胃曾经有病变；承浆无须，主胃气不足，均易导致脚抽筋，故有水厄。

9. 口形似吹火状，不论男女，主个性狡诈贪婪自私，又喜搬弄是非。

10. 口上唇中端有“口珠”。不论男女，主个性倔犟而不认输。

11. 口形过于平扁且口角下垂，谓“鱼口”。不论男女，主其喜弄是非，自私护短，出言刻薄，一生劳碌无成。

12. 口宽舌薄，主喜好音乐歌唱。

13. 口形大，主意志力坚强，行动积极，个性热诚爽朗。但口形过于宽大（即口大无收），主其自私，个性强，有野心，好冒险，知进不知退，往往偾事后悔，一生事业多成多败。

14. 口形过于肥大，主其生殖及饮食能力均强，好淫，贪食，缺乏高尚思想及宗教哲学兴趣，女性尤忌。

15. 口大唇厚，主重情欲，性欲强烈。

16. 口大唇薄，主多自私自利，花言巧语，缺少真诚，个性冷漠无情。

17. 口大面小，主性喜投机，喜贪便宜。

18. 口小唇厚，主人缘佳，肯奉献付出，不会固执己见。

19. 口小唇薄，主言辞锐利诡诈，讲求功利，个性冷漠，刻薄寡恩，无责任心，一生破败飘零。

20. 口小眼亦小，主胆量亦小，积极性不够，依赖性重，适合理财会计或细密工作。

21. 口尖如鸟嘴，主说话刻薄，喜多言，欠口德，很难相处，在社会上人缘不佳。

22. 口角下垂，主喜贪便宜，往往恩将仇报。多猜疑，喜挑剔，个性刚愎自用，孤僻自私，无廉耻观念而为人所嫌，口形阔又薄者尤甚。但口型肥大而口角下垂，主其生性厚道，待人热诚。

23. 口角过份上翘，主其个性骄傲，有虚荣心，有大男人和女强人心态，事业多成多败。

24. 口角左右高低不一，主个性乖谬，喜强词夺理，又喜贪便宜。

25. 口四周胡须过于浓密，连口角亦有胡须包围，主其肠胃系统健康欠佳。

26. 口说话急，吃饭急，再加脚走路急，主性情急，主其成家快，败家亦快。

27. 口先动而后语，主其不是拘谨慎言，就是心术不正，心机过多。

28. 口吃食时，状似猴食鼠餐，为“口寒”格，主其终身贫寒，鄙俗怪吝。

29. 口说话时含糊不清，白睛呈现红丝，头发又自然鬈曲，主其非常好色贪淫。

30. 口歪斜不正，主其心术不正，虚荣心强，个性也强，喜强词夺理，不肯认输，容易招惹是非或得罪人。妻不贤，子不孝，晚年运蹇。

31. 口角有横向短纹一二条且纹尾向下，谓“覆舟纹”，主其应防凶死。

32. 口角生黑痣，主其有水险，亦主善于诡辩或说话容易伤人。

（五）女性口相独特相理吉凶

1. 女性以口为子星，口唇无纹者主无子嗣。纹多而正，主子多而秀。

2. 女性口唇红齿白，再加面色黄润者，主其必嫁富贵之夫，婚后相夫旺子。

3. 女性口红而面白，主其水性杨花。如面颊闪红，为面带桃花，主其好淫，个性不良。

4. 女性口笑时不见齿，再加额圆，眼睛黑白分明，手似干姜，娇而有威，主其秉性贞洁。

5. 女性口笑时，面颊有酒窝，主其个性温柔、贤淑，但有消化系统隐疾。

6. 女性口笑时，用手掩口并偷视，主其水性杨花。

7. 女性有樱桃口，主其个性聪慧，温柔贤良，有情有义，必嫁富贵之夫。

8. 女性有雷公嘴，主其心性恶毒，刑夫克子。

9. 女性有吹火嘴，主其克夫产难，心性狡诈，缺少妇德。

10. 女性口大有收，主其为人干练，行动积极，敢作敢当，领袖欲强，可做职业妇女，有社会适应力，越复杂的工作环境，越有活跃的空间。如其他各官配合得当，必为女强人，但婚姻必迟，早婚必离。

11. 女性口大无收，主其好吃懒做，先甜后苦，一生贫穷，刑克子女。

12. 女性口大无收，再加口形歪斜，主其刑克产难，婚姻不美满，心性狡猾又促寿。

13. 女性口大无收，手骨粗大又面长，主其克夫再三。

14. 女性口大无收，再加额窄，主其拖累夫运。

15. 女性口大无收，再加唇厚又眉粗，主其个性男性化，性淫性急，任性偏执，生性懒散，先富后贫，刑夫克子，婚姻不美满。如口角再松弛下坠，则贞操观念淡薄。口大无收，即口在闭合状态时，口角超过自己鼻子的宽度过多。

16. 女性口大无收，再加唇薄，主其喜弄是非，多为长舌妇，婚姻不美满。

17. 女性口小，再加唇掀，主其淫贱，刑夫克子。

18. 女性口小，再加唇暗耳小，主其容易流产。

19. 女性口小，再加面横大，谓“带刹”，主其刑夫克子。

20. 女性口高龈露，主其无妇德并刑夫克子。仅龈露者，主刑夫克子。

21. 女性口尖龈露，主其贫贱招非短寿。

22. 女性口薄，说话时唇掀，主其强词夺理，喜弄是非，一生劳碌贫贱。

23. 女性两边口角生纹，主其人淫贱，婚姻不美满。

24. 女性口上下及口角生痣者，主其不安于平淡，婚姻不美满。亦主有生殖系统及消化系统之隐疾。

25. 女性口角下垂，主其晚年贫寒，孤独之相。

26. 女性口角偏右或口部左歪右陷，主其克夫或婚姻不美满。

27. 女性口内生有“虎牙”，主其性情温柔，善解人意。如其他五官再配合得当，主有成就，最宜从事影艺表演事业。

28. 女性口常冷笑，主嫉妒心重，个性阴险。

29. 女性口说话时，如男子声音特别响亮，主其虽聪明干练，但个性急躁，做事任性妄为，克夫淫乱，破家累夫。

30. 女性口四周皆有青色，主其刑夫克子又促寿。此为内脏器官不健康之征。

二、唇的相理

1. 唇稍厚，并上唇如弦、下唇如弓，主其重忠信，有才华，富机智，多情多义，待人亲切。但唇太厚者，主其愚鲁无智，意志薄弱。上下唇俱薄，主个性不良，喜狂言妄语，乃无口德之人。

2. 唇为口的城廓，故欲厚。上下唇覆载均匀，主其一生衣禄丰盛；上下唇覆载不均匀，为不吉之相。唇的厚度，男性以 1 ~ 1.3 厘米为合标准，女性以 0.8 ~ 1 厘米为合标准。

3. 唇色红润，主其夫妻缘佳，婚姻美满。如齿再白，主有孝心，子孙满堂，性欲正常（女性尤验）。色淡者，主其夫妻缘薄。

4. 上唇前突者，主其长寿，但克父孤苦，或与亲离（男上女下）。下唇前突者，主其克母孤苦，或与亲离，短寿。

5. 上唇薄过下唇，主其出言必薄，欠口德，语多狡诈，又克父。

6. 上唇阔而尖，又盖住下唇，谓"鸟喙"，主其奸诈，心狠手辣。

7. 下唇厚过上唇，主其个性自私偏执，占有欲强，不尊重他人利益。但往往拥有大财富。下唇厚又歪者，主个性不良，性欲强，一生难有大成就。

8. 下唇在说话时外翻（即掀唇），主其有叛逆性，桀骜不驯，自以为是，在社会上难以立足。不论男女，下唇外翻，婚姻缘薄，即使结婚，亦必离异。

9. 下唇似坠下，主其一生孤寒，妻子儿女少缘薄。

10. 下唇长而薄，主其喜美食。下唇过薄又窄，主运蹇又克母。

11. 唇平不起似无，主其一生贫贱，老年孤寒。

12. 唇尖薄，主其头脑冷静，狡猾善诈，终必贫夭。

13. 唇不盖齿，主其招非惹嫌终身运蹇。唇掀，人中短浅，主破家短寿。

14. 唇掀龈露，主其孤苦刑克。唇掀龈露，再加喉结高起，主其死于他乡郊野。

15. 唇色青紫，主其个性贪婪倔犟，运程坎坷。唇色青黑，主多病，如鼻再有黑子，主其暴死。唇色苍白，主其患贫血症，欠缺生殖能力。唇色紫黑，主其久病未愈，或事业运、家运不吉，或夫妻不睦。

16. 唇上多纹又整齐（下唇更要有纹），主其父祖或自己积有阴德，待人热诚，富同情心，见义勇为，子孙满堂。唇上无纹，主其心性不良，自满，喜挑剔，一生难有善举，又主其缺乏子嗣，老年孤寂。唇上纹明秀深细，主其聪明仁厚，衣禄丰盛；纹粗浅不秀，主其终身劳苦，劳多获少。

17. 女性唇红齿白，主其夫妻恩爱，婚姻美满，相夫旺子。

18. 女性唇红身高体瘦，主其夫妻恩爱又多诞男。

19. 女性唇白体瘦，主其夫妻感情不佳，生育困难或常流产，又主促寿。如唇白口尖，寿命难过三十岁。

20. 女性唇色紫黑色，主其刑夫克子。

21. 女性唇掀龈露，再加唇齿不相盖，主其克夫并有产厄。如再体瘦面黑，主其心机深，难以捉摸。

22. 女性唇掀龈露，再加无腮，主其淫贱，婚姻不美满。

23. 女性唇掀龈露，再加舌尖，主其性狠淫贱，婚姻不美满。

24. 女性唇无人自动，主其有神经质并好淫，婚姻不美满。

25. 女性上下唇不紧闭，主其个性懒散，有堕落之虞。

26. 女性下唇过于前突，主其不旺夫，又性悍奴夫，下唇外翻者尤甚。

27. 女性下唇略突略厚者为吉相，主其晚运通顺，子女优秀，但下唇不宜包上唇，下唇包上唇主克夫。

28. 女性下唇有痣，主其容易发生不正常男女关系。

29. 女性上唇厚过下唇，主其工作能力强，但个性倔犟，大多属女强人型人物，一生感情生活欠美满，同时孤寂不寿。

30. 女性唇紧缩，主有妇科病并防产厄。

31. 女性唇上无纹，主难育子息。

32. 女性有兔唇，主刑夫克子。

三、舌的相理

1. 舌以长、大、方、利、鲜红为吉相，以短、小、薄、钝、尖、暗黑、灰白为劣相。木、火形人，舌不忌尖；金、水土形人，舌宜圆厚。

2. 舌色鲜红，主其运程得意；舌色黯紫，主其贫病交加。

3. 舌上有川字纹，主其可大富。舌上有十字纹或直纹，或有锦纹绕舌，主其可大贵。有横纹（非断折），主其可中小富贵。

4. 舌吐满口，主其可贵可富。但舌过于粗大，主饥寒。

5. 舌能舔鼻准，主其大贵，但体形瘦小、五官庸俗之人不可同论。鼻相眼相有缺陷，再舌能舔鼻准，乃不吉之相。

6. 舌有粟粒（即味蕾），主其荣华贵显。舌秃平，主其一生贫贱。

7. 舌小又短，主其愚贫。舌短又粗，主其愚鲁。

8. 舌小又尖，主其贪婪；舌尖而白，主其喜弄是非；舌小又长，主其贫寒。

9. 舌大又薄，主其妄谬。

10. 舌大又长，主其可贵可富，但为人奸猾。舌长似蛇出，主其性毒。

11. 舌有黑子（非黑痣），主其个性虚伪，罹患恶疾。

12. 舌中央有黑痣，主其非富即贵。

13. 女性舌厚大色艳，主其婚姻美满，可贵可富。舌如蛇状，或舌短秃薄小，主其个性不良，一生贫苦。

四、齿的相理

（一）齿的相理吉凶

1. 齿以当门二齿最为重要，凡当门二齿白莹长大（如龙齿），主其少学多成，发达颇早。公职人员科技人员及影艺人员最验。

2. 当门二齿缺落（含龋齿），主其个性不良，多学少成，青少年时期运滞。如口形再不佳，主一生运程阻滞。

3. 当门二齿与父母的遗传关系密切（左父右母，男左女右）。凡当门二齿长大整齐者，主其父母及自身均多福多寿。

4. 当门二齿缺损，主其妨克父母。左当门齿倾前者父先亡，右当门齿倾前者母先亡。当门二齿自脱落者，主妨克六亲。

5. 当门二齿及龋齿全部脱落，主其晚年孤苦，死亡时甚至无子女送终。

6. 当门二齿长短大小不一，主其家境不佳，幼少年运滞。

7. 齿在说话时，齿上列不露出，主其可贵可富。

8. 齿白唇红，主其多才多艺，或学有专长。如口形再佳者，一生运程通达。

9. 齿整齐紧密如“榴子”，或齿长如“龙齿”，主其善良忠信高寿。参差不齐疏落间缺，主其倔强怪僻，狡猾伪善，恃才傲物，难有成就。

10. 齿数在三十颗以上，主其可贵可富；齿数不满三十颗，主其为平常或贫贱之人。血气强者齿多，血气弱者齿少；骨质佳者齿白莹坚牢，骨质差者齿易龋易落。

11. 齿过尖又不足二十八颗，主其一生贫贱。

12. 齿过小又不足二十八颗，主其夭折贫寒。

13. 齿长而白莹（即当门二齿长度达 1 厘米以上），主其身体健康长寿，个性开朗，智慧优良，魄力精力均强。当门二齿长达 1.5 厘米以上，谓“龙齿”，如其人再身长、面长、鼻长、耳长、手长，谓“龙形”，主必大贵。

14. 齿短（不足三分之二公分），主其不能成大事。如不足 0.5 厘米又龋，主其体力智力均不足，一生福薄寿促。

15. 齿上尖下阔，主其个性鄙陋。齿下尖上阔者，主其个性粗犷。

16. 齿有歪状，主其谋虑深远，亦主有隐疾。

17. 齿漏缝，主其喜妄言。齿漏缝如倒三角形，主其贫困灾险，又主与六亲关系淡薄，欠孝心，幼少年身体羸弱。

18. 齿肉（牙龈）不宜露，大笑时例外，否则命薄刑克，下齿整列露龈，主其冷酷无情。

19. 齿上列和下列咬合不正或上掩下或下掩上，主其非出身富官之家，青少年时期运蹇，或与父母家庭少缘。另下掩上，主晚岁鳏寡，或婚姻不美满。

20. 齿上列外倾，谓“暴牙”，主其一生孤苦贫寒，夫（妻）缘子女缘均薄，并贪淫欠孝心。又主其人难守秘密，女性尤忌。

21. 齿前后上下交错，形状尖方不一，名为“鬼牙”，主其贫贱灾险夭寿。

22. 齿在三十岁前脱落，主其促寿；五十岁前脱落，主其多刑劫；中年生齿或缺齿复生，均主添寿；晚年生齿或缺齿复生，虽主添寿但刑克子孙。

23. 齿列有双排，谓“重城齿”，主其有特殊才智，但刑克父母子女。

24. 齿在睡梦中相摩擦，主其骨肾相火，对妻子、儿女不利。

25. 齿龈呈黑色，主有肾病，或内分泌失调。

26. 犬齿重叠而生，谓“虎牙”，主幼少年刑伤父母或兄弟。重生在当门二齿，主其中年灾厄。虎牙之人，均有或多或少的成就，尤具艺术表演才华，女性尤验。

27. 齿喜白净色莹，忌焦黄黑枯。黄如璞玉，黑而光亮，主福寿富裕。齿为骨之，骨之结构成份佳，牙齿自然白莹或黄璞或黑亮，不易被虫蛀。

28. 齿白枯或黑枯、黄枯，不论男女，主其刑妻（夫）克子。

29. 女性当门二齿不忌长大，如犬齿及臼齿亦长大，主其骨骼必粗，个性男性化，一生劳碌刑克。

30. 女性当门二齿过白过长，主其聪明干练，少学多成，发达颇早，但个性强，性淫逸，婚姻难得美满。

31. 女性齿参差不齐，主其个性不良又多淫。

32. 女性长有“虎牙”，主其易为人所喜爱，如从事影艺事业必有成。

33. 女性分娩后落牙，主其先天气血不旺。先天气血旺，不会产后落牙。

（二）各种齿相图

1. 榴子齿

榴子齿为女性最佳齿相。其特征是齿如石榴子，短方紧密，坚而白莹。主其聪明贤良，男性可贵可富，女性必嫁贵夫。

2. 龙齿

龙齿为男性最佳齿相。其特征是门齿特别长大白莹，齿数三十二颗以上。若身长、面长、鼻长、耳长，必主大贵特贵。

榴子齿

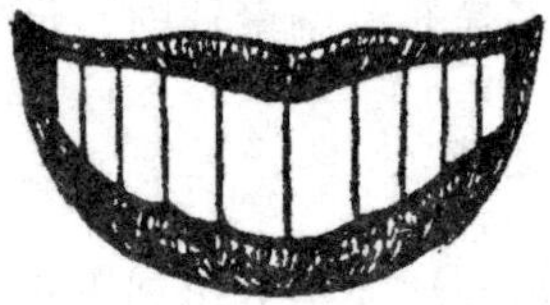

龙 齿

3. 虎牙齿

虎牙齿俗称虎牙，其特征为上齿列门齿旁的犬齿前突暴出。如口形好，唇色鲜红，犬齿长大白亮，主少年发达，宜从事影艺工作。

4. 牛齿

牛齿的特征是门齿白莹、长大、整齐，齿数三十二颗以上。主福禄富贵，子孙繁衍优秀，自身亦福寿绵绵。

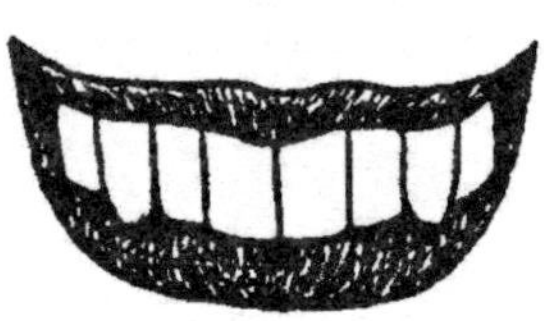

虎牙齿

牛 齿

5. 鬼齿

鬼齿的特征是门齿犬齿均长短大小参差不齐，每颗牙齿的形状尖削偏斜不一，并唇掀龈露。主其生性欺妄虚伪，言行欠检点。

6. 狗齿

狗齿的特征是门齿的长短大小参差不一，有如锯齿状；犬齿既长又尖，有如立锥。主个性刁钻、古怪，妄诞无信，事业无成。

鬼　齿

狗　齿

7. 漏缝齿

漏缝齿的特征是齿上宽下窄，大小不一，齿与齿之间有空隙。主多言虚伪，常多是非，难聚钱财，刑克或不孝父母。

8. 暴齿

暴齿的特征是上齿列大小错乱向外突出，或门齿重叠相挤向外突出。主初年破败刑克六亲，即使一生富贵，也必艰辛。

漏缝齿

暴　齿

第十一节　地阁与腮骨

一、地阁与腮骨的部位特性

在生理学上，地阁与腮骨两部位统称为“下颚”部位，在人相学上，从内外五行关系而言，地阁与整个水系统（如生殖、内分泌诸系统）相关联，腮骨与股胫、下肢系统相关联。生理系统尤其是水系统，与人老年时期的健康、智慧、个性有绝对密切的关系，地阁与腮骨是观看老年时期运程的观察点。

地阁又名“下颏”、“下颌”、“下巴”；腮骨又名“颐”、“腮颐”、“面颊”、“面庞”，地阁与腮骨二名称是人相学75部位的专门名词。

《神相铁关刀》云：面部的“额、鼻、颏”为前山三主，头部的“顶、脑、枕”为后山三主。三主即为观看面相和头相之三个主要观察点，前山三主与后山三主乃观看初、中、老运最重要的相理标准的。如观看初运，以面部的额和头部的顶脑为主，观看中运以面部的鼻和头部的后脑为主，观看末运，以面部颏和头部的枕脑为主。又云：“前山好不如后山好，前山坏尤忌后山坏。”额坏顶好衣食尚丰，如额好顶坏则衣食难周；鼻坏脑好不见其坏，如鼻好脑坏则定见其坏，颏坏枕好尚有退步，如颏好枕坏则老年艰辛，如颏枕俱坏则老年一定孤苦贫贱以终。地阁的相理与人的老年运的确有密切重要的关系，但为人观相时，应面相与头相加以配观，才不致有误。

地阁又名“奴仆宫”。奴仆者，下属也，下属乃亲属与部属的统称，奴仆宫相理好，即地阁（含腮骨）相理好。地阁相理好，象征其水系统（主要小脑）发育优良，必子孙成群，又因其遗传优良，其子孙必孝贤。凡水系统先天发育优良者，老年时期之内分泌必定正常，因此老年时期的健康智慧个性亦必佳，也可以说老年时期仍有事业心及旺盛的斗志和良好的记忆力及分析力，对事物分析判断正常，待人处世协调领导有方，部属乐与追随，向心力强。

地阁在五岳，位居“北岳”。在五星言，与口等下颚部位统称“水星”。地阁不但与人的晚年运及亲属部属之间的人际关系有密切关系，同时与人一生的根基，意志的强弱，家运的美恶，爱情的厚薄，健康的好坏，智慧的优劣，道德的有无等关系密切。

二、地阁与腮骨断事业成败

1. 地阁与腮骨相连形成下颚部位既方阔又圆厚，主晚年事业发达，事业运老而弥坚。

2. 地阁与腮部有恶痣，主其之晚辈和部属欠得力，一生之居处也欠安定。

3. 地阁与口型大小平衡相称者，主其人一生必有成就，可富可贵，有异路财荣。

4. 地阁及腮部丰厚圆满，谓“奴仆宫”成，主其一生用人得利，事业有成。

5. 地阁及腮部虽丰厚圆满，但上停尖弱不相称，谓“火星受克于水星”，主其一生穷困，事业难成。

6. 地阁有重颐者（即双下巴），主一生必有二处以上不动产。如其他各官再配合得当，主其有小富以上财富，一生财运亨通，生活富裕，愈老愈荣。

7. 地阁长（非戽斗），主其比地阁短小者有成就。

8. 地阁长但肉薄而无势，主其缺乏财运，一生辛勤劳碌，事业难有成就。

9. 地阁圆小，主其易在职业上或喜好上获得成功，但只宜从事异路行业，不宜从事军公教和工商业。

10. 地阁过于短小，主其御下无术，一生不宜创业或担任主管职务，只宜受雇于人，否则事业易为属下所倾覆，职务上易为属下所取代。但有重颐、燕颔、人中长、口唇厚，另当别论。

11. 地阁尖小，主其一生难成事业，愈老愈困，子女欠孝心，难享子女福。颐削者尤甚。

12. 地阁上翘（即戽斗），除非其人“天地朝揖”，不论男女，主其老年不宜再担任领导职务或企业管理人员，否则有被其属下诽谤、攻击、欺骗、出卖，甚至有被推翻颠覆的可能。愈老愈运蹇、艰辛，又难享子女福。

13. 地阁有严重偏斜、凹陷、破损、痣纹瑕疵者，主其人生日年龄（即生日过后起算）四十一岁、五十一岁、六十一岁、七十一岁，要防灾厄、疾病、破财败业，或因财产、产业兴讼，晚年时期易为家属部属所烦累。如面相其他部位再配合不当，主其必贫病以终。

14. 地阁无胡须，除非其为“银面”或“赤面”再加“暴腮”，否则主其一生也不能奠下生活基础。银面，即面色白润；赤面，即面色红润；暴腮，即腮部丰满圆厚。

15. 地阁有横纹直纹，为“破福纹”，均非吉相。主其纵然地阁丰隆亦无好果可言，七十岁及七十一岁生日后，健康或事业必有一差。颂堂有纹同论。

16. 腮颐部位不宜尖削、露骨，尤忌腮颐部凹入，主其晚年孤寒辛劳。

17. 腮颐部位特别丰厚圆满，谓为“地如翼”或谓“暴腮”，主其必发晚运（五十岁后），愈老愈荣。但面色忌枯白，忌青黑，忌黄滞，须面色白润红润才验。

18. 腮颐部位有明朗整齐长纹二三条，谓为“捧场纹”，主其中晚年吸引力大，统御力强，能创造惊人的声誉和事业。

19. 地阁与火星（十五岁位）成一直线，谓为“天地朝揖”，主其不富即贵，即使额相有所不如，也一生事业有或大或小的成就；如天仓与地库再成一直线（正面看为准），成就更为非凡，同时老年福寿。地阁与火星是否成一直线，必须正坐侧面看为准。

三、地阁与腮骨断家族关系及婚姻子女

1. 地阁连腮骨丰厚圆满，主其子孙满堂且贤孝，晚年福寿，侍立成群。此项以金、土、水形人为准，木、火形人不论。

2. 地阁与天中不对称（正面看），谓“子午不直”，主其一生迁徙不定。

3. 地阁过长再加口歪，主其晚年刑克子女。

4. 地阁尖小再加腮部瘦削，主其家庭责任观念颇为淡薄。后枕部位扁平者更验。地阁有二凹三凹之状，主其为继养之人。

5. 地阁有痣者，主其人不享祖福，亦有破败，并一生中常搬迁住所，又主不享子女福，或常为子女部属之事忧烦。如系出身承继或出养者不忌。

四、地阁与腮骨断健康智慧及个性品德

1. 地阁丰厚圆满，肌肉结实又有弹性，主其处事脚踏实地，个性温和，心胸宽宏，御下有术，乐于照顾他人，能集众望于一身。最宜担任领导及公关工作，必能成就大事业。

2. 地阁宽阔或成四方形，主其处事有原则，不畏失败，统御能力强，对工作执著而有责任感，意志力、决断力均强，能适应任何工作环境。如再有燕颔，主其最宜担任武职。

3. 地阁有双重（双下巴），主其个性温和仁厚，气度恢弘，乃福寿之相。

4. 地阁长者，有冒险精神，外向好动，精力旺盛，意志坚强，富有耐心和判断力，乃长寿之相。但其个性固执。

5. 地阁的七十一岁部位左右高低不一或尖小露骨，或庳斗凹入，或有疵痕、痣纹，主其生日年龄七十一岁夏冬两季（水火相冲或临水旺），应特别注意保健，尤其患有心脏病及高血压症者，更应注意保健。

6. 地阁有痣或疵纹，主其一生中难免遭遇凶险，如血光、水险及外出车马安全等。

7. 地阁过于短小，主促寿，四十一岁起即应特别注意保健。但是有重颐（即双下巴）者无碍。

8. 地阁短小，主其体质较弱，个性不稳定，任性冲动，欠缺持久力及忍

耐力。但有重颐者，另当别论。

9. 地阁圆小，主其有艺术眼光及审美观，并有崇高的理想，但个性急且任性偏执，喜走极端，对社会家庭甚至亲人均有失望感，循环系统及小脑发育不良。地阁尖且反者尤甚。

10. 地阁尖小且后反，主其小脑发育不良，情爱淡薄，意志力不坚强，活力不旺盛，同时个性急，易冲动，晚年生活艰辛。

11. 地阁突出（即戽斗），主其自视甚高，喜权势，好独裁，性情固执刻薄，勇敢而富有信心。如天地有朝再其他各官配合得当，主其有或大或小的成就，否则愈老愈运程蹇滞。如嘴唇再厚，主其情欲中枢颇为发达而好淫；如天地不朝，五十岁后即应注意保健。

12. 地阁凹入（即下巴后缩），主其见异思迁，性格懦弱，容易被人支配。

13. 地阁显然若无，主其自私心重，奸诈少情，处事欠恒心、毅力，晚年运蹇，嘴唇再薄者尤甚。

14. 地阁特别肥厚，主其情欲重，虽工作时有冲劲，但有时做法及手段残忍。

15. 地阁中心点有凹陷状，七十岁后应注意保健。

16. 地阁有凹凸不平之状，主其处人处事认真而严格，个性偏执而欠缺人和。

17. 地阁下的颈条明显，主其寿年高而享晚福。但颈条宜双不宜单，单条主孤寿。颈条的形成乃四修的结果，生理学说此乃皮下未积聚脂肪，故长寿。

18. 地阁下有喉结，忌过于凸露，木、火形人不忌，但忌过于凸露，主其劳碌孤寒。金、水、土形肥胖之人，忌地阁下有喉结，主有刑克灾难。女性尤忌结喉。

19. 地阁下的胡须生在喉结上或生过喉结，主其应防意外灾险。

20. 腮骨部位成圆形，主其个性随和、圆通，讲究人和，不大坚持己见。

21. 腮骨部位有角度，主其意志坚强，个性固执，对国家社会、家庭、朋友均有责任心及爱心。

22. 腮骨尖削又向突出超过耳垂（侧面看），谓“脑后见腮”，主其不善言辞，忘恩负义，恩将仇报，破坏性强，天生的孤相。

23. 腮骨外张，脑后见腮，主其个性偏执急躁，工作能力差，欠缺责任感，不善合群，不能从俗。体形矮小者尤甚。

五、女性地阁与腮骨独特相理吉凶

男性属阳，女性属阴，故男女相理休咎的解释有所不同。但女性地阁、腮骨除了有以下几种独特相理外，其一般性相理可与男性同论。

1. 女性地阁腮骨相理比天庭相理好者为贵，“男贵重天庭，女贵重地阁”。

2. 女性地阁腮骨丰满、圆厚，主其必是贤妻良母，又与公婆姑嫂相处和睦。

3. 女性地阁圆而小，主其喜爱艺术，从事表演事业必有成就。

4. 女性地阁呈四方形，主其个性男性化，任性偏执，不够温柔，但十分干练。

5. 女性地阁下有结喉，乃大忌之相，主其个性怪异，刑夫破家。

六、各种地阁图

1. 地阁丰满圆厚

地阁下巴丰满圆厚，五形大多为水形或金形人，主处事踏实，个性温和。如为男性，多为成功领导人物。如是女性，则必定为贤妻良母。

2. 地阁四方形

地阁成四方形，五形多为土形人，主勤劳奋发，终身为理念而奋斗，不屈服于外界环境，最后终于成功并享高寿，唯女性不宜。

地阁丰满圆满厚

地阁四方形

3. 地阁圆而小

地阁圆而小，五形多为木形人或火形人，主对艺术表演事业颇有兴趣。如眼睛再圆而大，可在艺术表演事业上获得成就。女性尤验。

4. 地阁双下巴

地阁成双下巴，五形多为水形或金形人，主性情温和，心胸宽大，生活富裕，妻贤子孝，福寿绵绵。晚年仍有事业运。

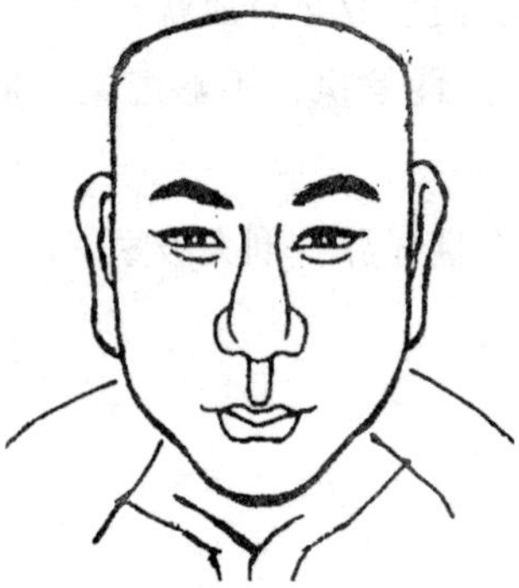

地阁圆而小

地阁双下巴

5. 地阁特长

地阁特长，五形多为木形人，主富判断力及观察力，必定高寿。但个性固执，颇为自负，劳心到老。

6. 地阁向前突出

地阁下巴向前突出，俗称“戽斗”，主个性好强，顽固偏执，五形多为木形人。中年时期虽有所获，但愈老愈孤寂，贫病度日。

7. 地阁中央凹陷或高低不平

地阁下巴中央凹入一线或一边高一边低，其原因为小脑有瑕疵所致。主其生日年龄四十一岁和七十一岁流年不利，甚至大病大灾。

8. 地阁短小

地阁下巴既短又小，五形多为混合形，主其小脑发育不全，缺乏爱心，亦不为人所爱。一生居所难得安定，事业难有基础，不贫即夭。

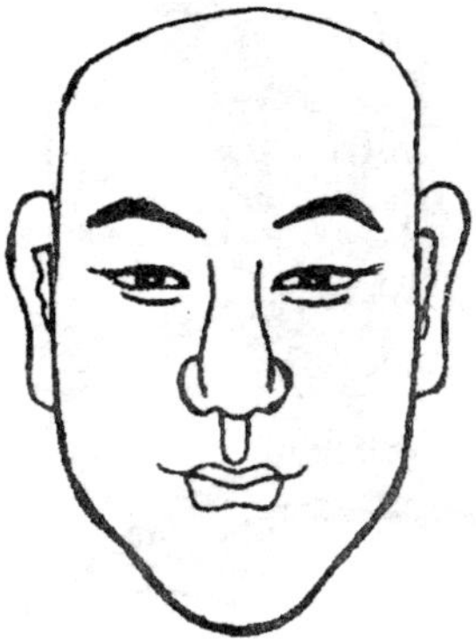

地阁特长

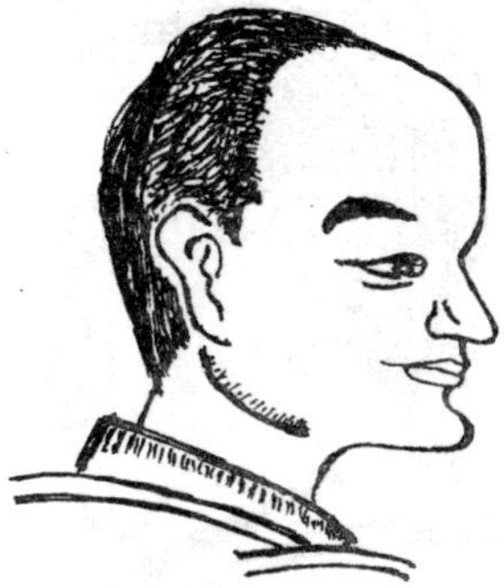

地阁向前突出

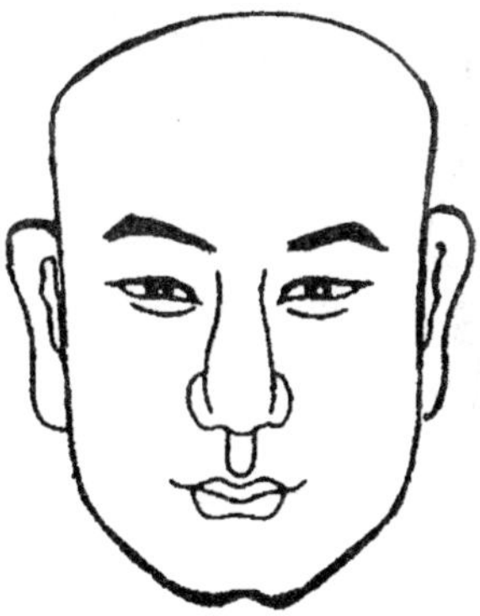

地阁中央凹陷或高低不平

地阁短小

9. 天地相朝

天地相朝的标准是眼睛水平前视，然后从侧面看发际中心点与地阁中心点在一条自由落体垂线上。如天仓再与地库也在一条自由落体垂线上，为双重天地相朝。

10. 天地不朝

天地不朝则与天地相朝的标准相反，其下巴必为戽斗形状或凸额。

11. 脑后见腮

脑后见腮的标准是从侧面看，人的腮骨长到耳朵的后面。

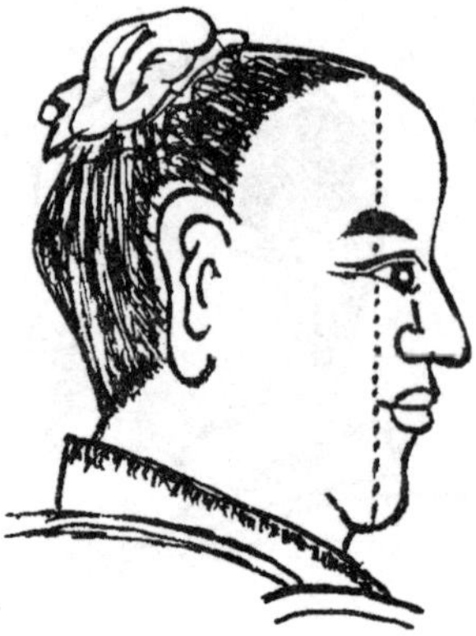

天地相朝

天地不朝

脑后见腮

第二章 总体论相法

第一节 额相通解

额为天，为君王，为后妃，天圆则贵，君正则吉，额宽广者，富贵吉昌。宽广有名有权势，额大面方，富贵无疆。丰隆者，必早年发达。额如覆肝者，福寿双全；额如立壁而直者，有福有寿；重额者出家，额尖短无官；额狭长者，不贫则夭；额向后反削者，反叛不孝，称为反骨。特别是印堂、天庭、天中有凹者，会遭大凶之灾，反叛不孝之徒。

从左至右有横纹，要直要强劲有力，为将军纹。如有这道纹，至少是省级干部。如天庭中有十字纹，主大富大贵；有天字纹，一生享通，有灾自消；有田字纹，主大贵。印堂有十字纹，主高贵。有坤卦纹者大贵；有土字纹者，率兵百万；额有日、月纹，主贵有官位；有水波纹者，小贵。

男人眉字有林角纹，有禄；女人眉角有林字纹，为一国娘娘。天庭无纹为僧道之人。额有钢骨、有肉，主有官、有才、富贵。

额上有三横纹者，受人敬重，人缘好。纹多，兄弟姐妹多。天中有四道横者，有官位；有竖纹，一道有一妻，二道有二妻，有几道就有几妻。

额有三大纹，上为天纹，强劲有力得上辈之力，领导重用；中为人纹，中纹强劲而长，自身努力而成才；下为地纹，地纹长，能得部下之助，群众关系较好。如三纹形成王字纹，有官超群；成山字纹，做官比较早。

额上有#字纹，主儿女大富大贵；日、月角上有一长一短竖纹为阴纹，一生中常得女人之财。额竖纹，横纹相交，纹不乱尚好，乱者多忧多愁，生活困苦。女额有山字纹、天字纹，主克夫；如只有一条弯弯曲曲的蛇形纹，没有别纹，主凶死在道路上；如额头两则有竖纹成网状形，主牢狱之灾。男人额角有竖纹，主杀妻；女人额角有竖纹者，主克夫。额头上有细发为孤独煞；天中有火字状，主客死他乡，刑死兵死。额上有离卦纹者，祖上或小时候家中有火灾；有坎卦者，小时候必有一、二次水灾，水象卦纹乱者，或细纹乱串者，不贵。女人额上纹多，不成形者，克夫克子；额上有一道横纹者，兄弟之间不和；有丁字纹者，主一生中有一到二次死灾，也主破败祖业，离家出走，骨肉无缘。

第二节　面相部位吉凶断

一、头发

发秀者聪明，发疏者主贵，发细者主富贵，发黑亮者多能。头发多而厚者不聪明；发际低主人老实，但易受人欺。发硬心狠克父母；浓眉发厚，贼心损寿，发焦而乱，运不顺；发黄而红，防牢狱；头小发长走他乡；发乱无真言。

二、天中

天中在发际至额上中处，为贵之主宰。通达丰满光润者，初年为官；平润清洁者，运行得禄；骨起者，富贵；陷者，贫贱，主牢狱横死；骨起有筋又有楼，当近国家领导人或成为国家顾问。

天中不能有痣、黑斑，对人生的运气多有妨碍。如有黑斑，虽有才但没孝心，对人没有诚意，傲慢。男人有黑痣、黑斑，防父母。女人有克夫，黑痣如漆赤如珠善良，赤色主口舌、争斗，白色主刑厄忧惊，青黑者主少年有灾。

三、天庭

如高起，主事业荣华。气色黄明、红润，必为高官大贵；如有狭窄缺陷乱纹纵横，不免为丧父母而苦。

老姑娘，眼下没儿女纹。眼下有一道纹为有一个孩子，男左女右，没纹没结婚。嘴两边发青或长黑痣，克长辈，家中有火灾；天庭如削，必克死父母，如凹者，不克死父母，也为大孽不孝之人。

四、司空

在天庭之下，中正之上，最喜平整。骨起光泽，有官禄，主荣达。如若日、月相应，光明红润，必为高官大贵。不能有乱纹纵纹，主丧父丧母之兆；纹破黑痣不吉赤色呈现于司空下，贯印堂，主百日内死亡；红者不防，黄明者百事不顺。

五、中正

在印堂之上，主职业。喜莹净无痕，主有功名；顺畅，易得上司的重用，反则不吉。如有斑痣，虽有财产也要破败，中正一处最重要；如中正宽广骨起，如有黑斑黑痣，虽有本事，挫折也比较大。

六、印堂

在山根之上，命宫，代表人的元气、精气神所聚之处。长得美，得天独厚，脑髓比较好；命宫低者，常有官司口舌之灾。凡命宫圆满如镜者，定天性强健，立志于学业，学业有成，寿长；有乱纹者，经常悲观，败尽祖业。

印堂圆润，颧骨高，重任实权，主科甲大名，在事业上出众拔萃。有十字纹、天字纹、王字纹出现于印堂，主握重兵大权；八字纹有官灾；川字纹寿长辛苦。此处有纹，在三十岁前后；若无纹，四十岁发亮，可名利双收。有痣斑心眼小，不利官；印堂赤色，君子吉，小人凶。

印堂有白色，男主妻子有厄，女主丈夫有凶，宜道术。

七、眼睛

代表日、月两星，左眼为日相父，右眼为月相母。眼要求金光有神，眼不露睛，为大贵，主聪明。眼细长而深者有寿，眼长不贵则富。目深有青光者为贵人，眉清目秀为聪明善良人。睛黑光彩，主聪明；紫黑光彩，隐居高人；睛黄向上直狙者，善佛道或道术；睛黑正者，主有寿。眼仁发黄必是忠良，眼睛圆大主心地善良。眼睛一大一小，有异母兄弟。眼长一寸为贵，眼见双瞳主大贵，瞳仁四方，世外仙人。

眼如卧弓者主贵，但为叛逆之人，有大逆不道杀父之心。眼大而凸者暴死，眼小而短者贫贱，眼圆而小者无智。脉显眼尾侵瞳者，牢役恶死；脉从眼头侵瞳主大灾。三角眼者，狡猾性淫狠毒，如男人有三角眼，主有灾主死刑，如女人有三角形眼杀夫。眼昏如醉者，短寿破财。眼淫者，好盗之人。黄眼赤脉一生恶死。白多黑少犯牢狱，赤脉贯瞳者恶死，无论男女，眼露四白者，极恶。

女人有四白，引外郎入室，杀夫。四白眼者杀妻、杀夫。四白者死在道路。两目黄者弱，左眼一头破者有死刑；右眼一头破者有大灾、破财。眼急转者小人，眼急盼者，嫉妒心强。睛如蜂眼极刑，眼向上者自缢，或从高处坠马而死。眼斜盼侧视者，心毒，必遭恶死。上眼胞硬，父送子；下眼胞硬，子送父。两眼角白多者，有异母兄弟。

眼下无肉，刑克子女；眼睛如鸡眼者，恶极好杀生，横死丧妻。眼如火轮者（蛇眼）杀亲人，自杀横死；睛仁下重者贱；眼中有黑痣者败祖业，心狠一事无成；眼上三白者，出口伤人，或僧道之人；下三白虎狼成性，妇人杀夫；目重不闭目者横死。男眼大，为女所爱；女眼大，为男所爱，但易失败。闭目而后语者，贫穷，多厄。

眼睛无角者，作事多端，而后悔。眼眶长而眼尾皱纹者，有外遇。两眼尾下重，亲人离别二婚。眼多紫者，性刚烈；眼多赤者，心恶。眼头尖且眼尾大者，心乱而狠。

八、眉毛

目为主，眉为客。

眉宜长不宜短，宜齐不宜乱。眉毛标志六亲和财官，不能拔眉毛，特别是女性。眉毛宜秀，不宜焦，宜细疏不宜粗厚。眉长稀疏、平正、直彩者，贵。眉生白毫，年轻人不能白，主凶，五十岁后白好。

玉堂骨高起仙人相，眉长有才，妇人必伶俐，必在四十六岁发财。眉过目又清秀，聪明，文章振名播四方。一字眉者有学问，眉秀而长聪明智慧。眉长一寸寿长。眉高齐耳有寿，眉高过耳，聪明过人有官，眉曲者聪明多艺。

眉直者不利子，眉间有黑子者聪明。灰色主亲戚或兄弟中有横死。眉过目如新月者，必登科甲，名扬天下。眉头顺眉毛平立，早年登科，名天下；眉头高者有志气，眉有土字纹者将军，有王字纹者大官，眉宽广者心平无私。

眉尾如剑上翘者，从武之人。眉中有红痣或赤旋者必掌大权。阴人得阳眉，平生多乐；阳人得阴眉，平生多乐。眉毛赤旋者，必掌大权。眉毛散必妨妻，娶后妻者贵。阳人阴眉，眉尾散妨一至二妻；阴人阳眉，眉尾散者，三夫不到头。全阳者眉尾散，为娼妓。阳人眉有角，必伤二至三妻。眉生四角克三妻，眉交盛者多妻。阴人得阳眉为正妻，眉交盛者多贵，眉头相交，不得贤妻，柳叶眉妻多；阳人得阴眉乱家中，阴人得阳眉妨夫。

两样眉，主有异姓兄弟。眉如新月，兄弟必多。眉尾宽散，兄弟外地工作。眉内有痣，兄弟必遭刑克。眉中痣和肉色一样，也主兄弟刑克。眉眼近者，不利初年。眉毛带尖，不能善终。眉毛有断，无兄弟。眉毛里有斑痣，无德。眉毛稀少主凶，眉毛右打旋妨父亲，左旋妨母。眉毛逆生，克死父母。眉有三角，不孝不义。眉头太厚者，不聪明。眉尾向上者，容易损阴德。年轻人眉生白毛者，二十生三十死，三十生四十死。眉上横纹者，老无子。眉头有乱尾者，终生劳碌。

断眉诗诀：

行大剑眉毛尖乍，低重凹陷是行二；
行三眉心中央凸，行四中小两头大；
眉如蚕蛹是行五，行六右高左边凹；
螺旋之眉是行七，左高右低是老八。

九、鼻部

鼻居中央，为土星，也为财星。贫富看鼻子。鼻居中央为我，颧为他人，额为长辈，脸下为晚辈。连近天庭者，为富为贵，鼻高而昂，大官如悬胆、如截筒。虎鼻猛烈，高官将军，但多死于兵阵。山根平，无能耐，当官老上不去；山根叫天梯，山根高，当官有本事，易抗灾，没有山根难为官职。鼻长智长，鼻短智短，鼻大则为商人，终身奔波。鼻耸立不露骨者，谷库丰满而厚者，在贵人中发财做大官。鼻高长，名气大。鼻柱正直相应，忠孝之人。鼻为中岳，丰隆而起者，山根不断，准头亮，年寿丰满与颧部相接应，而有骨法上相也。年寿主人之长寿，喜光泽丰起，不贵则富。

准头丰隆，心慈善。准头黄亮如老蚕，富贵有官主信誉。准头如子弹者贵，准头圆尖者贱。准头丰隆丰盛，年上寿上黑暗者、薄者不贫则夭。准头尖细，好为计巧，孔迎而奔波之人；鹰钩鼻者，心狠手毒。

准头无肉，贫婪不足，小而有纵横纹，收养他人之子。鼻有横纹者，困难，主妻子有手术之灾。准头赤色，如汗流湿，忙忙碌碌，至老无成。

鼻孔大容指，贫穷短命；鼻子弯曲，心志不清；鼻狭而高，老无兄弟，鼻左曲防父，右曲克母；鼻小早无父母，幼当仆人。

十、颧骨

颧骨宜丰隆，有肉，光泽，不偏不倚，不高不低与鼻适中。为人出众，不贵亦富。颧骨入眼尾，主官品极高。颧骨高有肉，色润者，逢灾有救；尖高无肉者，贫穷之相，不自由；尖高而削，此人不可往来。男子两颧高，走遍天下称英豪；女子两颧高，杀夫不用刀。颧骨高者脾气大（百发百中，特别女人），两颧气色红黄吉，黑白不吉。左右颧骨红黄润泽主发横财，赤色主口舌，黑色住宅不安，白色有官灾。痣在颧上，权力被人所夺，每每吃亏。

十一、父母宫

日、月角为父母宫，兼看眉光部位。左日角为父，右月角为母，男左女右。眉两头一样，主父母高寿。

眉头带勾为尖锥眉，克父母。左带勾克父，右带勾克母；左眉高父长寿，右眉高母长寿。日、月角带尖，天庭窄小，少年克父母。天庭比较饱满、广阔克父母，应在二十岁左右。另外，耳低于眉，又单薄，耳的皮肤粗糙，也克父母。眉毛两样定有继父继母，两样眉毛是指两眉头的眉毛，顺逆方向生的不一样。

额上偏左损父，右偏损母。露齿、结喉者，损父；阴气重者，损母；左右废缺，父母俱损。鼻偏左损父，偏右损母。日、月角低暗，父母有灾，刑克父母，左颧先露克父，右颧先露克母，金木骨反（两耳无廓、露白），左刑父，右刑母。眼有大小，耳有高低，眉有上下。左眉旋者父先克，右眉旋者母先亡，左右旋者父母双失。右眉上，左眉下，父死母再嫁；左眉高，右眉低，父在母先归。人中偏左损父，偏右损母。鼻偏左克父，偏右克母。面部歪斜，乾宫破者损父，坤宫破者损母。

十二、兄弟宫

论兄弟看眉毛。眉毛过关，兄弟二三。尾带刀尖为二；不带刀尖三。眉毛前半浓，兄弟最多三个（眉毛前半浓不超过中间黑眼球）。眉毛长过目，兄弟四五。过目是指眉毛超过外眼角。眉毛前半部清细，后半部稀散高悬，兄弟七个左右。眉毛过短，家无兄弟。眉毛间断，兄弟不在一起。男论兄弟女论姐妹，过关过目要分清。

十三、婚姻宫

看婚姻，首先看鱼尾，也就是外眼角处。鱼尾处要平滑光亮无乱纹，如有黑痣或乱纹冲破，多主婚姻不顺；如低洼发青主婚姻有难，如发黑主有死别之灾。男有主妻大凶，女有主夫凶。

鱼尾纹深陷，目下弯曲，结婚迟，且不顺。有几条纹便有几个妻妾（鱼尾纹必须通入眼角的才算）。

奸门乃妻妾之宫，丰满者百岁双全，枯陷者多刑多克。奸门大或有痣痕侵眉压奸门，印堂双纹，山根细小，鱼尾纹乱，俱克妻。

两颧骨凸露无肉，主克三妻，山根有横纹克三妻。鱼尾枯陷克头妻，年寿横纹克妻，眉重压眼克妻，眉中有痣克妻。印堂川字纹克妻，山根八字克妻。年寿有横纹克妻一纹克一妻，二纹克三妻。

十四、子女宫

人中为子女宫。人中要深长阔广，深长宽广者，子孙满堂。人中平满，难有子息。人中一条线，有子不相见。人中有横纹，晚年子息有疾苦。人中有横纹，口如吹火，到老独坐。人中偏左先生男，偏右先生女。左耳垂厚，生男。子息纹端正清晰，定生麒麟之子；子息纹歪曲，子息无能，到老难相依。

泪堂三阴三阳子女宫，宜丰厚，不宜偏枯，否则损子女。左三阳枯损男儿，右三阴枯损女儿。奸门大，颧骨粗露，卧蚕纹乱冲，印堂悬针，形如哭容，卧蚕青惨，眼斜射蚕，有子刑尽，无子送终。

山根细软，孤峰独耸，颧如鸡卵，口如吹火，背陷腰小；泪堂深陷面桃花，眼黄流光；声音低散焦枯急促，女人男人声，男人女人声；卧蚕肉肿，纹射颧凹颧凸；人中平满，泪堂有痣；人中偏歪，耳轮无廓；山根断折，人中高尖，俱克儿女。

人中有黑痣，抱养他人之子；泪堂直纹穿破，主儿女刑克。眼上弦高，下弦低者，眼下走蛇，主克害子孙，年老方见。鼻上剑纹，头低步纵，狼虎之声，主刑克子孙，父面不利子女。五十五岁后不失齿者，刑克儿子。乳头歪斜者，难养儿女；乳头仰着如豆，无子。颧骨生峰，耳无弦根，面无和气，眉棱骨起，眉愁者，都是无子之相。唇厚眼小者无子，形如僧道者无子，声音如雷者孤独，眉如罗汉者无子。

第三节　气色主事吉凶断

红色者喜悦之事，有光泽者情欲发动；若无光泽，则为不祥之兆。

黄色有光泽主欢喜之事，财到手，喜庆临门，情欲浓厚。

白色主忧愁破耗，血光死亡，丧子。黑色主病，财产损失、被盗。

青色主惊恐，过度疲劳，气怒受打击。

紫色主大喜大庆之事，官运升迁，若无光泽不祥。

赤色主灾难，火灾讼狱，离别受伤，暗灰蒙。不正之色为凶。

气色最好鉴别在口唇，年轻人好看。老年人有胃病的气色不好，有胃病的人口唇发紫。

红色如鸡冠或桃红而光泽者生，红色如死血者死；黑色似烟煤者死；青色如苍碧翠绿者生；青色似靛蓝者死；紫色现于四正立见凶死（印、命门、水星三地发黑）。印堂、两耳命门、水星，回光反照久病重症之人，气血突然变得容光焕发，即主死亡；因久病只有慢慢调养才有气色，好转之机。夜不观色，喝酒后不观相，正色看相最好在太阳光下。

山根至发际，天庭部位宽，能容五指，十三至二十八岁，就开始发财。

眉毛太浅或太浓，二十四至三十一岁要破财；眉毛向下分散侵占上眼皮者，三十五至四十岁破财。山根折断，鼻梁露骨，头尖小，四十一至五十岁破财。两颧低陷四十六至四十七岁破财。

嘴唇单薄偏斜，人中平满，法令短浅，五十一至六十岁破财。地阁薄尖，无腮骨，六十至七十岁破财。一般财官互相参看，哪年破财，俱全参看流年法，部位丰满，光彩为佳，凹陷黑暗者不吉。

1. 天仓边城驿马发际黄明主财喜。
2. 驿马左右微有红光，有奔驰之财。
3. 兰台发黄光，名成利遂。
4. 兰台如月亮，财自天来。
5. 印堂黄明透紫光，财源大发。
6. 双眉清秀，眼长有光，有重大财喜。
7. 眉上黄明，财帛自聚。
8. 眉内有红润之色，主财官两旺。
9. 合伙求财，眉尾要明。
10. 眼胞上下印亦红黄主进大财。
11. 眼短眉长，必多钱粮。
12. 耳高眉半寸，永不贫困。
13. 耳贴肉，垂珠红润，财源亨通。
14. 痣生耳珠或山林，发大财。
15. 命门红紫气色，财利通达。
16. 鼻上红黄，天中司空黄绕，进大财。
17. 山根高起，年寿平明，一生财丰禄足。
18. 头明润，年寿有光，必发大财。
19. 法令黄气，金匮如车轮。
20. 地阁方圆，光明圆滑，必主钱方堆积。

第四节　面相断风水

祖坟风水，看五岳，天庭为南，地阁为北，右颧为东，左颧为西。天庭高，地阁厚，祖坟坐向为南北方位；两颧高，主坟地坐向为东西方向。土星丰满，祖坟佳地；土星塌陷，祖坟洼地（低洼者为池塘，坑）。鼻子为龙。

面相分三停，上停为天，中停为人，下停为地，是大局法。

上停，以头顶为来龙，以日、月角、辅角为夹护，以山林为坟墓，枕骨为后盾（指坐山），以金木两耳为远山，以印堂为案。得相之美者，祖坟必好。

中停，以鼻（山根）为来龙去脉，以两颧为夹护，以准头为走伏，以地阁为朝峰。故鼻梁宜丰隆，左右两颧则为鼻护峰。

山根低则来脉弱，主人丁不旺，财产不丰。鼻梁短则气势薄，冲破相为砂飞水走，主家中钱财不富有，而且刑伤之灾较多。

下停，以水星为穴，以鼻为来龙，以人中为过峡，以两颧为辅弼，以地阁为案山，以承浆为仓。故口角宜仰，地阁宜朝，地库宜丰，颧骨宜圆，主祖坟风水吉地；若口反，地阁不朝，祖坟不发人丁。

第五节　看气断福德

得天之气而旺，则风水必发，祖德必厚，祖根必深。气从山林、冢墓、丘陵、边城认取，山林管旧风水好坏，丘陵管新风水，边城管祖德；天中、天庭、地阁管根基；眼、鼻、龙宫管家运、子孙；土星管财帛；两颧管权位、事业等。

边地得气，则后代必隆，死得吉，寿登仙境。从地库、地阁、水星、须髯，诸位参详。有地阁，子得力；有地库者，死得吉也；得须吉，眼有碧光，为仙佛。气从骨上起，如飞鸿，近看无，远看有，祖坟不可动，仍在旺气之中。

人无气，有色即发即败，有气有色永发不休。气聚上停少年运发达（十五岁至二十五岁），气聚中停中年运发达（三十五岁至五十岁），气聚下停晚年运发旺（五十至七八十岁）。

第六节　面相断疾病

1. 泪堂发黑，定是肾亏。肾亏之体，常见眼下枯暗之气。
2. 头发红，必然肺热。头会出现赤色。
3. 两眉常赤，须知肝火盛。眉生赤色者，多为肝阳上亢所致。
4. 两颧见乌，必是寒喘。此象常见于虚寒，气管炎之症。

5. 眼中见黄，定有湿疾和气管炎，或有黄疸性肝病。

6. 口唇发青，必然胃寒水盛，克伤胃上之故。

7. 面皮带黄，定是湿重，水土相战，表现为肉软，四肢无力。

8. 眼颧发红，为血热。火盛肝燥，热血上涌之故。

9. 眉心打结，突然痛病，长期痛疾，形成眉心打结伏。

10. 人瘦筋显，恐是寒劳之疾。青筋显露，身瘦腰弯和肺结核之类。

11. 鼻梁发黑，常为痔疮。鼻子中间发黑色，正在生痔疮之类。

12. 摇头晃脑，风湿之症。年轻者为风邪，年老者为元气虚弱。

13. 口唇贯黑，火结脾。唇上出现粒状，硬茧，多指脾枯，火气聚结。

14. 印堂发黑，神医难回。头开始黑气贯印堂，病膏肓，难治之症。

15. 鼻子发红，肺上有病；双眉带赤色，肝火盛；山根低陷，四十二岁妻子有病灾；两颧发黑，肺痨病；口唇发青，心脑不好，脾胃也有寒气。女人眼睛和颧骨发红，鼻子上黑云，那就是血热。

重病五忌：

①忌唇青舌黑。

②忌喉起黑赤。

③忌天仓地阁黑。

④忌口角发黄。

⑤忌掌色枯暗。

重病五绝：

①心绝，唇卷。

②肝绝，口张，不合睛，翻黑。

③脾绝，唇青且短缩，面黄惨。

④肺绝，鼻黑，孔露，肌肤枯。

⑤肾绝，耳黑耳聋，齿干枯。

第七节　面相断官司牢狱

1. 是非多因赤色，司空为青色。

2. 天庭、中正青色，主忧官讼。

3. 天庭、边地、驿马赤色，十日内有官司。

4. 驿马、山林烟蒙，防因牵连而遭官司。

5. 满额紫露，有官非。

6. 印堂赤色，主易被囚禁。

7. 印堂青暗，枯白，有讼事。

8. 眼下黑色而争讼，黑如油光，有人命官司。

9. 眼赤然侵瞳，官司重重。

10. 鱼尾青色，年寿赤色，防奸事败露而招官司。

11. 年上、寿上青黑，有官司。

12. 两耳命门赤色，有官司。

13. 鼻部赤色，准头黑蒙，必招官司。

14. 两颧发黑暗，鼻翼发赤，有官灾。

15. 满面火色，天庭赤色，官非难逃。

16. 冬季，满面黑气蒙蒙，二十八日内有官非。

17. 地阁黑，主诉讼。

18. 五岳青黑，天中红黄，润透红紫，主当年有官司，当年胜诉。

19. 山根丰隆贯顶，水星红润而朝，纵有官司，不能为害。

20. 官司胜诉，必须有神彩、下库光明，地库明，主见官得喜。

21. 下停明，官司有救星，四库一明官司即散。

22. 见官青暗赤俱不利，只有白色为喜。

23. 天中赤色，九到十日受刑。

24. 天中青色直下入口，主狱灾。

25. 天中左右黑色，中正青色，天庭黑色，主有牢狱之灾。

26. 额暗额青，山根白枯，透蓝青，主狱灾。

27. 印堂两侧黑蒙，或白色赤色同现，受极刑。

28. 眉毛粗压眼，睛昏定遭牢狱之患。

29. 眉黄眼青，死于狱中。

30. 眉下连眉毛，天仓黑蒙，冬季坐牢。

31. 目圆大，神光露，心怀凶狠。右眼头下青暗，重刑。

32. 刑狱赤或烟蒙，即将服刑之兆。

33. 年上黑雾应天狱，主刑。头黑枷锁，牢狱到死。

34. 见官不宜年寿、井灶有赤色，若犯一件必有险刑。

35. 法令赤色如筋，春季左颧白色，地阁黑，主牢狱。

第八节　面相断奸淫及富贵贫贱

一、奸淫相

1. 男女发重多，好色。
2. 男女发卷，犯淫好色。
3. 发多血旺，性贪淫。
4. 眉粗浓不见底，应知血旺，贪淫。
5. 眉垂，垂如丝，贪淫无度。
6. 眉乱好色。
7. 眉细似柳，风流多情。
8. 泪堂丰厚，贪淫。
9. 眼光流而视急，目光浮露，定贪淫。
10. 眼湿神慌，波泛，多好色。
11. 女人羊目四白，外夫入宅。
12. 眼眶水汪汪而含笑，乃桃花。眼斜好色，多淫。
13. 准头垂肉，贪淫不足。
14. 耳薄白，血枯，定是房事太多。
15. 舌吻唇，多淫。
16. 妇人仰面，多有奸淫之相。
17. 脐深而腰扁者，邪淫无制。
18. 面皮青薄，眼不定，行动轻飘，脚无根，含笑掩口吻，摇手足，摆头，走路像鸭行，主淫无制。

二、劳苦贫贱相

1. 颧面，手足表筋乱生者，主辛苦不闲。

2. 眉低眼陷，一世辛勤。

3. 头常赤，眼又昏，劳碌虚浮不用问。

4. 头带红，必定走西东。

5. 男女中年有发落，老来最苦。

6. 老不落发，主劳碌。

7. 日、月劳神，只为浮筋露骨。

8. 时时费力，只因血暗皮粗。

9. 四肢不端，则一身困苦。

10. 背上生毛，一生苦劳。

11. 脐小又平，劳苦下贱。

12. 手指节粗、枯硬，足背长干，奔走红尘。

13. 眉寒眼大，主劳碌。

14. 面长足长，皮枯，骨重眉笪，鱼尾乱。

15. 三尖主贫财（头尖、鼻尖、嘴尖）。

16. 头先过步，贫困心狠。

17. 行路摇头，仰着含物，头大而无肉，主贫困。

18. 头大而不称，头不尖，下短，头小长颈，头臭主贫困。

19. 眉不耸而苦寒，声不散而如哭，是贫贱相。

20. 眉粗眼小，不相当，或短不及目。

21. 痣生眉上、月上、年上，主破财。

22. 鱼尾有毛纹，鱼尾现梅花，主贱。

23. 口如吹火，开不收；口垂两角，口阔而不正。

24. 口薄口小，口偏，上下不相覆，下唇薄，主贱。

25. 舌大口小，开声开韵，男人喊叫女人声，泪堂深陷，主贱。

山根折断，一生多难。眼睛如蛇眼，暴死；眼中红点，近期必进牢。一指根部被手掌纹竖冲破者，有意外伤灾；冲破中指根部，本人有灾；串破拇指，父母有灾；冲破食指，兄弟有灾；冲破无名指，妻子有灾；冲破小指，子女有灾。口唇发青，舌黑紫，是十病九死，是因身内水火真元俱干。青黑之色，从眼下横过者，两日内暴疾或车祸而死。印堂出现枯白色，口唇处有暗黄色出现，七日必死。人中发黑，脸上其他部位亦暗时，性命难保。手掌明堂突然现黑色，近日内将有危险。印堂黑色，像煤烟一样，近日必死。

三、富贵相

1. 五岳丰朝，四库充，家财万贯禄千钟。
2. 颧骨插天仓又鼻悬胆，耳大贴肉双珠朝海口。
3. 面色白如凝脂，黄如粟，黑如漆，面黑身白。
4. 虎口润大有收敛（言口之大又形如元宝），声如洪钟。
5. 背有三、四腹正神强，足厚四方，巨万之富。

四、中富相

1. 头短而厚，头角峥嵘（指日、月角和龙虎角有势）。
2. 有来龙（指天仓饱满），有印绶（指印堂宽平）。
3. 太阳穴要有骨，指扶桑骨，再有骼玉楼（指太阳穴处左右）。
4. 目短眉长，愈黄田粮，眼堂丰厚，两眼有神，灼燃有光。
5. 眼眶不深不露，鼻子清洁，有富有贵。鼻为土，生金丰厚大富。
6. 鼻圆肥，准窍圆大，井灶有栏，不仰不冲，必富。
7. 头光润，鼻上光泽，富贵盈宅。
8. 耳生贴脑，轮廓成，尽有红光，富且荣。
9. 耳耸几朝，有势。口大，口方，口厚，耳大有轮，气色明。
10. 唇纹理如花，齿生三十六颗，齿密光洁，如石榴米，语不见齿，必富。
11. 面方且宽，正而长，腻而软，富。相貌方圆如田字，富。
12. 颧有肉色而丰隆，富。晚景在地阁宜方，朝天富。
13. 须发宜细统，轩润，胸要厚，平润，富。
14. 体貌丰富，富有者，自然体厚，富要自发，神来财自发。
15. 腹欲圆长，竖厚，势欲垂下，皮软厚清为富。
16. 乳为子之苗，大者，肥者，长者，佳。
17. 手如白玉，其直如下，其滑如苔，均主富有。
18. 手乾宫起纹到离宫，为冲天纹，白手万金。

19. 脚下可容龟，足下黑，三停平等，五长五短，五露五小，为大富之相。

五、小富相

面相黄黑而明亮，富；髭上下相称，口角下垂，富有；手、足、背厚而洁净，富有。

六、禄　相

1. 天中主贵气，平满为官禄。
2. 目若光明而不露，口若方而不开，贵显食禄。
3. 鼻观有气，官禄中年发。
4. 禄堂红，大牙齐生，官禄不断。
5. 面圆口阔，方是食禄之人。
6. 舌尖而红，多主食禄之人。
7. 指如剥葱，腹垂脐下，近上，天然主禄。
8. 天中下有三纹，如锦方，食禄万钟。

第九节　六亲关系断法

一、看父母

1. 看日、月角。高圆明净，无乱纹，气色正，父母长寿。日月角不能塌陷，否则不能长寿。

2. 看鼻子。鼻子偏左父先亡，偏右母先亡，以人中为准。

3. 看两眉。左眉高，右眼低，父长寿母先亡；反则，父先亡，母长寿。

4. 看额天庭。天庭要光如镜，无乱纹冲破；如中间塌陷，两边高，主本人文化不高，事业少成，多败。眉不能相交，额陷眉交，父母糟糕。

5. 额两边不能生细绒毛，克父母。

6. 看两眼。左眼为父，右眼为母。若两眼无神，父母不能长寿；若左眼小而陷，主父先亡，反则母先亡。

7. 看唇。上唇厚先克父，下唇厚先克母。口不能弯曲，克父母。上唇长，父先亡；下唇长，母先亡。天包地，母先亡；地包天，父先亡。

二、看兄弟

兄弟几个看两眉。眉高，弯又长，过目，兄弟四五个；眉如鸡冠，兄弟六个；眉毛弯前后一样，兄弟姐妹八九个；眉毛超过眼尾，兄弟二三个。

三、看子孙

子孙多少，面相上看人中。人中宽长，有子有女；人中有窝，有子不多；人中宽为好，平满不好；人中不能有须，儿女不利。

第十节 婚姻断法

断婚姻首先看兰台、廷尉。男人兰台、廷尉高起丰满，必得美妻。鼻子露骨，妻子丑陋，女人则丈夫丑。男瘦女胖，女瘦男胖，为阴阳谐调。男瘦要娶胖妻，男胖要娶瘦妻为好；男双眼皮，娶单眼皮女为妻，女双则嫁单眼皮丈夫。男女皆都胖、都瘦或都是双眼皮或都是单眼皮，为阴阳失调。

印堂发际发亮宽阔者，为早婚。上唇中间比较厚，向外突出，主早婚。

男人山根断或高而窄，女人山根低陷者，必离婚。女人鱼尾纹一纹朝上，一纹朝下，主离婚。男右奸门距眼一公分有痣者，四十五岁其妻必离他而去；女人左奸门距眼一公分有痣，一般三十多岁，其夫必离她而去。痣与眼的距离远，结婚至离婚时间长。

男人左奸门有痣，四十五至五十岁必然自残。

女人右奸门有痣，四十五至五十岁必然自残。

妻妾多少，以奸门来看。奸门有几道纹，就有几个妻妾。一般三条纹，鱼尾纹朝上，主婚姻顺利。如鱼尾纹有断裂，则婚姻不顺。奸门饱满，一纹朝上，婚姻顺利。

第十一节　财官运断法

一、看财运

财运是人生关键，财运好坏看土星鼻子。鼻子端正、长直贯印堂，准头丰满，兰台、廷尉对称，大而不露窍，主一生有财，衣食无缺。若两耳廓向里弯，耳长，也主终身有财。唇厚圆滑有财。土星短而露骨，准头尖小，鼻孔仰露见骨，眼小，必贫困潦倒，一生缺财。

两耳长，红色或白润，主多财。唇厚齿圆，一生吃喝不愁。五官有一官破者，主十年败运；有一官好者，主十年好运。运气的好坏，以流年部位来断。鼻子有横纹，自己有车马之祸；鼻子有竖纹，主妻子有灾。眼一大一小，到老心不好。

天庭高大圆滑，早年比较好；天庭容五指者，十至二十八岁发财。山根直贯天庭，四十一岁定走好运。年寿长、高而平直，四十四至四十五岁必是佳运。两颧长得好，四十六至四十七岁必走好运。兰台、廷尉要丰满，如悬胆一样，方保中年有财；如漏破，有黑痣，主挣钱累，四十八至四十九岁破大财，终身没有财，一有财就倒霉。准头高而丰满，五十岁好运，如低矮尖瘦，晚年不佳。

口唇：唇厚必食酒肉，唇厚者忠诚可靠，唇薄口福不大，一生当中省吃俭用，薄者会说话，但不孝。老年以地阁为主，朝天庭一条线，方圆者有后福，反则受贫，财以流年来定。

二、看官运

看官运，要综合观看。天庭饱满，立壁如墙；鼻梁端正，直贯印堂；耳朵如提，眉高一寸，耳朵贴脑，对面不见。口形方正，唇红如朱砂；口角向上，法令纹深长。颧骨（官位）丰满高耸，至耳能容五指。牙齿下尖上阔，三十四颗为大贵，三十二为中贵。眼亮有神，不怒而有威，从上为大官，占一面主有小官。

天庭好，二十一至三十岁仕途有功名；眼睛好，三十一至四十岁官场荣耀；鼻子好，四十一至五十岁政界能发迹；口唇好，五十一至六十岁官运幸福。

首先看两眉。登科一对眉，大吉大利一双眼。功名看气质，富贵看精神。天庭如猪肝者，两眉过目，斜贯天仓，眉如新月样，耳朵发白（比脸白），耳高过眉而贴脑，多主有官运。天地人纹清晰者，皆有官位。耳珠朝海口，晚年必有官。身比腿长，虽有官达不到宰相，主有十年发运。手长于膝，主大贵。天庭好者，主早年，二十五至三十岁仕途有望。眼睛好，三十一至四十岁官场通达。地阁宽大，晚年官运好。如气色不正，官不好，如有缺陷，不但官运不好，还犯官灾，有意外灾难，面相手相都能发现。天仓、地库黑色是牢中之客；印堂有黑色，数日之内命必归阴。眼下发青，主牢狱而且破大财。太阴有乱纹冲破或有痣，三十六岁离婚。太阳穴发紫，百日内有车祸；太阳穴发青，夫妻三日内吵架。印堂破损，三十二岁主有牢狱之灾，犯官星。嘴唇发青，十病九死；舌苔没有，三至五日内死（嘴唇发青主心脑病）。卧蚕发黑在眼下，两日内必暴死，或车祸而死。印堂发白色，嘴唇发暗黄色，不出七日必死。以手纹看，巽宫离宫之间有紫色，月内有大灾；明堂发黑近日有凶死之灾，有纹中间有岛纹，四十五岁必坐牢，天纹有三十五岁坐牢，地纹有五十五岁坐牢。

第十二节　面相断子女法

一、无子断法

首先看面。粉面金刚成佛相，无子之相；和尚、僧相判官面，冤鬼相；嘴上不长胡须，面皮白皙，雷公嘴，卧蚕干枯，这些都是无子之相。

二、儿多断法

左眼下丰满，不暗不冲；天仓丰隆，地阁朝天，额无华盖纹，人中深宽，须过嘴，唇纹多，腰要平正，乳头黑大，这些都为多儿之相。

女人耳朵过低，生子晚，三十岁才得子；高则得子早。如果是儿子，耳薄两眉相连。日、月角发黑，主小孩刑克太重，三年之间克父母，如有者，应过房继养。

第十三节　六亲刑克断法

一、刑夫断法

女人面不能长为马面者，额过高尖削，头过大，额广，掀唇露齿，牙有虎牙，三颧，鼻子弯曲，蒜头鼻，眼露四方，眼突露光，声如破锣，鹅鸭步，挺胸昂头昂面，面大鼻小，两颧高且露骨尖，这些都为克夫之相。

二、刑兄弟断法

首看两眉。眉毛不能打旋，打旋者，兄弟虽多，狼性之人，且兄弟有血光之灾。两样眉毛，定有异母兄弟。眉中有断路者，主兄弟姐妹中有死亡。左眉断死兄弟，右眉断姐妹伤。眉头有痣，也主伤兄弟姐妹。眉毛逆生，主兄弟不和，有凶。左法令纹入口伤兄弟，右法令纹入口伤姐妹。眉毛短不及目，伤兄弟反为孤独，纹有一双，也非同腹。

发际低垂，父早离；颌削嘴尖，母也归泉。两眉相交，父母早抛（在父母辈兄弟姐妹有抱养的）。羊眼发黄，刑克子女。痣生山根，夫妻难存。鱼尾枯干，妻子有灾。山根纹断，妻必去魄；山根纹断，也刑克子女。面大鼻小，克妻克夫。人中短促，子孙不足；人中有纹，抱养别人孩子。眼下有痣，子孙难存。眉毛交加，孤独，克妻克父母。额头尖小，幼年刑伤父亲。发际低压，而丧爷娘。额小父早亡，颐尖母必亡。人中平满，膝下无子，老来受孤独。眼如哭泪汪汪（白虎面）扇风耳受孤苦，无儿郎。

第十四节　五官点窍

眉粗额突，必刑克子息。眼大露光，必犯死刑。鼻子起节，必破家，必死他乡。肥人面赤，主心性凶；瘦人发黄，必主贪奸杀之徒。女人一样。

有头无顶，三十前必死（多死于意外）。头小顶圆，颈偏头削（头发），一生不成事。如头偏颈缩，头小，主少年死亡。男女眼睛发黄，都是急性之人，脾气不好。男人眼大，常招女人舌。男人细眉，能得女人财富；女人细眉，能得男人之财。男妇有结喉者，结喉大常做恶梦。眉毛清秀，口阔，常招水惊。耳朵内生黑痣，招水灾。眉毛内生黑痣，有水灾或招女人口舌。男女卷发，好色之人。发黄又卷下流之人。顶上生堆，眼深发黄，主犯人命官司。眉梢开花运不通，鱼纹开花主败运。耳朵小，眉生毛（四周生细毫毛），在外养大成人。眼球乱转，心术不正，贼相。眉垂耳低，都主私生子。女耳无轮，额削骨粗，多数为妾。女人仰面走，主淫贱；男人垂头，贪财贪色。身大手小，一生不聚财；身小手大，一生下贱。鲨皮多者奸淫，男主败家。面大妇人多不孝，眼圆女子防小姑。嘴尖面陷为奴才，每日要打三四遭；口阔唇红，满嘴好吃。目红口结好色无穷。眼大，偏左主内奸。左肩高，主白手起家，大富；右肩高，主穷苦，好说梦话，女人反之。汗香子贵，无汗无子，女人汗多一生劳苦。包牙，男人怕老婆，女人怕丈夫。嘴唇发青，老来得饥饿病。小孩咬牙，妨父母（主父母有灾或破大财）。自言自语主招邪魔。奸门有十字纹，女人颧高克夫，越高克夫越大。男人眼球有痣，主聪明；女人眼球长痣，主淫乱。女人身薄鼻梁低，嘴努挺胸，主下贱。女人嘴唇发白有病，发青近日有死灾。小孩眼睛发黑十无九活。男人眉上长毫主寿，朝上者克子克妻。人老面白无纹，须发有黄尾，都是克子孙之相。到老耳发白，得贵子贵孙。嘴唇发紫能得贵孙，嘴唇发紫房事较多，主寿。老落须，女人老了不落发，主大寿。脚后根小者，子孙无出息，大者有出息。

须生项下多得外家财产，项下起骨节不能长寿。承浆无须，唇耳发紫，定有水灾。痣上有毛定是俊毫，乳边生毛子必清高，二三为好，多毛为草。女人下唇长，上唇短，一生口舌到老；上唇长，下唇短为雷公嘴，主无子，不贤惠。女人说话无韵主贱，男人主贫。手指短，足多骨，无肉之贫；脚上肉多，足长软毛，主一生快乐。足红润，润多主贵。耳内发青，血疾缠身。刚生小孩耳不能发青，如发青应急时治疗。男子发粗，多犯刑；女人发粗，刑克无子。六指者防父，一生不得显达，下贱之相。身白面黄，不久受困；身黄面白，不久荣华。女人掌上有纹深主贵，男人阴茎上无纹必主绝后。女人手骨节起，一生辛勤多主贱。女人头圆主生好子。男子额削，一生不得显达；如无指甲，一生下贱。肚脐生毫毛，主淫贱。眉心有赤脉，女主贵，男主富。身长手短，一生不成大器。鱼尾纹直上天仓，白手成大贵。女面不宜长痣，如天仓生一痣能得四子。女人牙朝外，主刑伤；朝内，主孤独。面黑白身主贵，女相瘦人唇红，有子成群。瘦人唇白不长寿，黄面人多好色，唇青唇白，绝对无儿。瘦人面白，主心狠。脸上有汗毛，贫落他乡。青年颧骨上生黑斑者，主死；老年人有黑斑为寿斑，寿斑长得高且黑为好。脸上黄贫困，四肢干细，一年内主死亡。老年人转黑须或生齿，必克子刑孙，是大孤独之相。额角有旋毛，主过房，额乱纹多，也主过房。额有四纹，额大面小，尖额鼻无梁，具有华盖额。两太阳穴有一骨，叫华盖骨。

有华盖骨者为贵，必金榜题名。华盖额主辛苦劳碌。山林上有一痣，得大财。痣上生毛，主得贵子。卧蚕发紫，必得贵子。眼圈上有痣，主有贵子。下眼皮发黑暗有儿子克儿子。奸门有杂色，妻是娼妓。年寿上不能有横纹，有一纹者败财一次，有二纹败二次财。脸上十二地支在亥位不能白点，如起白点，必遭人陷害。眉中间上下不能起白点，若起白点者，必遭情人所杀害。眼边出包，主刑妻克子。

女人相，以气血为贵；男人相，以精神为贵。面相最关键是印堂部位，印堂可管一生之事。

女人看乳与肚脐阴户，可辨子孙贵贱。阴户深上者为佳，否则不好，毛乱生脐者不好。

山根有一横纹离祖，二根横纹离六亲，三根横纹白手成家。

口水为液增漕，老人喜少年嫌，中年不可有。三十岁有两年内死亡，四十有三年内死亡，五十有五年死，六十有六年亡。

论长寿，眉毫不如耳毫，耳毫不如项下绦，项下绦不如液增漕。老来多睡主死，少年多睡主愚。忽然眼垂下视主死，忽然声噪主重疾，声干韵主死。

男女中年落发，老了贫苦。发生绒毛者，不论男女主贫困。少年白发，主丧父母。鱼尾有梅花，因妻破家；有竖纹克妻，有一道纹克死一妻，有两道纹克死两个妻子。颧骨上有纹主大破耗，也主父亲不得好死。天仓部位有横直纹，主破家。地库要有纹，天仓要明确，头南方不忌偏而忌白，南方无正土；北方又忌偏，偏左外家破，偏右老来穷。鼻毛多者，家有余粮。井灶不能薄，厚为好，薄为动，一世休聚财乃败子。地阁有一处纹，主有一处田庄，二纹主二处田庄。卧中狂叫，必遭恶死；卧中叹气，不祥之兆；卧中如吹火，主少年死刑，到老不善终。背后生瘤，虽富但不长久；面上长瘤主劳苦，下身生瘤主贱。脖子有肉，有纹打旋，主大发。脸面上生黑痣，突出皮高好，越高越大，主大贵，若低小者不好。食禄两库，不能生纹，生者到老贫困。

第十五节　论面相刚柔

男面为刚则好，女面为柔则好。女面刚则克夫，男面柔则无寿。女两耳白润，有珠而厚，天庭发白，头发黑黄，多主贵相。

女人两眉平则贵，高低或走八字步则贱。两眼长，有神，看人有点妖媚则为贵。人中分明，不能平满，颧腮相配，如悬壁一样则好。唇红齿白为一贵，手指细长，鼻正直为女中之富。两耳有廓，女人左耳厚生男，右耳厚生女。两耳大小不一，是吃两人奶长大。女人眼下不能发青，如发青克夫。妇人有青气冲眼，必克其夫；卧蚕发青，克长男长女，并克夫。眼尾后色白男必僧，为白虎煞，男人十有九死，女人克丈夫。女人长三角眼，为杀夫害子。三白四白人不能娶为妻。女人耳内生黑痣，主有贵子，主聪明，但耳不能向前，主会花钱。如面色发黄，两耳有珠，这种女人会喝酒。

第十六节　十字面相断法

十字面相分为：圆、田、山、风、用、目、同、王、甲、申。

圆字脸：这种人办事，明朗愉快，不自私，讲义气，心地善良，对人没恶意。

田字脸：脸部比较宽阔，办事有耐性，有持之以恒的决心，在中年大贵。

山字脸：这种人办事有魄力，不会说假话，不会拍马屁，此为一贵。适合公检、司法、军营工作。

风字脸：皮肤松弛，缺乏进取心和上进心，事业小成。

用字脸：左右颧不一样，做事不稳重，说话好钻牛角尖，一生少成多败。

目字脸：长方形脸，做事有干劲，工作不服输，能够知难而进，会创业。

同字脸：腮骨发达，四方见角，主聪明有文化，有知识，对人能宽宏大量，不小气，适合干事业。

王字脸：两颧角发达而高，做事敢作敢为，有领导能力，影响力大，名气大。

甲字脸：头额大，地阁小，主思考问题精密，办事能按部就班，有计划，有步骤，从不干冒险事。

申字脸：颧骨突出，下巴尖，热爱工作，讲义气，但是脾气暴躁。

第十七节　面相答疑

答疑一：

1. 脑后反骨怎么看？

答：脑后反骨是指从脑后朝前看，能看到腮骨则叫反骨。

2. 如何从面上看某人是否已经结婚？

答：从奸门看，有一根细小纹流入眼则为已结婚；女人嘴角发紫，中间微微发红，则已结婚或同居。男人头尖有坑为已结婚，没坑则没结婚。

3. 如何看女人流产？

答：看子女宫卧蚕，若有乱纹冲破，则已流产过。

4. 如何看牢狱灾？

答：印堂发黑，奸门、卧蚕发青黑，鼻子黑气直贯眉心和耳轮起雾者，多主有牢狱灾。

5. 如何在面上看配偶状况？

答：男人首看夫妻宫。如夫妻宫红润光滑，则主妻子温顺，脾气好；若夫妻宫发青，有乱纹者，则主妻子脾气暴躁，不温顺。再看鼻子，若鼻梁光润，则妻性格温柔和顺；如山根低陷则脾气暴躁。

6. 如何看孩子身体状况和前途？

答：看卧蚕。如卧蚕圆而发黄，微微发红色，丰满，则为读书之材。看人中，若人中深阔且长，又无横纹和竖纹，则主子女身体健康。男人左眼大，卧蚕好，则儿子有出息；右眼小，卧蚕好，则女儿有出息。

7. 如何看父母在不在？

答：看日、月角。如日、月角发黑塌陷，日角低陷父已亡，月角低陷母已亡。看两眉，左眉长且高，父长寿；右眉长而高，母长寿。看法令纹，法令纹入口，父母不长寿，父左母右。再看眼睛，若眼睛有神彩，则父母长寿，无神则短寿，父左母右。再看耳，左耳高父长寿，右耳高母长寿。

答疑二：

1. 如何断结婚早晚？

答：山根高而丰满结婚早，低则晚。奸门不低陷，无纹冲破，约二十四至二十七岁左右结婚。鱼尾纹炸开，则结婚早。

2. 如何从面相看父母背景？

答：看日、月角。如日角光亮，正气鲜明，父辈很好，父亲身体很好；月角好，则母亲好。

3. 如何断妻子（丈夫）状况？

答：首先看鼻子，然后看眼鱼尾有没有竖纹，连接是指没结婚，同居。

4. 如何断夫妻之间相差的年龄？

答：①女人上眼皮特别丰厚，两边眉眼间能容二指，奸门微微发暗为丈夫大妻子七岁。

②女人两眉细长，两唇厚，夫妻年龄相差五岁以上。

5. 如何断女人与有妇之夫同居？

答：女人两鼻翼微微发红，两外眼角下微微发青，且青中微微透红，主此女与有妇之夫同居。如女人两唇微微发红色，昨天与有妇之夫有男女之欢。

6. 如何看是兄弟多或姐妹多?

答：女性的人中细，眉毛浓，柳叶眉为姐妹多，男性兄弟则少。

7. 如何断面痣与体痣的对称?

答：男人鼻梁上有痣，则阴茎上也有痣。男鼻翼上有痣，则睾丸上有痣。女人鼻翼上有痣，则两乳上有痣。左颧有痣，则右胸有，右颧有痣，则左胸上有。额头上有痣，后背上有。左额为右背上有痣，右额为左背上有痣。两眼下有痣为肚脐下有。左奸门有痣，则右小腿有痣，右奸门有痣则左小腿有痣。人中有痣，则脐下四指处有痣。地阁有痣，大腿也有痣。颏有痣，则屁股上有痣。左耳有痣则右胳膊有痣，右耳有痣则左胳膊有痣。眉毛有痣，后背也有痣。

第三章　分类论相法

第一节　富相

富相格分为大富、中富、小富三级相。

一、大富相格

大富相格，男性凡具有下述相理特征三项者即验；女相以富贵妇格为准，不论大富相格。

1. 五岳丰朝四库充，家财万贯禄千钟。
2. 颧插天仓，又准如悬胆。
3. 耳大贴肉，双珠厚且朝海口。
4. 面色白如凝脂，或黄如蒸粟，或黑如漆，或赤如绛缯，或面黑身白。
5. 虎口润大有收敛。
6. 精神异常，声如洪钟。
7. 背耸三山，腹正神强。
8. 体厚肉实又骨正神强。
9. 足厚四方，巨万之富。
10. 鼻如截筒，鼻似悬胆。
11. 背阔胸平，腹大垂下。

12. 三停得配，六府相均。

13. 头皮宽厚，面起重城，身正格正。

二、中富相格

中富相格，男性凡具有下列相理特征三项者即验；女相以富贵妇格为准。

1. 背厚肩圆。
2. 身细面粗。
3. 声如鸣钟。
4. 头短而厚。
5. 头角峥嵘（乃辅角、日月角、龙虎角隆起有势）。
6. 额上田字纹、井纹、眉上多直理。
7. 有来龙（天仓饱是也，凹则来龙不旺）。
8. 有印绶（印堂宽平是也）。
9. 太阳穴有骨，名扶桑骨；耳上有骨，名玉楼。
10. 目短眉长，愈益田粮，或眼如丹凤。
11. 眼堂丰厚，两眼藏神，灼燃有真光。
12. 眼眶不深不露，鼻子清洁。
13. 问富在鼻，鼻为土星，厚而丰隆，必富。
14. 鼻准圆肥，准窍圆长，井灶有栏不仰不冲。
15. 准头光润，鼻上光泽，富贵盈宅。
16. 耳生贴脑轮廓成，尽有红光，富且荣。
17. 耳孔朝口有气（即鬓不闭命门谓之有气）。
18. 口大、口方、口厚，且舌吐满口。
19. 唇纹理如花。
20. 齿生三十六齿，或牛齿鹅行。
21. 齿密光洁，如石榴子，又语不见齿。
22. 面方而宽，正而长，腻而软。
23. 面貌方圆如田字，或面形田字。
24. 颧有肉包而丰隆。
25. 晚景在地阁，故宜厚、方圆、朝天。
26. 须发宜细、疏、黑、润。

27. 胸要长、厚、平、润。

28. 体貌丰厚，富者自然体厚；富要自发，神来财自发。

39. 腹宜圆长坚厚，势宜垂下，皮宜厚清。

30. 乳为子之苗，大者、肥者、长者佳。

31. 手端厚，掌软而方。

32. 男子手如绵软，未求自富。

33. 掌润泽，掌背肉厚，不露筋。

34. 手白如玉，其直如芋，其滑如苔。

35. 自乾宫起纹到离宫为冲天纹，白手万金。

36. 脚下弧肚可容龟或足底下有黑痣。

37. 貌端神静气和，神清气爽，举止慎重。

38. 三停平等，五岳相朝。

39. 五长，或五短，或五露，或五小。

40. 金形人又为金局正格。

三、小富相格

小富格之中者，男性凡具有下述相理特征三项者即验；女相以富贵妇格为准。

1. 形厚神安，气清声扬。
2. 面方，耳厚，唇红。
3. 虎耳骨起，地库丰满。
4. 齿如榴子，齿如白玉。
5. 鼻子有肉且两颧朝拱，面虽短但四围朝拱，耳虽反但有垂珠。
6. 五官小，掌心如血红。
7. 面皮厚者，性稳而富。
8. 面若黄黑而明亮。
9. 髭上下相称，口角不垂。
10. 手足背厚而滑净。

四、先富后贫相格

先富后贫相格，不论财富是继承祖业或经商挣得，只要具有下述相理特征两项者即验。

1. 舌底横生梗，老年贫穷困苦。

2. 上停丰而下停削，天仓满而地库陷。

3. 面丰枕空，老主贫困。

4. 两耳干枯声不洪，少年好中年败。

5. 臀部无肉，早富晚贫。

6. 头先过步，初主富而晚景困穷。

7. 前相好而背负亏虚花无寿。

8. 当门齿缺，晚年刑克困滞。

9. 天仓高而地阁削，晚景无粮。

10. 何知晚年多灾祸，但看其人无下腮。

11. 额虽阔广，但颐部尖削。

12. 额阔而口小如一撮。

13. 色虽明，但坐如惊狗。

14. 喜容带怒，无痰常吐，先富后贫。

五、先贫后富相格

先贫后富相格，无论其财富是继承祖业而来，还是全凭自己投资创业而挣得，后富亦分大富、中富、小富，须配观大富相格、中富相格、小富相格的相理特征论判。凡男性具有下述相理特征两项者即验；先贫后富相格，女相可参照论断。

1. 欲识先贫终富者，满面尘埃骨法成。

2. 地阁朝天旺晚年，边城不佐也无钱，地库也须配天仓。

3. 口大面方须清硬，地阁方圆旺晚年。

4. 脚有肚，皮色润，耳有珠，口有棱，地库丰，先贫后富。

5. 山根断折早虚花，祖业飘零足破家，若得口方横四字，晚来亦许享荣华。

6. 少年发达在神气，老看血色共头皮。若头皮红润，眼神清，须眉润，耳珠垂，晚景亨通。

第二节　贵相

贵相歌诀：头圆眼大两眉浓，伏犀鼻插天庭中；山根直上印堂起，耳内毫长体厚丰。又喜眉尾指天仓，眉清目秀最为良；龙鼻丰盛准上齐，鼻梁方正无偏曲。两背两肩来济遇，肉不多兮骨圆长；昂昂志气冲牛斗，神清体泰至公王。

一、大贵相格

按现今国家官制而论，大贵相格系指文官特任级官吏省长或部长以上职位，或武官上将级以上的军制官衔。凡具有下述各项相理特征的两项者，即符合大贵格标准，具有两项以上者加分论断。大贵相格中仍可细分为大、中、小三级，例如国家元首和国务院总理为大贵中的大贵者；副总理级的文职官吏及武职元帅级将领，为大贵中的中贵者；部长及省长或相当于部长级的官吏或武职上将级将领，为大贵中的小贵者。大贵格女相不论，女性只论富贵格。

1. 鼻居中央，为土星，是一面的主象。王者为天子，鼻必隆起而长，此为大贵中的大贵相格。

2. 隆准龙颜刘裕至九重之贵。

3. 像龙形者贵为天子。像龙，即鼻长、面长、齿长、眉长，恰似龙形。

4. 左股有七十二黑子（汉高祖）为极贵，头方额高贵为天子。

5. 两耳垂肩，手长过膝。

6. 顶起额阔，辅弼良臣，虎步龙行，极贵。

7. 眼有定睛，日月角起，伏犀贯顶，一品侯王。

8. 虎头燕颔，将相公侯。

9. 凤骨插天仓，日月角起直插天。

10. 口大容拳。

11. 目有重瞳，贵为帝王。舜帝和项羽都有重瞳，故舜为圣帝，项羽为霸王，但因项羽目露故不善终。

12. 鹤形龟息，有仙气从耳出，或从口出，或从脚出，非仙即将相。如三吕仙气从耳出，张飞从口出，刘伯温从脚出。

13. 舌至准头。

14. 龙眉凤目。

15. 额骨川字。

16. 眉尾拂天仓。

17. 眉长居额中，耳高眉一寸，永不受困贫。

18. 耳齐日角。

19. 翠眉入鬓位，官职至宰相。

20. 口阔而方，禄千钟。

21. 上身如辅，四肢如绵，一品之贵。

22. 龙睛牛齿，官至尚书。

23. 面白如银，睛黄如金，封侯之品。

24. 马齿凤睛，官居一品。

25. 手长于身，身过于体，配以佳骨，定主封侯。

26. 罗纹满身，额有秀骨，配以妙神，不拜相即鼎甲。

27. 头圆一尺，面如满月，额骨五指，背厚腰圆，出将入相。

28. 行坐威强，铁面银牙，封侯之贵。

29. 声如巨雷，肉坚骨壮，眼圆虎须，侯爵之贵。

30. 长眉凤目，龙准大额，耳贴如无，出将入相。

31. 三十六齿，口大容拳，五官朝拱精神异常宰相职位。

32. 头额五寸长朝上者为龙阁，主宰相。

33. 腰圆生七黑子，背厚有长毫毛，主有玉带。

34. 身生如玉，光如琉璃，红如火喷，主国师宰辅。

35. 步阔三尺，身大头圆，为龙步虎头，主王侯。

36. 五官俱正，五岳俱朝，骨秀异常，一品公侯。五露，五反，眼有夜光，翠眉入鬓，耳齐日角，一品之职。

37. 头长鼻长当门两齿长，眼长眉长加以异神，贵为天子。

38. 大贵之头有肉角（即辅角、日月角、龙虎角）。

39. 面大且圆一尺，头顶高凸，大贵。

40. 虎头燕颔，即虎头方正，燕颔颏下骨肉丰满，班超封万里之侯。

41. 头有奇骨，封侯万里。（骨凸得神，五岳气清，须眉秀）。

42. 头骨隆耸而阔，金城五柱入顶，一贵天子。

43. 五岳朝天，帝王朱洪武相。

44. 颧骨入天庭，大贵。

45. 额上生川字纹、王字纹，必为侯王。

46. 天仓饱满，福堂高，额似覆肝，颅顶骨耸。

47. 眉有伏彩，目长辅采，荣登天府大贵之人。

48. 眉内有紫色贯通印堂，其人拥有权柄。

49. 大贵之人目有重瞳，帝舜相也。

50. 眼长一寸，公侯贵相。

51. 龙睛、虎眼金睛、凤目，必定高官。

52. 眼有真光，一品之职。眉彩目真为富贵上上之相。

53. 目光如电，贵不可言。

54. 睛大有神，口大有棱，鼻大有梁，圣人之职。

55. 两耳垂肩，为帝王。

56. 明珠出海口，即耳珠朝口，为太公之贵相。

57. 鼻有单犀（骨从鼻梁贯印）大贵。

58. 鼻若截筒、肉厚，且接连东西二岳。

59. 口可容拳，口角如弓，位至三公。

60. 三十八齿，王侯贵极。

61. 舌厚红大而长，牙齿坚白而齐。

62. 大贵之声如洪钟，有音有韵。

63. 声如巨雷，又肉坚骨壮，又面圆虎须，侯爵之贵。

64. 呼聚喝散，只因双颧并起于峰峦。

65. 颧高插天，又目长印满，八方之拱。

66. 面如满月，清秀神彩射人者，谓之朝霞之面，男方公侯卿相，妇主后妃夫人。

67. 面白亮如银，又睛黄彩如金，封侯之品。

68. 颜貌如龙光之秀异，又颈顶若凤彩，后妃之相。

69. 行坐威强，又铁面银牙，又虎头阔，封侯拜将。

70. 腰圆背厚，方保玉带朝衣。

71. 身香肉滑，皮润血明，清高之职。

72. 一身肉如玉，光如琉璃，红如火喷，贵至上卿。

73. 步阔三尺，身大头圆，为步虎头，必王侯。

74. 小便如珠，官拜三齐之位。

75. 手如莹玉，白如银光。

76. 指长掌厚、纹深、色白、血明。

77. 男手如绵囊，禄位至三公。

78. 双手五指皆有螺纹旋绕——主封侯（为螺纹，十指皆螺者谓十螺全，中状元）。

79. 手垂下膝（蜀先主身长七尺五寸，垂手一膝，目显其耳，手白如玉，大贵）。

80. 坐相若山丘端庄，首平正，急而不暴，迟而不缓。

81. 似牛形者，宰辅。

82. 似龙形又步如龙行，位至三公；虎步龙行亦然。

83. 火形人得火局，威武大。

84. 清、奇、古、怪、五长、五短、五反、五露、五小、八大、八小，能合一局，皆必大贵。

二、中贵相格

按现今国家官制而论，中贵相格是指文官副省长以下，厅长级以上的官吏，及武官上校以上中将以下的军官。中贵相格男性可细分为大、中、小三级。中贵格不论女相，女相只论富贵妇格。

1. 本条具有三项以上者，即符合中贵相格标准

须如铁线　耳白过面　睛如点漆　上长下短　口如四字　三十六齿
面有城廓　声清高亮　手足如玉　肩圆背厚　眉高耳高　神清气足
舌上异纹　辅骨高起　龙吞虎吻　方口朱唇　口角朝天仓
目秀藏神入翰林

2. 具有下述相理特征的两项者，即符合中贵相格标准

1. 双秀目两弓眉，为官清贵。
2. 头圆足厚，身正格正，二三品职。
3. 身香、肉滑、皮润、血明，清高品职。
4. 音清语实，舌紫唇朱，食禄百石。
5. 背高肚大，声响眉高，庙堂之职。
6. 睛大有神，口大有棱，鼻大有梁，南面之贵。
7. 三停得正，六府得均，位至腰金。
8. 耳白过面，主翰林。

9. 额高三寸，神称于形，可有威权。

10. 印堂开一寸，辅骨起棱，三四品职。

11. 眉直睛圆，准正口方，可作谏官。

12. 印阔，口大，眉横，父祖前程。

13. 额有川纹川骨，耳珠朝口，白手可至中贵。

14. 脐深一寸，腰大四围，可镇一方。

15. 臂长三尺，可为边将。

16. 中贵之头，必方、必圆、必天庭高耸。

17. 天庭方正，又天仓左右丰，位公卿。

18. 日月角耸（即龙骨插天也）。

19. 额前耸起隆而厚。

20. 三偃月纹、乙字纹、女印纹、十字纹、山字纹、井田纹、士字纹，生在额贵。

祥运绕子三堂，贵不可言（印堂两福堂谓三堂）。

21. 鱼尾纹直上天仓，白手成大贵。

22. 印堂宽隆，上接中正而光润，利乎官。

23. 紫气临于印堂，五马诸侯之贵。

24. 山根平美及有奇骨伏起，为连帝之辈。

25. 额高三寸，（权势在两颧，宜丰圆高拱）。

26. 两颧有骨接边地或颧骨入天庭，宰相位尊崇。

27. 眉高眉秀，若山林秀且长，威权智认辅君王。

28. 眉心有赤脉，男主贵，女主富。

29. 眉直睛圆又准正口方，乃是谏官忠臣。

30. 中贵睛如点漆，主权势富贵聪明。

31. 目长一寸黑白分明，必佐明王。

32. 一双秀目配两弓眉，为官清贵。

33. 眼深而光润，神藏而全，富贵悠久。

34. 官星在鼻如截筒高隆，准圆库起。

35. 鼻如悬胆，有权相配。

36. 耳白过面，前看不见，贵而荣。

37. 睡后气从耳出，贵则无疑。

38. 三十六齿，朝郎巨富。

39. 舌至准色红如朱，舌上有绵纹，出入朝省。

40. 发声嘹亮，如瓮中之响。
41. 颏长五寸，龙准，方额。
42. 银面，金睛。
43. 背骨隆起如伏龟（袁天罡相合）。
44. 前见似仰，而后见似附，不贵即富。
45. 背高，又肚大，又声响，又眉高，主琴堂之职。
46. 脐中黑子，又腹垂，是朝郎。
47. 贵人肉细滑又红白光凝，富贵来。
48. 欲认贵人公辅相，芝兰不带自然来。
49. 类兽者多富，类禽者多贵。
50. 似狗，有清官为方伯。
51. 阴头缩，阴无秽气，囊宜黑，纹细实。
52. 坐宜肩圆、顶正、体平，起坐舒缓，坐如钉石。
53. 神清气爽（相以精神为富贵）。
54. 精神清秀日清，古怪异常日奇，有此奇之贵格，终须贵达。
55. 四时官气发天部如镜光，暴贵相（天部即额）。
56. 指长掌厚，纹深，色白，血明，为卿相。
57. 手皮连如鹅足或手之有美纹，乃贵质也。
58. 手有印纹或手有纵理纹，位至三公。
59. 贵人之足小而厚，又足下软细而多纹。
60. 足排三痣，两省之权。
61. 足纹如人形、有禽纹、有龟纹、足下五指有策纹，贵压百官。
62. 不摇而足不乱也，得一重字所以贵。

三、小贵相格

按现今国家官制而论，小贵相格是指文官副厅长级以下，县长级以上的官吏，及武官中校以下少校以上军官。小贵相格，男性可细分为大、中、小三级；女性不论小贵相格，只论富贵妇格。

1. 具备本条三项以上者，可以小贵相格论

天庭高耸　地阁方圆　小便如珠　大便方细　齿白长大
眉清目秀　齿白唇红　口如角弓　印堂不陷　面方眼长

头有角骨　面黑身白　面白身黄　面粗身细　脚短手长
身小声大　耳白高提　行必左转　耳高于眉

2. 具备下述相理特两项者，可以小贵相格论

1. 眉大额高细禄供奉之职。
2. 耳厚唇厚承浆知印之官九品而止。
3. 腰圆不过提牌。
4. 眉阔印宽可为都吏。
5. 唇红齿厚可保前程。
6. 一身浊肉坚如铁可求武职。
7. 骨肉得配可许异路功名。
8. 眼大睛黄眉散不过典吏。
9. 头圆目清梁高首领之人。
10. 头圆平眉粗压眼典吏之贵。
11. 手粗脚厚腰圆硬可为军卒。
12. 体正身长腰方圆可为巡检。
13. 色暗生明仓官税货之人。
14. 头圆平眉粗压眼可为文士。
15. 一面如朦驿马三阳一润佐贰衙门。
16. 陂池鹅鸭连金缕可称文士。
17. 贵者，必目秀，黑白分明。
18. 头圆，腰圆。
19. 黑痣在发。
20. 眉阔，又印宽。
21. 眉大，又额高。
22. 鱼尾直上天仓，偏享暴贵（鱼尾又名角尾）。
23. 耳厚又唇厚。
24. 口阔，龙唇红，又齿厚。
25. 欲食贵人禄，须生贵人齿。
26. 肉坚如铁，又骨肉得配。
27. 体正身长，又腰厚，欲穿贵人衣，须生贵人体。
28. 含物不欲语，嚼物不欲怒。
29. 虎食，龙餐，是贵人。

30. 凡看贵相，以官、权、印、禄、威五件为最重要。

四、贵中带贱格

贵中带贱格，乃清中有浊。一贱破九贵，相貌虽符合一般贵格标准，但经仔细观察，却清中有浊。凡清中带浊者，大多为富则夭、贫则寿或大贵则凶、小贵则贫，或先正路后转异路。凡具有下述相理特征两项者即验。女相不论贵中带贱格。

额广尖却颐　骨峻粗却皮　发黑浓且粗　胸阔背成坑
行正声若嘶　背厚手如枝　耳厚鼻梁低　眼长皱破眉
气清行步软　腰厚行如尸　舌红口如吹　唇方齿不齐
卧静汗淋漓　头长腰折枝　语和神似痴　色明视东西
脚厚粗无纹　声大如马嘶　面白身粗黑　身大声音稀
肉丰结却喉　面短眼太长

五、贱中带贵格

贱中带贵格，乃浊中有清。一贵抵九贱，相貌虽不符合一般贵格的相理标准，但经仔细观察，却浊中有清。凡浊中有清者，大多为先苦后甜，或在乱世中因偶然机会而发贵。凡具有下列相理特征二项者即验。女相不论贱中贵格。

额小且方平　眼小有精神　鼻小梁柱平　耳小珠朝口
肚小垂下生　口小唇似朱　腰小且圆成　身小三停身
耳反仍贴脑　鼻仰山根足　眼露黑睛多　唇掀齿如玉

第三节　荣华相格

1. 头骨丰起，荣华富贵。
2. 鬓发浓重奇异，声音洪亮，早见荣贵。
3. 边城与天庭、山林、郊外，俱高耸而起。
4. 额方而阔，初主荣华。
5. 辅骨耸起而隆高，早得荣华。

6. 印堂明润梁鼻高，一生亲近高人。

7. 秀媚官荣至，清长富贵来。

8. 两耳轮廓分明，肉色光洁，必享荣华。

9. 耳垂珠朝口，晚荣。

10. 鼻高昂，仕途荣昌。

11. 山根连额起，荣贵至三台。

12. 唇红似朱砂，口如四字，定主荣华。

13. 牛齿（门牙方大厚），自身起荣。

14. 舌纹理如花，多子荣华。

15. 脑条忽起（后颈肉丰起成条状），有官荣。

16. 身白面黄，不久身荣。

17. 女子无肩，至老荣昌。

18. 精神旺盛，身体强壮，气色清，主荣华。

19. 掌红如喷血，主荣贵。

20. 龙吞虎（手指为龙宜长，手掌为虎宜短，名为龙吞虎），必享荣华。

21. 十指上有旋螺，荣贵。

22. 行坐威严，受人尊重，富贵多荣。

23. 火人带木，必定荣华。

24. 清、奇、古、怪相，身必荣。分述如下：

（1）清相

清相与薄相对比：清相肉白莹洁，薄相肉白无气；清相形厚骨清，薄相形弱骨弱；薄相神薄，故目虚神花；清相神蕴，故目光有真。薄相血弱气薄，故耳虽白而轮不红；清相血全气全，故耳白而轮红。

（2）奇相

凶相近乎奇相，但奇相并非凶相；凶相眉浓而粗竖，奇相眉浓而伏彩；凶相目露而凸暴，奇相目露而藏真。

（3）古相

俗相近乎古相，古相并非俗相，眉寒骨露，此其共同特征。但俗相眉寒无神，骨露无气；古相则骨得神且肉莹洁，肉得神而气润暖。

（4）怪相

丑相近乎怪相，但怪相并非丑相。黑身齿白唇红，得悬河大海之灵；鼻准高露，有奇峰怪之气。气魄厚，精神强，此为丑怪之相不同之处。

25. 头圆发秀，清奇俊雅，必是清高之士。

26. 若桂林之一枝，昆山之片玉。
27. 指如春笋，手香而暖，清高荣华。
28. 手有鱼纹。
29. 足下有龟纹，世清名。
30. 白发皓首（谓华发）。身华如玉，颜面照人（谓神光焕华），必荣华。

第四节　福禄寿相格

一、福相格

1. 五丘朝天，腰圆背伏，必享大福。
2. 须发清疏，眼杀强。
3. 枕骨更生，终是福。
4. 眼尾朝天，福禄两全。
5. 阴骘肉满，福重心灵，可保子孙福寿绵长。
6. 人耳压肩，必是享福之人。
7. 口似弯弓半上弦，口角朝上。
8. 唇色红润，不求自丰。
9. 齿多、长、大、正，福寿富贵可期。
10. 满面光润，齿如含玉，受天福禄。
11. 法令纹沟内有紫红气色，主福主寿。
12. 声自丹田下发出，有福且享遐龄。
13. 发鬓须皆浓则为三浓，三者皆稀则三稀。
14. 地阁朝腹有托，大福之人。
15. 神光射人，红黄满面，福寿绵绵。
16. 背阔丰厚突起，福旺子多。
17. 腰端直阔厚，主福禄绵绵。
18. 女人腰大最邀福。
19. 腹垂有托，体健如牛。
20. 女手如干姜，福禄吞无疆。

21. 手直如笋，手有井纹者有福。
22. 掌上三纹莹净且无外纹破者，有福。
23. 足背有肉，安稳福禄。
24. 五露俱全。

二、禄相格

1. 天中主贵气，平满明润者，为官禄。
2. 河目海口，食禄千钟。
3. 目光明而不露，口方正而不开，贵显食禄。
4. 耳高于目，合受师禄。
5. 鼻部有气，官禄中年发迹。
6. 禄堂（口为禄堂）红润，牙大整齐，一生官禄不断。
7. 面圆口阔，食禄丰盈之人。
8. 颧起，准贯，背又丰。
9. 唇黑紫，食禄千钟。
10. 齿白、唇红润大而朝天，必禄厚。
11. 舌尖而红，多主食天禄。
12. 音清语实，舌紫唇朱，食禄百石。
13. 地阁朝，背有肉，必享子诰封。
14. 腰垂脐下近上，天然衣禄。
15. 指如剥葱。
16. 足下有三纹，食禄万钟。

三、寿相格

（一）长寿相

1. 头骨峥嵘，大寿。
2. 寿以头皮、项皮、血色为主。皮宽厚且血色红润，寿长。
3. 白头寿老，龙钟头垂地。
4. 老转黑发，齿落复生，眼昧复明，再声复聪。
5. 眉发皱纹深长主寿。

6. 眉发长垂，高寿无疑。
7. 眉毛艳且有长毫，寿过九十。
8. 眉毫白，高寿超群。
9. 眼细而深。
10. 耳后骨起名曰寿堂，寿考耳。
11. 耳有毫毛，长寿富贵，兼没灾殃。
12. 鼻竖有骨（鼻隆高有梁）。
13. 年上、寿上光润丰起者寿。
14. 鼻长有寿百年过。
15. 人中为保寿宫，分明如破竹之形为寿长。
16. 人中深阔，人中长。
17. 法令深、法令明。
18. 长唇短齿，长命不死。
19. 齿大而密，长而直，多而白，坚牢密固。
20. 地阁方厚。
21. 老年起斑，主寿。
22. 身肥、面瘦，命长。
23. 骨正坚实、肉血白润、骨肉相匀，有寿有子。
24. 腰生叠肉，寿年长。
25. 腰圆、腰硬、腰直、背丰、胸阔、腹垂、脐深，八十以上寿方终。
26. 立若石蹲，坐如山峙。
27. 卧安静如狗蟠，喜侧卧者长寿。
28. 气长且喘息调匀，寿长。
29. 神定、神全、神足、神清、气爽，寿绵长。

（二）短寿相

1. 头顶陷、脑凹，必无寿。
2. 粗鲁急皮，寿命短促。
3. 头大顶尖皮又干，四九之寿。
4. 头歪，颈无力，无寿。
5. 头无左辅右辅。
6. 有头无颈，三十前死。
7. 头大而颈小。

8. 头小、头偏、头骨不密。

9. 老来头皮一干，死无疑。

10. 动则头倾身软。

11. 头皮枯，血不润，一载归阴。

12. 发黄如草，气粗，寿短促。

13. 天庭、日月角、印堂均黑枯如灰。

14. 天仓、地库白嫩如粉。

15. 额尖、额塌、额浮青筋。

16. 眉如斗鸡且眉毛重浊，促寿。

17. 眉锁印堂且眼无神，寿促。

18. 眉寒又唇掀。

19. 年轻者眉生长毫，二十生，三十死。

20. 老人眉不生毫，难许花甲一周。

21. 目睛凸，眼胞浮，鼻无梁，三十八杀伤。

22. 目赤睛黄，目如斗鸡，四九难保。

23. 眼大流光，目圆而怒。

24. 目小无光，不满三十。

25. 双目如泥，昏眸白露，目神短促而无光，视瞻无力而昏暗。

26. 黑色横自三阳，半年须防损寿。

27. 眼神层如惊，眼无神而寿促。

28. 耳小、耳软、耳低、耳暗，寿年短促。

29. 耳大、口如一撮，夭年四十归阴。

30. 耳窄难容指，耳薄如纸，无寿。

31. 耳头坠，金木无神难保华年。

32. 老来耳黑或耳枯，寿将终。

33. 耳门如墨，二十之年黄泉客。

34. 鼻断神寒、鼻无梁，三九寿终。

35. 鼻软、梁无骨、年寿陷、山根断。

36. 准头黑，兰台黪黯。

37. 鼻有三弯为反吟，反吟相见是绝灭。

38. 鼻有三曲为伏吟，伏吟相见泪淋淋。

39. 唇缩、齿露。

40. 唇黑似灰，寿稀神寡。

41. 法令绷缠。
42. 合嘴如猪，食而淋落，寿促。
43. 声音不响，韵不应喉。
44. 身大声不响，三十就归阴。
45. 壮年而齿落或少年齿落，多数短寿。
46. 年少而肥，气喘而促急。
47. 少年项下肉起。
48. 少年起斑。
49. 少年垂首，寿不久。
50. 面皮虚薄又小，恐非老寿之人。
51. 色杂而枯，皮黑而臭，湿疣多如环。
52. 面色赤暴如火，命短。
53. 面多斑点而内虚。
54. 面生黑子宜大宜高，若低或小，不寿。
55. 面色光浮天罗，无寿命短。
56. 满面黑气四起、七窍（耳目口鼻为七窍）不明，寿难再久。
57. 黑似湿炭、白如枯骨，不久人间。
58. 肥人项长，瘦人项短，三十前后难逃，鬼魔抽筋。
59. 肥人肉呈青、浮、黑、枯。
60. 暴肥气喘，速死之兆。
61. 肥人乱纹露满面，死亡之兆。
62. 瘦人唇白、肉血不匀、寿元短促。
63. 骨肉不居体，皮不包肉，速死之兆。
64. 骨弱、肉重、胸凸、心气虚。
65. 背脊成坑，虚花无寿。
66. 腰偏斜细曲或腰陷如槽。
67. 腹脐突出——寿命早夭。
68. 膝小无骨，四肢干枯，一年之寿。
69. 立则足跛，坐则腰折，行动无力。
70. 自言自语，主招鬼迷。
71. 卧中大狂叫，睡而口开者，短命。
72. 老来多睡，主死；少年多睡，主逸。
73. 性急气暴，气急身动，不睡而鼻有声息。

74. 声多悲咽，声未止气先绝。

75. 神脱、神浊、神陷、神露、神醉、神痴。

76. 气大而神促，气粗而神少，气衰而神滞，气短而神枯，气清而神短，气昏而神寒，气乱而神惊，气浮而神奔，气暴而神泛，难以保身永年。

第五节　聪明相格

一、聪明相格概论

1. 头顶高大者，有大志，富有进取心，多智慧。

2. 眉角入鬓，为人聪慧。

3. 眉清而细、疏而秀、平而直长，主聪明。

4. 天仓在眼旁，若眉如新月拂天仓，为人聪明且近贵。

5. 眉中黑子，聪贵而贤。

6. 目长一寸五分，刀笔力经凌云。

7. 眼黑如点漆，聪明文章。

8. 眼中有痣聪明。

9. 睛清口阔，文笔高人。

10. 眼圆大，领司力博，敏捷好动。

11. 眼瞟视、近视而有神，主聪明。

12. 眼小，谨慎、精明、理智。

13. 眼细而长，聪明、幽默。

14. 耳轮廓桃红，性最玲珑。

15. 耳门广阔，聪明豁达。

16. 耳有黑子生贵子，聪明。

17. 鼻如狮子，聪明达士。

18. 齿整齐白大厚，有学问。

19. 皮肤细软、光莹、毛发疏秀、润泽，必智慧聪明。

20. 脐深阔主智。

21. 腹坠而垂，智合天机。

22. 指纤而长主聪俊（纤纤十指润，知识使人惊）。

23. 女眼纹，在大指，旺夫子眼，在掌，曰道眼，皆主聪明。

24. 掌心当中生黑痣，智而富。

25. 足中指宜长，大指宜短，足背毛宜软，聪明。

26. 行如大车，两眼平视，足动而身不摇的，为人智慧，气度深沉有德的人。

27. 吞咽迅速，是消化器官健康，个性果断敏捷的人。

28. 纹细如乱丝，聪明。

29. 阴骘肉满，福重心灵。

30. 骨肉平匀，仁且智。

31. 少睡者神清。

32. 易觉者聪明。

33. 肾气旺，则清而聪。

34. 目秀、神清、脑骨成、齿白、唇红、鼻又正、印堂宽阔、辅弼应，此人最聪明。

35. 才学在人腹内何能得知？

此乃浊中有清之说，人常说浊中清，未会辨明。凡人一身浊色，五丘偏陷、歪斜、口歪。印堂平为福德学堂，耳有轮廓为外学堂，睛清秀为聪明学堂，齿白为内学堂，此四学堂不论貌丑，乃浊中清。甚是聪明，可为卿相（如清朝的施不全）。

36. 歌曰：

樱桃口尖唇胭脂，齿似榴子密且封，
笑若含莲温和畅，聪明拔萃紫袍衣。

二、秀才相格

秀才是明清两代科举制度中的名词，其学历相当于现今社会的高中或中专毕业。凡具有下列相理特征两项者，主考运顺利，能通过高中或中专毕业考试，可以秀才论断。秀才格以男相为主，女相仅可参照论断。

1. 两眉有彩，或眼有小灵，或眉轻清，或五官相就，或额有骨起。
2. 秀丽英华，眼清明亮且有神。
3. 秀气，秀眼，秀骨。
4. 庄丽，严丽，俊丽，一般敦厚一般人。

5. 英发异常，可称进士；华彩眉秀，当入翰林；面大眉寒，止入秀才。

6. 耳白过面，终有文名。

7. 睛清瞳仁藏，鼻梁透印堂，任是三尖六削，亦可小名扬。

8. 凡欲入学，必目有灵秀之气。

三、举人相格

举人是明清两代科举制度中的名词，从现今社会的考试制度来说，相当于大学或专科毕业学历。

凡具有下列相理特征两项者，主其人考运顺利，能通过高等考试，可以举人格论断。举人格以男相为主，女相可参照论断。

1. 眼清有神，两颧方阔、面部城廓周圆，无不发榜。

2. 面部不拘长短、大小，颧大之人必上榜；三停方正且长短相均；可在榜上提名。

3. 颧隆且有威，眉有彩，必榜上提名。

四、进士、翰林相格

进士、翰林均是明清两代科举制度中的名词，从现今社会考试制度来说，相当于研究院毕业，拥有硕士或博士学位。凡具有下列相理特征两项者，主其考运顺利，可能通过特等考试，可以进士、翰林格论断。进士、翰林格以男相为主，女相可参照论断。

1. 三停既均，目有真神，可称进士。

2. 进士不忌眉浓，若翰苑两眉拂翠及第。

3. 金马、玉堂低陷难入翰林（金马、玉堂即天仓）。

4. 近君王者不取眉太重，清贵闲雅宽厚轩爽，皆入翰林。

5. 目有守真、藏真、含真、回真者，皆可入进士翰林。

6. 凤目翠眉，必至翰林。

7. 眉有异彩，五岳俱配，掌红似朱砂，唇红齿白，睛大流动且闪光，必至翰林。

8. 额有奇骨，睛有异光，必至翰林且大贵。

9. 额如覆肝，如立壁，且神强气壮，鼻势透印，必至翰林。

10. 额骨耸三条川字样，少年及第做公卿。

11. 性巧灵动而不华秀，止登进士。

12. 敦厚深重，背如负物，必入翰林且定做高官。

13. 额头成五指状，必翰林及第。

14. 凡脚短身长必做高官，面无城廓难以服民，颧平而弱只是虚名，地阁尖削休言晚福。

第六节　愚笨相格

愚笨相格，即人脑组织遗传不良，脑细胞数量少，欠聪明灵敏，思路闭塞，反应迟钝，手脚不灵活，一生事业少成。凡具有下列相理特征两项者，就以愚笨相论之；若具有两项以上者，则以愚笨至极论断。男女同论。

1. 发生日月角，人愚顽。

2. 眉粗而硬，粗愚硬横。

3. 眉浓压目，面骨粗，发际低弓，耳又暗，神错疏懒，气模糊，顽不灵。

4. 眼半开半合，定是愚蠢。

5. 眼神不强少决断。

6. 耳孔丑小，无智而不信。

7. 鼻短小，愚苦而无志气。

8. 声轻者，断事无能。

9. 声低音，鲁钝无文。

10. 口大而不收，愚而贫贱。

11. 筋中显骨，骨上露筋，骨筋俱露，面不威，懦弱则愚鲁。

12. 身小手大，一生下愚。

13. 腹近上者，愚贱。

14. 掌硬而圆者愚。

15. 手薄硬如鸡足者，无智倔犟；如猪蹄者愚鲁。

16. 掌中四畔生横理者，愚而贫。

17. 指如鼓捶者，愚顽。

18. 女无指甲，一生下愚。

19. 指疏漏者贫薄，短缺者愚下。

20. 手纹粗如橼者，愚鲁。

21. 白痴的脚大，傻瓜的脚小。

22. 妇人鸭脚多是姨婆，男人鸭脚一生下愚。

23. 卧中气吼者，愚而易死。

24. 易睡难醒。

25. 气粗骨浊，神昏昧暗。

26. 发角低生，骨皮俱粗。

27. 掌上无纹。

第七节 发达相格

一、目前发达相格

目前发达相格，即先天相理好，后天气色也好，担任公职则官运亨通，经营商业则财星高照。在先天相理符合标准的基础上，凡具有下例气色特征两项以上者即验。

1. 气色虽好唇白赤不应，色虽开而气先怯也。
2. 年寿有一点黄明，该年必有一件喜应。
3. 印堂光明如镜，名利就在眼前。
4. 准头黄明亮透印堂，发达必应。
5. 三台宫俱有黄光，名成利遂。
6. 准头黄明亮透天庭，士子必得大魁。
7. 印上黄明应得禄，满面黄光财禄立至。
8. 眼若含星，成名有日。
9. 满面纯清，即发功名。
10. 眉呈秀彩，即将发旺。
11. 年寿四时黄，财帛喜非常；鼻柱拖黄，钱财横发。

二、少年发达相格

少年发达相格，即指青年发达相格。此格以二十至三十岁为界限论断。一般人在三十岁前当选为县长级以上官员或当选为中央级民意代表，或在科技学术界获得崇高地位，或在营商上赚进相当于人民币五千万元上下的财富，均以少年发达论断。凡青年人具有下述相理特征两项者即验。女相以富贵妇格为准，不论此格。

1. 二十岁前，顶脑平伏而起，天仓丰额骨突，耳高提，眉有彩，必早发。

2. 一至七岁左耳管运，八至十四岁右耳管运，但有缺崩、反薄、痣斑，主幼时多疾厄、损伤。若耳厚、耳白，耳有垂珠，耳廓分明，必早发。

3. 凡少年顶脑平，天仓丰，或日角、月角、天庭骨隆起，主三十岁前发达。

4. 中正管二十五岁前运，低陷者不早发，丰隆红黄明润者必早发。

5. 印堂管三十岁前运，低陷或悬针纹破，主早年虚花运；平满润亮者必早年发迹。

6. 佐串骨如卵起，二十五岁前发；印堂丰起，三十岁前发。

7. 火局透木鸢肩者，必早发。

8. 耳肉如莹，少年发贵；耳肉贴脑高提，少年定发，且永不贫困。

9. 眉彩神清，面无尘垢，鼻圆透印，定早发。

10. 额方，面阔，初年荣华；额角圆耸，声洪亮，主早发。

11. 额阔平无纹，智慧超群，必早发。

12. 天庭高耸早登荣，还待印堂明。

13. 辅骨隆起才高三九，早年定居官位。

14. 准上朝耳，耳珠朝口鼻，鼻梁贯印堂，天仓丰，又得眉彩者，更早发。

15. 日月角骨联起如卵横生，定主早发。

三、中年发达相格

中年发达相格，应以面相三停划分年龄为标准，即三十一至五十岁为中年时期。三十岁以前不得意，三十一岁生日后时来运转，无论当选县长以上官员，或当选为中央级民意代表，或在科技学术界获得崇高成就，或在商业上赚进相当于人民币五千万元上下的财富，均算是中年发达论断。

1. 三十岁后眉目管运，宜清秀；眉散者，中年难聚财。四十至五十岁后颧鼻管运，宜准丰颧阔。

2. 法令破兰台，中年难聚财；仓库削陷，一生难聚财。

3. 独颧无面，中年破败无成；天仓、地库俱削，两颧独高，作孤刑。

4. 耳鼻齐丰，壮岁荣华定取。

5. 正面骨开，粟陈贯朽，两颧方阔，中年必发旺。

6. 眉清目秀，中年发。凡人得眉彩，必眉运发；得眼佳，必眼运发。

7. 两颧高起，不露骨，发在四十七岁。

8. 面大颧丰，腮丰，钱财广积。

四、晚年发达相格

晚年发达相格，是指从五十一岁开始到死亡为止能成就一番事业的相理特征。例如五十岁前从未做过官，但五十一岁后担任政务官，或当选县长以上官员，或当选中央级民意代表，或经商发财，或在科技学术界，或异路行业获得崇高地位，均称为晚年发达。

1. 五十一岁后，人中、水星、地阁管运，须宜清润、口宜方阔、唇厚皮宽、虎耳骨起、面起重城、库横满耳。

2. 耳有垂珠，晚运亨通。

3. 须清疏硬且有力，五十一岁利名誉。

4. 地阁方圆，晚景荣华定取。

5. 地库光润，晚景愈好而得安闲。

6. 晚年出仕，皆由地阁宽隆。

7. 颧、颐、颊、口有情，晚运最分明。

8. 地阁朝天旺晚年，边城不佐也无钱。

9. 老年看血气与头皮，黄明即为发达时。

第八节　忠诚孝顺相格

忠诚孝顺相格，即指人有忠于国家、忠于民族、忠于团体、忠于事业工作、忠于长辈、忠于家庭婚姻责任及有孝顺父母、友爱兄弟的美德的相理特征。

凡具有下述相理特征二项者即验。

一、孝顺格

1. 唇齐唇厚，准上有肉。
2. 五岳相朝，颧开土正。
3. 口角上朝，口方有棱。
4. 眼秀澄清，须眉秀发。
5. 颧圆阔，准头圆大，为忠直之臣。
6. 眼神正，神气清，纯良之辈。
7. 须白，唇红，忠心报国。
8. 面方，准正，直性居官。
9. 内学堂成（当门两牙），鼻大面丰，信用有常。
10. 齿白方为君子儒，分明小辈齿牙疏。
11. 心善三阳光点点，脾安鼻准见黄明。

二、忠诚格

1. 五丘相朝微露骨，眼神杀重气逆生，胆大轻生牙黑实，此人必是忠贯日。

2. 眉清起伏又疏尖，发软须轻神轩爽，唇红齿白面皮宽，此人定是孝动天。

3. 眉长过目，忠直有禄。

4. 目色通黄，慈悯忠良。

5. 耳轮厚大，鼻准圆实，乳头端净，颏颐深广厚大，忠信敦厚人。

6. 人中端直，忠义之士。

7. 唇上下俱厚，忠信。

8. 当中二齿为大门，齐大主忠孝。

9. 齿齐唇厚，孝义之人。

10. 足指细长，忠良之贵。

11. 骨节山根岩而高耸，眼神清光而有威，居官必威权忠节之臣。

12. 观臣之相：面貌庄严，骨格奇峻，颧骨逆插天庭，五岳相朝，饱满，鼻准丰隆直贯，睛烈神强，头昂腰直，指甲健厚，乃能胆足气壮，见难不避，唯当尽节之年，正其尽善尽美之运，因名垂竹帛，万世流芳故也。颧高准大，忠直之臣。睛陷眉高，好贪之辈。眼圆光正可代君王之难，发白唇红至死阴灵报国。耳纵腮尖一世为人奸吝，水陷土偏，不忠不孝。面方正直，性忠良。面颊陷，头陷奸，邪阴毒。

第九节 奸诈相格

1. 眉粗恶煞，心奸险。
2. 眉薄如无多狡妄。
3. 眉中有缺多奸诈。
4. 目一大一小，曰雌雄，有如此虽然财富必多谲诈。
5. 眼三角有光，贼性孤僻无情。
6. 眼红筋缠绕，刚愎奸恶。
7. 目露神光，又嘴薄唇超兼此三者，不良好强之徒也。
8. 两眼浮光，双轮喷火，凶恶盗奸之辈。
9. 眼有赤砂人险恶，青蓝满面好阴谋。
10. 眼上视，其心必高。
11. 眼反视低，奸诈。
12. 眼左右乱视，欺骗偷摸。
13. 对人频频偷视，莫与交游。
14. 鼻梁柱弯斜，心多奸狡。
15. 准头尖细好为奸计。
16. 口若偏斜多乱动，是非奸诈爱便宜。
17. 口角高低，好诈便宜。
18. 龙唇凤口，不可为友。
19. 牙齿参差不齐，心行诈欺。
20. 鬼牙尖露，诡谲奸贪。
21. 咬牙做声曰齿啮，恨而摆首白头摇。
22. 咬齿而头摆，毒恨之相也，其人必多奸贪。
23. 舌狭而长者，诈而贼秃。
24. 舌上有黑子者，言谈虚伪。
25. 腮见耳后，心地狡贪。

26. 脚跟离地，工于心计。

27. 猴食鼠食，鄙吝而奸谋到底。

28. 语言多泛，为人心事难明。

29. 语对人，眼不对人，心疑而志则专，终非好相。

30. 瘦人发黄主多贪奸杀。

31. 奸狡阴毒之相何如？

鼻头无肉三弯三曲，面皮青薄，眼深嘴尖，行则垂头，独坐言笑，目隐睛藏者是也。转眼无情嘴如雷公，面皮紧急舌短尖小。

32. 何知此人大奸雄？

眼神不定，语轻圆，坐弓立弓不安稳，两颧起棱，鼻似刀。

33. 何知此人必作奸？

眼深、眉浓、骨法粗，肋骨露弓，鼻起节，成钩鼻似鸟。为人应摒除奸盗之心。

第十节　慈善温柔相格

慈善温柔相格，男性有度量，女性有温柔，此乃天经地义之理。凡具有以下相理特征两项者即验。男女同论，但应区别要点所指，以女相为主。

1. 美眉目，好指爪，庶几好施。

2. 指长缝疏，好施舍。

3. 眉如弯弓，性善不雄。

4. 眉发疏细清软，眼眶长，阴弯堂光，印宽润，唇红神定，语端祥，心善良。

5. 眉有彩者主贤。

6. 睛黑，口润，性灵文德。

7. 目善必慈，眼竖性刚。

8. 眼笑成一线，和蔼可亲，人缘好，前途光明。

9. 耳轮廓分明有坠珠，一生仁义最相宜。

10. 须深过命门，主人贤德。

11. 猕猴掌，好施舍。

12. 气和者主慈。

13. 手足细腻，颧不突露。

14. 眉毛弯重，准头丰大。

第十一节　凶恶相格

1. 头低小，智力逊，乏大志，喜横傲。
2. 缝头顺嘴其心极奸。
3. 男人垂头心贪酷。
4. 双眉粗而浓而逆乱。
5. 竖毛好斗贪杀。
6. 眉骨棱起，凶恶多滞。
7. 眉卓如刀，头尖尾大主屠宰。
8. 眉头高且横弯。
9. 眼圆大而睛突，勇悍难驯。
10. 眼小而面大，有杀难消。
11. 眼红圆露带红纱，大奸大诈如狼虎。
12. 两眼火浮，双轮喷火杀人贼，好奸谋。
13. 眼突露，无情人多凶悍。
14. 睡中眼开。
15. 眼三角，险恶万分。
16. 目珠小，有叛逆性孤独。
17. 眼赤而睛黄，必是豺狼。
18. 眼红而睛金，不认六亲。
19. 斜盼者，人遭其毒，凝视者，自克其形。
20. 牛眼多慈龟目滞，蛇睛羊眼莫为邻。
21. 取人性命面上黑，换人骨髓眼中红。
22. 视面偏怒者，不正之人。
23. 上尖狼耳心多杀，耳下尖无色不为良。
24. 鼻准如钩，财上毒。
25. 鼻柱音薄，多主恶弱。
26. 鼻如鹰嘴，取人脑髓。

27. 鼻法令纹深长，为官万忌，好杀而酷。

28. 唇色淡黑，毒杀之客。

29. 齿上润下尖如列锯者，性粗而食肉。

30. 犬齿者毒忿。

31. 舌出如蛇者毒害。

32. 面肉横皮横，凶防妻。

33. 面凸，情义少，凹则心机多。

34. 面蓝，多奸恶。

35. 面如烟煤，两眼如泣状，泪堂有泣纹，口角歪斜，眼尾歪斜，俨如庙中泥鬼者，此人多刻酷。

36. 狼行虎吻心机深而心事难明（行走头低曰狼行）。

37. 伏面头低，行动头先过步，必是凶毒。

38. 行而头手足俱动，作三折伏者曰蛇行，轻而心毒安能寿乎。

39. 须逆、眉逆、骨逆、颧逆、耳反、眼露四白，面肉横生，心凶狠。

40. 好杀戮无慈心相：眼突睛黄，旁多红筋，颧高横竖，面肉横生，或面皮绷，神急眼恶或口如雷公，挺胸仰面，目露四白。

第十二节　功名相格

1. 天仓驿马、地库气色黄明红润，考运顺利。

2. 准头天庭黄亮，中选而不得魁元。

3. 禾仓生黄，秀才及第。

4. 问前程学问看官禄驿马。

5. 额必耸，神必清，方得功名。

6. 眉上为科甲如紫黄，策名天府。

7. 眉下为科名，科名玉润独步文场。

8. 额必广阔，面色如冠玉，主功名早发。

9. 额有川纹，又耳珠朝海，白手中年大显（耳下部如垂珠，朝口也）。

10. 求功名：宜额上黄光，印堂紫色，两颧明润，眉中施艳。

11. 印堂润泽骨起高，少年食禄掌功曹。

12. 三台上必光明，求官进职。

13. 士子考试：但眉、印、颧、准、天中，地阁皆有黄气，虽不满面，而印有喜红者，亦居上选。

14. 士发鼎甲，眉高，耳纵，伏犀鼻（鼻骨从准头至顶名伏犀）。

15. 润黄明色在卧蚕，紫气在印堂。

16. 眉毛润泽，求官易得。

17. 甲第眼清眉秀艳，唇红舌大紫罗袍。

18. 登科一双眼，及第两道眉。

19. 眼若含星，自有功名之日。

20. 能获科名，定必眼有真光。

21. 眼秀精神黑白清，藏神不露显功名。

22. 额纹如三条川字样，何悉金榜不题名。

23. 少年科甲，多半耳夹天庭。

24. 耳红润，少年发达早。

25. 耳莹白，老白子贵。

26. 耳白面白色如冠玉，主功名显达。

27. 金清木秀，方言及第登科。

28. 功名富贵截筒佳，准头齐直不偏斜。

29. 天下闻名，准头丰隆，梁柱端正。

30. 紫气侵颧主大吉，黄气插鬓功名至。

31. 口为文章之府：如口大、唇红、有棱、唇厚、舌大。

32. 掌色若桃红，风流学问通，文艺显身名。

33. 发际黄明，求官易得。

34. 口大唇红，有文占高魁。

35. 华美而秀媚者，显于少年。纵奇而秀媚者，显于中岁。古异而秀媚者，显于晚景（神有真曰秀，气得紫曰媚，非女子之花媚也）。

36. 高考特考耳轮，命门，泪堂，印堂，年寿，一位暗色赤，主不中。

37. 面似涂脂，又耳轮青暗，不成名。

38. 无角不可求官（即日月龙虎角）。

39. 轮廓、命门暗、眉尾、悬壁青莫求功名。

40. 黄气少，而滞气重，功名来又走。

41. 求名：入学看命门、双耳、印堂、山根，宜黄润明亮；忌红、赤、黑、青。

登科看眉，各宜明白。耳轮、命门、三阳、年寿，此数处俱宜黄白，如一处不明亦难得中。春间看眉内三阳，俱宜紫色为应，赙黄不妙，小就只看四库，俱宜红，黄为喜，紫色大好。吏员掌心宜红明，亦看四库。凡求名之色，不拘大小前程俱要印堂、官、禄、驿马，红、黄、白润方好，若暗滞赤青不妙。

42. 歌曰：

秀弯长顺过天仓，盖目入鬓更清长，
聪明早岁登科第，弟恭兄友姓名香。
眉清尾散散中清，早岁功名财帛平，
中岁末年名利逐，收成显贵耀门庭。
口如仰月上朝弯，齿白唇红似抹丹。
满腹文章声价美，竟达富贵列朝班。

第十三节　英豪相格

1. 发际丰隆骨起高，能言能语是英豪。

2. 眉逼昂者气刚，卓而坚者性豪。

3. 眉高耳耸，到老得人钦敬。

4. 毫白者超群。

5. 耳门阔，主智远大。

6. 两耳垂肩，贵不可言。耳白如面，名满天下。

7. 耳过大，刚愎自用，过于自信，多为英雄豪杰。

8. 口方四安信宜真。口如牛唇，必是贤人。

9. 口两端上翘，乐观积极进取，富于希望，和蔼幽默。

10. 面如青瓜，贤哲堪夸。

11. 仰月纹生额上贵，面圆光泽逞英豪。

12. 形容古怪者，不可作下贱看。若神气清秀，动止异常，乃浊中清也，非石中之玉乎。

13. 手垂过膝，世间英豪。

14. 掌色常年红赤（俗称朱砂掌），主其人性必刚烈，易走极端而难自制。

15. 足生黑子，英雄独压万人。

16. 足指端齐，豪遇之贤。

17. 痣上有毛定是俊毫，子必清高（二三方好，多者为草）。

18. 食时默默无咀嚼之声，肩臂不侵邻座，这是有良好教养，同时也是洁身自好的人。

19. 食后杯筷放置整齐，席上无狼藉之状，这种人一定有始有终，爱惜名誉，循规蹈矩，品格高尚。

第十四节 武将相格

1. 头宽，主有精力好。
2. 头上角骨武封侯，脑后边山富贵流（即日月角与玉枕骨）。
3. 辅骨插边城，威武扬名四海。
4. 辅骨插天庭，千军勇将。
5. 驿马骨高，为将军。
6. 双颧插天庭，两目有威，更有威权，万人皈依。
7. 燕颔虎额，男子定登将相（颏重、额广而凸）。
8. 虎眉主大将军。
9. 长眉、凤目、龙准、大颏主出将入相。
10. 眉旋螺主必执枪旗。
11. 耳为丰神精采，助一面威仪。
12. 目烈有威主万人皈依。
13. 两眼光明是贵人，虎观狮视国将军。
14. 目视如虎盼，威严莫犯。
15. 眼尾上翅，勇敢，感觉锐利，反应快，能乘机。
16. 睛有夜光，或眼有定睛，即眼有真光，公侯将相。
17. 眼杀神强，又颧骨高生，又鼻高，仁义轻生气霹雳。
18. 颧者权也，印者印也。颧高印满，必有呼聚喝散之威。
19. 口能容拳，出入将相。
20. 口不见唇，威镇三军。
21. 面大主刚强勇武。
22. 铁面剑眉，兵权万里。

23. 面黑如漆，身白如玉，光如玻璃，红如火喷，为将相。

24. 金城骨分，登将相。

25. 胸中黑子，为兵万里。

26. 脐深一寸，又腰大四圆，可保三边挂印。

27. 臂长三尺，可保位至边将。

28. 天中川字得将军禄。

29. 额有握刀之横纹，决为上将（额横纹者，在左边地至右边地，横直之纹，如刀痕之状，别无纹理冲破，定为军师大将）。

30. 蟹眼纹生在额，主大贵，威镇四方。

31. 仰月纹生在额，主为将相。

32. 手印纹者，领军四海。

33. 手有龟纹，为将相。

34. 似马者，为武吏。

35. 似虎者，虎行者，为将军。

36. 将军出征，命宫印绶光明，何惧之有。

37. 行军看驿马边城，暗滞赤青应防奸细中伏。凡行军要看驿马、边城、唐符、国印（唐符即眉上辅骨一带，国印即双颧），气色红润透紫者，主挺进顺利一路披靡。

38. 武官捕盗须印准，三阳、边驿，皆明亮，万不失一。

39. 凡武将两边眼眉上生杀气，正高而有颧，所以当得争战。眼不露光，须无红丝，非猪食鼠，乃善人之相能战之人也。

40. 赤气入边庭游魂不返，主外亡；四杀黑青见详，临危致命（眉上一寸名四杀，黄润则行兵得胜，有黑气凶）。

41. 临雄苟免畏死贪生者，多因面色纯白骨无逆生故也。诀云："面白人无胆，将士忌用。肉胜于骨者，其人多畏死。"

42. 武贵举动坚实急速，文贵骨格纯和，武贵骨格刚露，以此而辨知其八九；再将手掌揣摩，察其掌中之纹理粗细与指形之大小尖秃，便可得其详也。诀云："武贵以眉形如帚，颧插天仓，面方眼威，口大鼻丰，虎头燕颔者，定武功大显；若面黑面赤，须焦须密须秃须困，兰台廷尉破者，定主阵亡。"又云："文贵而颧骨直插天仓者，他日定掺武功威镇边方，有武贵而眉目清秀纯和者，他日定兼文才声名大振。又武相以虎头、燕颔、凤眼者为大贵，文相有此定主文武统属，如能颧骨直插天仓，口大唇红，声雄气壮，上停长者，是公侯伯子男之相。颧骨圆耸，官主正印，不纵偏印。"

43. 开国功臣之相：其人头骨必奇，峻眉必高，骨必露，眼睛必烈，眼神必急，眼白必多红筋，骨气类多反生者是也。或云："眼有红筋，眼烈神急，是为恶人，何以反为功臣?"答曰："开国将帅皆以兵戈杀戳为是，故其未定鼎时，实为乱国贼寇，及其既定鼎后，乃为开国功臣，眼之凶恶相当有者。"

44. 武相做文官，文相做武职之相：包公之面，七陷三颧，杨帅之身莹如白玉。六郎银面金睛，故有封侯之职。包公铁面银牙，都堂宰相之颧，伍子胥颜如美妇，眉分八字。党太尉青面赤须，只因目秀反作文臣。此四古人俱是文武全才，出将入相之貌，莫以清浊言之。

45. 汉高祖访一隐士，其人坐而不起。高祖问曰："欲得一士安邦特来求贤。"其人向阳扪虱而应一一应答如流。高祖曰："此乃上才之士也。"

夫形容鬼怪，石中有美玉之藏。只看其眉目胸襟行动，可知其才学。耳印开一寸，非为田舍之翁；面起三颧，必然作边庭勇士。眉分八字，可做军官；库若斗圆，当为武将；肩高背厚，必然不是常流；异貌异人，可以为帅为将。

46. 歌曰：

旋螺之眉世间稀，威权得此正相宜，
平常之人皆不利，英雄武职应天机。

第十五节　欢喜相格

1. 多喜之相：印堂宽度，平满无冲，颜容常悦。

2. 日月角红黄，亲有喜庆。

3. 天庭黄红紫，喜庆将至。

4. 正面有黄光，无不遂意。

5. 印堂黄色喜气，必逢喜事来。

6. 眉黄，主喜。黄左主进田庄，黄右主进田娶妇。

7. 鱼尾奸门红隐隐，捕盗有功大喜庆。

8. 山根红黄紫喜气，必有大乐之喜庆来临。

9. 鼻属土气，黄气，发财喜庆。

10. 黄气中有紫气点点如花豆，为庆云光临。

11. 女三阳三阴青润黄润者，有女喜。

12. 少女满面莹玉，年内有婚嫁之喜。
13. 色若滞而忽明润，忧中必有喜气。
14. 九州黄色，喜自天来。
15. 捕鱼钓鱼人地库白润光明，必大有所获之喜。

第十六节　兴家相格

1. 头圆额广，自来发迹。
2. 天仓、地库黄红明润，产业增加。
3. 天仓、迁移黄白，转行改业可成。
4. 印堂广，双眉成彩，四库丰隆。
5. 眉如棱角主创业。
6. 上眼胞黄明红润，进田庄。
7. 眼尾本无善纹，而向上五绿者，独得大发。
8. 棋子之耳，成家立计。
9. 鼻尖紫气如偃月，进财进马进田庄。
10. 鼻孔丰满圆收，驿马隆而不陷。
11. 准头至山根红黄光彩，主百事遂意。
12. 两掌红如喷血，或断掌，或八卦丰满。
13. 形貌虽小而声音洪亮，本源盛大，终主发达。
14. 面大鼻小之仆，忠诚兴家旺主（鼻小之人服从性好，鼻大欺主）。
15. 口紫而方，度置田庄。
16. 齿鼻齐丰，定享田庄之客。
17. 地阁有一处纹主一处田庄，二纹主二处田庄。
18. 胸有毫毛，必能成家。
19. 掌软如绵，掌缝不漏。
20. 掌背气色鲜润，掌心气色暗滞先凶后吉。
21. 掌心红泣，数年内可起田辕。
22. 健步如飞，脚不显底，是白手创业，终成巨富。
23. 五官正大百事成，五露亦超群。
24. 一见昏，久观明润，仍主兴旺。

第十七节 灾难相格

（一）一般灾祸相

1. 天庭集乌鸦，太白夹日月，不死亦脱皮。
2. 天庭色滞，心遭大难。
3. 边城、悬壁色如朱，还防飞来横祸。
4. 额上忽乌，天灾叠至。
5. 月角黑，三十日内防配偶灾殃。
6. 四库如泥暗，主途逢女害。
7. 印堂黑气，非常忧惊。
8. 印堂冲破纹多多，祸从天上来。
9. 眉粗浓、短促、逆乱、斜卓、主凶灾，多横祸。
10. 眉竖毛，好杀；眉棱高，凶横；眉骨凸，刚愎，多横祸。
11. 眉门上下生白毛，招花酒亡身。
12. 眼凸主灾逆，眼露亦心露。
13. 纹乱交眼亦主凶。
14. 睛黄者怯财，财虽多而祸侵。
15. 眼睛赤，心性急，鬓须黄怒气强，终招灾祸。
16. 两眼下暗惨，主六十日内防灾祸。
17. 左眼下赤色，男主有灾殃。
18. 右眼下赤色，女主有灾殃。
19. 耳青珠黑，主五十日内防宿冤寻仇索命。
20. 两耳命门朱。
21. 耳边连鼻翼赤色。
22. 耳准如烟。
23. 命门黑纹呈蟋蟀脚，号作鬼书（左耳前有此纹，大小号鬼兼唇中者，必死）。
24. 命门连地阁白气蒙蒙。
25. 奸门重青。

26. 鼻梁塌而印堂陷，是为无退凶临。
27. 鼻柱两旁为黄幡、豹尾，要洁净，若有黑气，主灾殃。
28. 鼻部青，贯耳门，凶。
29. 年寿赤或有筋，招横祸。
30. 准头、鼻翼黑朦、青气、赤黑，多凶。
31. 鼻孔青色分八字下垂，十日内防被毒害。
32. 颧赤如朱，意外灾伤。
33. 人中黑气色，主己身及子女有不测之灾。
34. 口唇枯白，防饮食服药中毒。
35. 赤筋入口，防血光之灾。
36. 齿黑而疏缝，一生灾重。
37. 面红如火，且明亮如油，满面青气四起。
38. 马面蛇睛，须遭横死。
39. 面无善痣，显处多凶。
40. 面无善纹，凶多吉少。
41. 承浆青暗，防饮食中毒之灾。
42. 地阁、地库、青黑枯白。
43. 地阁红气如火而燥，牛马损伤。
44. 项有结喉，招横祸。
45. 股肱无毛最是凶。
46. 掌心有乌鸦，大祸灾难测。
47. 枯黄色贯五指，主百日内大祸临身。
48. 掌四门起雾，必主灾祸速至。
49. 掌一明一暗，恐还是祸。
50. 形如猪相，死必分尸。
51. 卧中切齿，害子害妻。
52. 卧中如吹火，少年主刑死，老来不善终。
53. 卧中叹气，决非吉兆。
54. 痣出领前，以言取祸。
55. 纹痣乱生于各位者凶。
56. 恶死纹生印堂，主恶死。
57. 一横纹生在额，亦名蛇行纹，死于道路。
58. 横腮纹生腮且有横纹，主恶死。

59. 行者无好纹，斜下者犯刑败常凶。
60. 夜叉纹主凶。
61. 螣蛇纹即法令纹，反入口者，死于饿菜。
62. 短曰飞针，长曰冲天。
63. 枷锁纹凶灾。
64. 撒囊纹生在耳垂珠处，死于饿菜。
65. 交加纹生在印堂，主恶死。

（二）水厄相

1. 驿马黑色重，防水厄。
2. 印堂黑，主水厄及意外灾祸。
3. 额上尘污，或月角黑气横过。
4. 水死者：天井、大海、陂池、眉中黑子。
5. 眉轻口润，常招水惊。
6. 鱼尾暗黑（黑气自耳边入鱼尾），莫渡江河。
7. 鱼尾有痣。
8. 耳间生黑子常招水惊。
9. 山根年上青色如烟。
10. 年寿有红线丝筋，主溺死。
11. 准头青紫或准白。
12. 颧黑，神昏暗。
13. 人中井部水横纹，每到临船莫进程。
14. 口部连鹅鸭、陂池黑朦、陂池纹侵。
15. 口部青暗、黑气入口。
16. 口部连地阁黑朦。
17. 乌唇、唇白、承浆黑色、无须唇再紫。
18. 须眉重而神昏。
19. 满面黑白花点、命门起黑气入口，水厄立见。
20. 掌上坎宫乌。
21. 走路有如螺旋，脚跟不着地，会落水丧生。

（三）火厄相

1. 发红、黄眼。

2. 天中、天庭赤点，火殃兵厄。

3. 天仓、地库四门起雾。

4. 山林赤、月角赤。

5. 额有罗旋纹十余条。

6. 印堂赤。

7. 火死者，命门生痣。

8. 散鬓秃或眉生痣。

9. 眉黄短、眼红筋、颧赤露。

10. 眉黄薄。

11. 眼无睫毛或火眼焦声。

12. 目连山根皆赤。

13. 年上赤色连两颧。

14. 准头燥红直上年寿。

15. 准头赤裹焰黑、准头红，定见火厄之惨。

16. 鼻耳口窍，气若烟煤冲出。

17. 人中、额上，赤丝乱起。

18. 面额昏赤如尘埃。

19. 面带红色，主人灾财丧。

20. 须黄、面黄、带赤筋主火中丧。

21. 地阁赤，防火厄。

（四）兵伤相

1. 发际赤暗，主即日战伤阵亡。

2. 五岳青黑，主三十日内防兵亡。

3. 交剑纹生在印堂，死于兵刃。

4. 三三横纹生在眉间，死于兵刃。

5. 眉卓如刀，阵亡兵死。

6. 眼黄神如醉态，肥不称体。

7. 睛昏睛黄眉又乱，兵戈之伤。

8. 两条赤脉侵日月，刀兵赴法，死他州。

9. 目露四白，阵亡。

10. 鼠望猫窥，偷眼观人，贼兵死。

11. 鱼目，多死在兵刑。

12. 眼凸睛黄，眉毛无神，如痴如醉。
13. 山根有破眼睛黄兼命宫陷，罗计竖。
14. 山根、奸门、鼻头、辅角，生黑痣。
15. 羊刃纹生在年寿，主刀枪死。
16. 鼻上有分尸纹、刀剑纹及面肉横生色昏。
17. 准头枯白透青气。
18. 颧破神昏发又刚。
19. 项上有红丝，辅多赤色，难逃刀斧亡身。
20. 形如猪、狗、牛、羊，多兵亡。

（五）车马伤相

1. 天仓、边城、驿马黑，主道路身亡，出外防死亡。
2. 驿马白虹贯额，半路回程。
3. 山林内裹黑暗深，泪堂纹破阴骘。
4. 印堂青色，外出注意车马安全。
5. 眼头下青暗，主三十日内防横祸暴亡。
6. 醉眼神昏而不醒、鼻多生横纹，主车马伤。
7. 鼻部赤，防血光之灾。
8. 山根黑朦如烟，防血光之灾。
9. 唇缩、眼白、心窝毛、眼下网罗。
10. 口角青暗，中正、司空黑气，主车马灾祸。

（六）自缢相

1. 眼眉有交纹鬼昧，气色暗，是悬梁。
2. 喉上赤丝交入口，必主轻生。
3. 喉结处有三纹者，死于自缢（喉结为凸出之喉包）。
4. 井纹生在眼下，死于自缢。
5. 掌中骨井有绳纹，自缢徒。
6. 绳纹或盘旋或S纹现于掌中，主自缢。

（七）雷击相

1. 年上青色连三阳，防雷击。
2. 掌上震宫位乌鹊及青筋云暗，遭雷击。

第十八节　破败相格

1. 头三尖六削，主破耗。
2. 天仓横直纹，主破家。
3. 印准两颧俱暗，必失职破财，家宅不宁。
4. 纹生在印堂直下，主破产（日悬针）。
5. 眉稀眼浮，破财而夭。
6. 眉竖毛带箭，刑克破败。
7. 眉浓黑，破财、粗鲁、多灾。
8. 山根低陷断折，多败祖业。
9. 山根乃根基，有纹即主耗散。
10. 年寿有一陷一缺，或一纹痕主成败一次，有二纹成败二次。
11. 年寿纵横纹理，主家破。
12. 眼下有一痕深陷，直下至地阁，乃一子破家。
13. 眼破缺，家财暗灭。
14. 醉眼：神昏如醉，酒色破财。
15. 金匮黑气似弓，财货失利。
16. 最怕黄眼兼赤脉，一生凶害活无成。
17. 罗纲纹生在眼下，此为造孽所致，一生官讼破败。
18. 扫帚纹生在眼尾，主破败。
19. 耳尖、耳低，破祖业。
20. 耳无垂珠，破财败家。
21. 耳反无轮，祖业如尘。
22. 两耳向前且兜风，破尽资财及祖业。
23. 耳薄向前，卖尽田园。
24. 耳开花，主穷败。
25. 少年耳干暗，主大穷大败。
26. 鼻孤峰独耸，刑破败家。
27. 鼻梁低，破祖离宗。
28. 鼻纹交杂纵横。

29. 准头枯露库财空。
30. 准头黑点蜘蛛（名为破财），主破家亡身。
31. 鼻瘦面肥，半世钱财终耗散。
32. 准头白色，主大破败，防孝服。
33. 鼻头红，耗散家财。
34. 准头赤大忌（古籍云：火烧中堂家败人亡），轻者主损财破败。
35. 鼻孔暗黑，做事难成。
36. 井灶薄而能动，一世休望聚财乃败子。
37. 灶仰撩天，中年败而田园耗散。
38. 只因厨灶两空虚，娶妇之后亡家。
39. 井灶赤，主破财。
40. 破家多为奸门容一指（陷也）。
41. 独颧无面，中年败业；有面无颧，为人少力。
42. 颧上有纹，主大破耗。
43. 颧骨黑色，主家运不遂，失官失权。
44. 两颧黑子，破权、失职、退财。
45. 青入人中。
46. 唇上短。
47. 外斜纹生在口角，有一纹斜下，亦犯破败。
48. 口就食，食不就口，性贪破家。
49. 声破，主做事无成。
50. 面如光油。
51. 满面毛窍如尘垢所腻。
52. 悬壁昏暗，人亡败破。
53. 承浆青，主时运不顺，破败灾厄，合伙不利。
54. 痣生唇下、金匮，皆破败；生地阁，少田宅。
55. 地阁黑，牛马不利。
56. 地阁白，奴仆牛马损伤。
57. 地阁气色青，损伤六畜奴仆直失。
58. 少年无臀凡事不成，田园难守，破祖离家。
59. 体细身轻行不正，片瓦不留。
60. 掌色燥干。

61. 掌青黑色侵离位，有失官之危。

62. 指硬而疏。

63. 人生手短，一生不成器。

64. 脚跟不着地，卖尽田园走他乡。

65. 行路摇摆一生波折多，年老一事无成。

66. 疾言而口常撮，必见破产飘泊。

67. 反身转首，入坐如狗，不端不正，贪薄之相，摇膝财散。

68. 大富同地厚，常似肥猪不得终。

69. 金人火旺，屠散如尘。木主金伤，钱消如雪。

第十九节　劳苦相格

1. 额面、手、足青筋乱生者为蚓蟠，主辛苦不闲。

2. 眉低眼陷，一世辛勤。

3. 准头常赤眼又昏，劳碌虚花不用问。

4. 鼻小为四极，劳作无休歇。

5. 准头带红，必定走西东。

6. 沟洫即人中不宜无髭，若少髭而露者，其人必劳碌。

7. 男女中年须发落，老来最苦。

8. 老不落发主劳碌。

9. 日日劳神，只为浮筋露骨。

10. 时时费力，皆因血暗皮粗。

11. 四肢不端则一身困苦。

12. 皮肤粗涩，又无光润主辛苦。

13. 背上生毛，一生劳苦。

14. 脐小又平，劳苦下贱。

15. 老来无臀，困苦辛勤。

16. 手指节粗枯梗，足背长干，奔走红尘。

17. 腿长胫瘦，当年奔走不停。

18. 贱人足薄主奔波。

19. 以食就口，其人优越感和自卑心特别强；以口就食，其人多劳碌，懦弱。

20. 无事而动每匆忙，终是离宗困顿。

21. 喜时带怒，必是艰辛苦力之人。

22. 马立常将蹄换，一生多主辛勤。

23. 老来反困滞，须连鬓发不分清，上须下唇同困蔽，鼻小孤寒死不宁。

24. 此人多劳碌，眉寒眼大颈缩，面长脚长皮粗枯，骨重眉重鱼尾复。

25. 此人为耕农，上停短弓下停长，眉目粗浓能格老，面上多尘眼中黄。

26. 此人必作工，全凭一掌定其中，梓匠轮舆居下等，掌内稀纹指又秃。

第二十节 贫贱相格

1. 三尖（一曰头尖，二曰鼻尖，三曰嘴尖）。

2. 头先过步；贫困心狠。

3. 行路摇头。

4. 仰首含物。

5. 头大而无角。

6. 头大而无肩。

7. 头大而不称。

8. 头上尖下短。

9. 头小长颈。

10. 头臭。

11. 眉不宜耸而苦寒，声不宜散面如哭，贫贱孤形之相。

12. 眉浓发厚。

13. 眉头交锁。

14. 眉粗眼小不相当，或短不及目。

15. 眉上多横。

16. 痣生眉上、目上、年上。

17. 四渎露。

18. 鼻孔仰露。

19. 目中尘土现。

20. 鱼尾毛纹、鱼尾有梅花。

21. 鼻穴孔大而财不聚，孔仰家无隔宿钱。

22. 鼻短、促、尖、勾、破、缺、偏、曲。

23. 鼻黑点、窄薄。

24. 鼻小、指秃、声弱神短。

25. 人中无髭。

26. 口如吹火开不收。

27. 口垂两角，衣食萧条。

28. 口阔而不正。

29. 尖嘴偷食。

30. 口薄、口小、口偏。

31. 上下不相覆、下唇薄。

32. 唇缺、唇尖、羊唇。

33. 唇如鸡肝。

34. 舌大口小。

35. 开声无韵，男人女声。

36. 声如吠犬鸣羊，破锣之韵。

37. 鼠齿。

38. 舌薄、舌尖、舌白黑。

39. 泪堂深陷，面如橘皮。

40. 面长、长窄。

41. 面细身粗一世贫。

42. 面皮薄。

43. 面如水洗，脸似抹灰。

44. 面白身黑。

45. 面上生瘤。

46. 骨发粗而露，头发厚而蓬。

47. 骨骼削而轻，手指粗而硬。

48. 骨多肉少，肉多骨少。

49. 无骨应斜侧，贫寒体不平。

50. 骨起如柴。

51. 锁喉缩颈。

52. 体细身轻，颈后无肉。
53. 项：一忌结喉，二忌浮筋，三忌露骨，四忌动气。
54. 肩尖、右肩高。
55. 寒相之人肩过颈。
56. 背陷成坑，胸露骨，家无隔宿粮。
57. 背狭偏陷，斜薄洼下。
58. 腹上而短，饭不满碗。
59. 脐小又平。
60. 大人无股。
61. 阴茎耸出，小便直下如篙攒。
62. 龟头大长黑弱。
63. 面垢神暗。
64. 掌干枯，手粗硬。
65. 掌青、掌黄如指土。
66. 膝大腿小为鹤膝。
67. 贱人之足薄而大，虽厚而横。
68. 无脚跟、脚下平如板。
69. 足指短、足心陷、足多骨。
70. 足背浮筋。
71. 行摇头、坐低首、卧开眼、食露牙（名四穷相）。
72. 健步如飞，脚底示人，却是人力车夫之属。
73. 举步轻浮，好似雀跳、蛇行。
74. 走路拖着脚跟走。
75. 毛发焦枯。
76. 无人独语。
77. 梦中乱语，梦中咬牙。
78. 蒙被而卧。
79. 食而啄者主贫穷。
80. 食多淋落；身似浮萍，无痰常吐。
81. 形容粗俗、骨神昏。
82. 气浊、神枯。
83. 形貌如鬼。

第二十一节　心性相格

1. 发细光润，禀性温良。

2. 额纹多，眉心绉，多扰。

3. 眉棱骨高露，主粗暴。

4. 眉高昂，气刚多智。

5. 眉尾飞扬，好高之人。

6. 眉尾低，懦弱。

7. 眉如角弓，性善不雄。

8. 眉粗压眼，心不善。

9. 眉短于目，心性孤独。

10. 眉交而面黑，好酒爱管闲事。

11. 罗计稀疏骨从棱，为人性急又凶连；奸邪壮似垂杨柳，兄弟如仇有旋纹。

12. 心善三阳必光彩，心藏恶毒泪堂深；阴阳失陷，人多毒；心内奸邪，口角青。

13. 视瞻平正，为人刚介心平。

14. 目正则心正。

15. 眼慈则心慈。

16. 目圆大而有神，视不转而有威者，为虎睛，其性必烈。

17. 睛圆小而黄白鸡目，其性急躁，然多淫而无诚信。

18. 神紧而目圆者，气必急而性躁。

19. 上视者，多傲。下视者，心怯。斜视者，必妒。

20. 眼睛转动不定，必有疑虑。

21. 睛黄性多燥急。

22. 看人羞怯，自卑拘谨，缺乏信心，或有心事。

23. 高视阔步，昂首而行，意气扬扬而神色自得者，这人是骄傲自大，目空一切，矜持虚荣。

24. 耳轮廓桃红，性最玲珑。

25. 耳门小，量小识狭。

26. 耳门阔，量大聪明。

27. 鼻主义，收藏聚饮者，吝啬悭鄙之情。

28. 准头为土星，主乎信。若丰大如狮子，截竹筒者，心必善；如鹰嘴者，性多毒。

29. 准大，心怀德行。

30. 鼻窍小而口颇大，猖狂轻燥不尊严。

31. 鼻上横理，忧危不已。

32. 准有肉而心慈。

33. 唇宽而厚，欲望高。

34. 唇过于宽厚，肉欲旺盛。

35. 声清厚广者，安稳之人。

36. 语对人目不对人，狡毒多疑。

37. 齿长大坚定，女贞节，而男亦忠良。

38. 面圆，则善良、平和、忍让。

39. 面小少力，胆量小，有自卑感。

40. 面白无胆。

41. 面青多忧思。

42. 食急性暴、食缓性和。

43. 食时态度从容，眼光端正，这是胸怀坦荡的人。

44. 背厚阔者刚决。

45. 蛤蟆腹者，懒人。

46. 尿直如篙，安能后望。屎如龙蟠，性和而宽。

47. 掌厚指短，鼻窍圆收，四渎小而不溢，必吝啬。

48. 指甲白点日甲花，主人心有邪。

49. 独坐而两手交胸和两脚叠罗的人，性非常倔犟。

50. 手纹浅志亦浅。纹深志亦深。纹乱心多乱。无纹心必愚。

51. 行步不平正，如风摆柳，乃蛇行雀跃之相，主心险恶。

52. 牛行性直，马行猛烈人。

53. 脸型似牛的人，动作虽迟钝，但耐性较强。像狮脸的人，性格暴躁，是属于危险型的人物。

54. 凡与谋为，唯冷笑而不言情由者，其人机谋必深而难测，心量必重而不轻也。

55. 怒时反笑，定主刻厉坚狠之性。

56. 睡时开眼，显示心境欠宁静，或甚至烦躁不安。

57. 胸堂上生毫者，其性偏急。

58. 遍体生毛性急刚。

59. 肉不宜横，否则性刚而倾。

60. 瘦人血白，主心狠。肥人血红，主人慈。

61. 此人性急促：七窍俱小容不得，颧高筋现难吃亏，小事情易遭性癖。

62. 此人性宽大：印广，额润，鼻孔宽，耳窍，口棱，面恢阔，黄光满面，眼眶长。

63. 此人好浪荡：眉毛散弓，额多纹，耳无弦棱，鼻露窍，指秃神昏，不顾家。

第二十二节　音信相格

双眉尾为文书宫，问音信必看双眉尾。父问子信，宜眉尾明；子求父来书，宜眉尾红；妻问夫信，宜眉尾白，夫问妻，宜白黄俱利。若文书发动，即有信至。

1. 山林、驿马黄如笔锋，主十日内吉信到达。

2. 边地赤如圆珠，主有远方凶信。

3. 驿马、准头黑气如草根，远地凶信到达。

4. 辅角润青，主行人隔月可回，有音信。

5. 印堂红润，远地吉信到达。

6. 官禄宫黄气，主有功名，或考试及第，求官求职佳音到达。

7. 眉尾为书信宫，不动不能音讯。

8. 眉气色黄明，入华盖，喜信至。

9. 眉痒，远信至。

10. 山根、年上黄气，远地吉信到达。

11. 禾仓在颧下，又主喜信至。移动，若带紫点尤速。

12. 兰台见紫，贵客临门。

13. 金匮白润，远地吉信到达。

14. 归来在白，远地凶信到达。

第二十三节　才艺过人相格

1. 眉尾纤细，伎俩之才。

2. 眼黑大而光明，多才多艺。

3. 眼大不浮露，多工艺业。

4. 鼻柱广长，必多伎俩。

5. 漆面银牙，技艺多能广举。

6. 手纤细多伎俩之才。

7. 手背食指之本亦谓之明堂，有异纹黑子者，生才艺高贵。

8. 此人多技艺，毛眉纤细、眼光透、鼻长、面长、眼睫长，手软如绵，颧有势。

第二十四节　好色奸淫相格

好色奸淫相，即性机能异于常人，好色贪淫。凡男性具有下列相理特征二项者即验。女性应以好淫妇相格论断。

1. 男发重，主好色。

2. 男卷发，主贪淫好色。

3. 发多血旺，贪淫。眉粗浓而不见底，应知血旺贪淫。

4. 眉垂如丝，贪淫无子。

5. 眉毛如乱草，好色贪淫。

6. 眉细似柳，风流多情。

7. 眼堂丰厚，贪淫。

8. 眼光流而视急，目光浮露定贪淫。

9. 眼湿，神流波泛，好色贪淫。

10. 眼光水汪汪而含笑，乃桃红，淫欲旺盛。

11. 眼斜，好色多淫。

12. 目凸暴流视者，淫盗。

13. 目戏语结，好色无穷。

14. 卧蚕色暗，必须寡欲。
15. 耳薄白、血枯，定是淫好旺，房事过多。
16. 准头垂肉，贪淫不足。
17. 粪门乱毛，由膀胱气盛而生，必多淫欲。
18. 此人必好嫖：眼肉光浮面带油，姣艳桃花堆满面，唇红齿白妓迷头。
19. 此人淫不正：面皮青薄眼不定，行动轻飘脚无根，含笑频频掩口吻。
20. 此妇做淫媒：脚长身动语偏轻，手摇足摆头多转，眼色斜窥笑后声。
21. 奸门乱纹。
22. 人中深长、广阔。
23. 男带女色。
24. 男生女眉。
25. 鸡无弦。
26. 白睛露光。
27. 眼水成波泛滥。
28. 眼带桃花。
29. 眉毛金黄。
30. 鱼尾纹交。
31. 鱼尾纹处有黑痣。

第二十五节　官司相格

1. 是非多因赤色，官事只为青光。
2. 天庭、中正青，主忧疑公讼。
3. 天庭、天仓、边城、驿马赤色，十日内有官司。
4. 驿马山林烟朦，防因牵连而罹官非。
5. 满额绛霞应有讼。
6. 印堂赤色如丝在命宫，或起点如麻，主讼重囚禁。
7. 印堂青暗、印堂枯白，有讼事。
8. 眉忽红色，三七日内口舌官讼。
9. 眼下黑色而争讼，黑如油抹人命多伤。
10. 眼赤丝侵瞳，官讼重重。

11. 鱼尾青色、年寿赤色，防奸事败露而招官司。
12. 年上、寿上青黑，防官司。
13. 两耳命门赤。
14. 鼻部赤。
15. 鼻部连准头黑矇。
16. 准头赤色如散麻点，呈现青筋青气。
17. 鼻翼赤，防是非官司。
18. 两颧黑黄。
19. 满面火色、天庭赤气，官非难逃。
20. 冬季满面黑气朦朦，二十八日内防官司。
21. 地阁黑云，秋怕讼诉。
22. 承浆黑矇。
23. 五岳青黑，官司讼诉。
24. 天中黄润透红紫，主当年官司胜诉。
25. 山根丰隆贯顶，水星红润而朝，纵有官非不能为害（水星乃口）。
26. 官司胜诉，必须目有神采，下库光明。
27. 地库明，主见官得喜。
28. 下停明还见有救星。
29. 见官青暗黑赤俱不利，只宜黄白为喜色。

第二十六节　牢狱相格

1. 天中赤色，九十日内受刑。
2. 天中青气直下入口破译号牢狱之灾。
3. 天中左右黑色。
4. 中正青色。
5. 天庭黑如尘朦。
6. 额暗、额青，多招牢狱。
7. 山根白枯黑渗透蓝青。
8. 印堂两侧黑朦。
9. 印堂白色赤色同至，受极刑。

10. 眉毛粗压，眼睛昏花，定遭牢狱之患。

11. 眉黄眼暗，非死入狱。

12. 眉下连眉尾，天仓黑朦，冬季防牢狱。

13. 目圆大，神光露，心怀凶狠，讼狱堪忧。

14. 右眼头下青暗。

15. 刑狱赤，主防徒刑牢狱之灾（刑狱位于印堂两旁接近眉头处）。

16. 刑狱烟朦，主即将入狱服刑之兆。

17. 年上黑雾应天狱，定见官。

18. 准头黑，停官疾枷锁牢狱至死，二三七应。

19. 准头火焰、准头人中青黑。

20. 见官不宜年寿井灶赤色，及边城青，若犯一件必有刑险。

21. 颧骨青色，牢狱之灾，用人不忠，作保不利。

22. 两颧青黑兼蓝。

23. 面色如醉未醒。

24. 法令赤色如筋。

25. 春季左颧白色。

26. 地阁黑水厄牢狱。

27. 承浆连地阁黑朦。

28. 春天现白色，乃金克木，主牢狱。

29. 总论赤色一到，牢狱，重灾。

30. 印堂紫气直上中正天庭，主七日内可获减刑大赦假释，或无罪判决。

第二十七节　兄弟关系相格

双眉为兄弟宫，主兄弟间的相处关系及兄弟健康、财产的变动情形。气色光润，主兄弟相处和睦进财喜庆；呈赤色，主兄弟不睦；呈白色，主兄弟孝服争斗；呈黑色，主兄弟刑克猜疑。

1. 眉与目齐，兄弟一二个。

2. 眉型微见弯，兄弟有二三。

3. 眉毛生过目，兄弟有五六。

4. 眉秀型带直，兄弟本六七。

5. 眉如扫帚，兄弟八九。

6. 眉毛异样，兄弟异娘。

7. 眉中断路，兄弟远去。

8. 眉毛乱生，兄弟无情。

9. 眉毛旋毛，兄弟同胞。

10. 眉尾开叉，必是老大，兄弟异家。

11. 眉头交错，兄弟各屋。

12. 二眉散乱，须忧聚散不常。

13. 眉锁印堂，感情疏空。

14. 眉如斗鸡，兄弟克刑。

15. 无眉骨高，老孤无兄弟。

16. 眉浓顺如一字，兄弟和百事顺。

17. 有眉无颧，兄弟无欢。有颧无眉，兄弟东西。

18. 兄弟分家是祸是福，眉心气色可以定夺。

19. 有颧无印，兄弟不亲。

20. 青气侵颧，兄弟唇舌。

21. 右颧命门枯黄，秋季满面黑色，防兄弟孝服。

22. 准头上有一点白光，兄弟姐妹孝服。

23. 面上腮骨不起，兄弟散离；腮骨太露，兄弟相苦；横纹破颧，刑伤兄弟；瘢痕占颧，兄弟痼疾。

24. 掌上第四指长者，兄弟不亲；弯曲偏伤者，兄弟如仇，第二指与第四指相称者，兄友弟恭；第四指比第二批较短者，贪夺祖业。

第二十八节　僧道相格

1. 无论僧道，顶突出圆必住名境。

2. 鬓发浓重奇异，既为道貌。

3. 广额秀眉文章道士。

4. 天地朝拱，固常人官禄之形，在僧道亦犹是也（天地即额与颏）。

5. 眉平而秀，目直而朗，即为僧相；更若骨法清古，是尊贵之者。

6. 眉目疏秀，固常人近贵得财之相，僧道亦然。

7. 眼神清如岩电，骨格秀为僧道者，必称师号。

8. 重颐碧眼富贵高僧（重颐主富，碧眼主性慧）。

9. 山林骨起，终作神仙。山林在郊外发际之间，有骨高起者，以其贵在日月角天庭之外，故只作神仙而已。

10. 准头色如镜光，冬夏不绝，二五年必遇仙。

11. 僧道形貌浅者愚鲁，骨清秀者富贵。骨粗形俗，其人老困山林。

12. 鹤形龟息，洞宾之遇仙得仙（鹤形清奇，龟息异常。吕洞宾有此相，至庐山遇钟离真人，一梦黄粱而得仙道）。

13. 貌异神珠，此辈远超云路。形貌秀异者，修行道人不到。

14. 腹背丰满，鼻头准直齐，皆富相也，僧道亦然。

15. 此人必登仙，山林骨起鼻准巅，两眼碧光如宝镜，婆心一片自无为。

16. 此仙集凡尘，方瞳润额貌无悉，手上稀纹头骨耸，神气潇洒色黄明。

17. 此人必作佛，两眉八字如菩萨，头骨丰圆眼又慈，寒中若带罗汉杀。

18. 此人必作鬼，满面暗黑如燥屎，阴骘无光险事多，定作饿鬼地狱元。

19. 此人必为神，阴骘堂光头顶丰，腰直胸平背不折，定为神气入天中。

第二十九节　财运相格

（一）进财相

1. 天仓、边城、驿马、山林、发际黄明，主财喜。

2. 驿马左右皆隐隐浮黄红丝，有奔驰之财。

3. 驿马已动宜求财，困守反而招病灾。

4. 骨从脑后横生，发财且增长故寿。

5. 三台宫俱有黄光，名成利遂。

6. 三光明旺，财自天来。

7. 印堂黄明透紫光乃阴骘色现，财源大发。

8. 双眉盖目眼长缝，有重大财喜。

9. 眉上黄明，黄似土酥，财帛度聚。

10. 眉内有红润之色，主官财两旺。

11. 合伙求财，眉尾要明。

12. 眼慈者轻财，财不聚而不缺。
13. 眼胞上下印准亦红黄，通主进财。
14. 眼短眉长，必多钱粮。
15. 耳高眉二寸，永不贫困。
16. 耳贴肉、垂珠红润，财禄亨通。
17. 虎耳白中闪红，虚惊财进。
18. 痣生耳珠、山林，大财。
19. 命门黄红紫气色，财利通达。
20. 鼻是财星，年寿是戊己土位，万物生成之地，要黄明润者有财进。
21. 鼻上红黄，天中司空黄绕进财。
22. 山根高起，年寿平明，财丰禄足。
23. 山根不紫莫望田苗，夏收须看山根，秋收要看井灶，杂谷须看三阳。
24. 准头圆满，终身财裕。
25. 准头黄气旋绕、黄白光亮，主正财偏财俱旺。
26. 准头明润，年寿有光明气，必发大财。
27. 鼻准鼻翼为财帛宫，主钱财之变动。
28. 法令黄气，金匮黄如东轮。
29. 满面常常红黄之色，发财安康。
30. 红黄现于诸部，财源滚滚而来。
31. 中停长，财禄丰盈。
32. 地阁朝天、仓库丰、两窍不露、颧准配。
33. 地阁方圆，光明圆润，必主钱财堆积。
34. 建筑土木，求财要看地库色明。
35. 承浆润红气色，财星高照。
36. 部位好又须应气色好为配，无人不发。
37. 项内发肉拳螺，主大发财。
38. 腰生叠肉，发财延年。
39. 胸窝之处结肉镜，名曰万事足，主得财。
40. 掌上红黄，财贯来忙。
41. 掌心血润、掌中紫色，财禄兼至。
42. 指柔而密，财名运不歇。
43. 指掌红润，财利丰盈。
44. 足心有肉，堆金积玉。

45. 足下有纹如花树或有纹如剪刀，藏金巨万。

46. 行不动身，积财有寿。

47. 痣在阳物上，因贫得财。

48. 土形人，又地得局之正，富财满仓。

49. 人瘦取木形之格，木若有神，财必大发。

50. 鼻子及两边有黄色，入金匮，必得大财。

51. 天中出黄色如楼阙，不出三年必显大富贵。

52. 气足血肉明，四库新开嫩黄微紫，大发财（两天仓两地库为四库）。曾文正公说："发财看精神。"这是一句至理名言。凡是干劲冲天的人，做什么都能致富。但必须有恒心，方有成功之日。

（二）意外横财相

1. 鼻柱横拖柳叶黄，钱财横发。
2. 鼻准头黄点如蜡，意外横财。
3. 两颧丰圆色泽光彩，无纹冲，无痣缠。
4. 颧骨直插天仓，易发横财。
5. 两颧丰圆高耸，佐鼻势，大发横财。
6. 指缝纹不溢，偏财多得。

（三）因妻得财相

1. 颧插天仓，准头丰满，主得妻财。
2. 印堂紫气如蚕，多得妻财。
3. 妻位在鼻梁柱丰隆直贯印位，得妻发财。
4. 鼻准丰隆圆润光彩，娶妻能获外家财。
5. 奸门饱满如镜，因妻致富。
6. 准头鱼尾明润，得妻发大财。
7. 两颧丰圆直透天仓、面圆如满月，得妻财。
8. 须生项下，多得外家财产。
9. 龟头小白，招妻多能贤德致富。

（四）观财帛宫论财运

上停在天仓：宜满，宜圆；忌天仓陷，忌纹冲、忌发闭，忌缺陷。

中停在鼻及颧：忌破颧，忌龙宫冲，忌眼露，忌山根无气贯，忌戊已土骨露，忌金甲二匮削薄，忌井灶大露孔，忌眉不盖目，忌须过命门，忌缺当门齿，忌面红，忌准红。

下停在地库：宜地阁朝，宜口细润，宜不缺当门牙，宜须乌润清疏，宜两颧丰满，重颐贪；忌无地阁，忌口角反，忌须困口，忌陂池鹅鸭陷，忌口小、口薄、口黑，忌须密、锁喉、须开燕尾，须开叉。上等人身事事发，中等人身发财，下等人身虽发不见财。

（五）破财相

1. 天庭黑如尘朦、天仓边地黑，应防破财。
2. 福堂连边城赤色，防因小人破财。
3. 额现黑色，防损财破财。
4. 发眉无光，眼无杀，金甲纹冲，招盗贼。
5. 印准有晦暗气，必主盗损财。
6. 耳珠暗黑、枯白中现青气，损财。
7. 眼胞浮，天命破财。
8. 眼上下黑朦、暗雾障眼，财官俱失。
9. 奸门青眼圈暗。
10. 年寿青气成条状、寿上青暗。
11. 山根青气、山根黑朦。
12. 鼻孔露耗财（孔小吝惜）。
13. 鼻翼黑朦准头赤，破财。
14. 准头火焰、准头井灶赤，大破财。
15. 鼻翼青气、准头黑。
16. 两面青蓝、两颧黑朦，被偷盗。
17. 人中青气。
18. 口角腮部赤，口唇紫黑。
19. 唇薄动者，多奸不聚财。
20. 法令赤色、青气、暗色。
21. 下停一部干燥，有赤黑气纹为大耗。
22. 满面青暗、黑乌、黄晦。
23. 面小眼大，有财多劫。
24. 地阁黑朦、地库青黑枯白，大破财。
25. 肥人颈长，财亦倾。

26. 身大手小，一生不聚财。

27. 掌色青暗、掌色干燥，财帛有劫。

28. 指甲色暗，主官财不顺。

29. 精神忧色性急，财欠旺。

30. 秋季满面火红，三十日内防破财。

31. 奸门现赤色，不失财，则被捉奸。

（六）横财偏财相

横财与偏财不同。横财金额较大，偏财金额较小；横财可遇不可求，偏财机会比较多。凡具有下述相理特征二项者即验。男女同论。

1. 兰廷横行。凡鼻脚横生，准丰有肉，偏财十有九稳。

2. 地库黑子。凡左地库有黑子黑痣一点，定应偏财一次。

3. 虎耳骨起。凡天仓横阔或地库横阔，多应横财。

4. 指节如鸡卵，易得横财。

5. 三光明朗，财自天来。

6. 准头黄如柳叶。

7. 面起重城。

8. 虎耳白中闪红，横财进库。

9. 山根两旁有黄润气色拖曳于两颧上下，主有大横财。

10. 地库横满，须连虎耳，且黄光此位现，可得横财千万。

第三十节　口舌是非相格

1. 天仓、奸门青气，异性口舌，夫妻争斗。

2. 中正赤色、驿马赤色、五岳青黑。

3. 夏天额黑。

4. 额部青暗。

5. 日月角青，父母忧疑口舌相伤。

6. 印堂青，主口舌牵连。

7. 眉微青，妇人口舌。

8. 置产要看山根，迁移，山根赤暗，主招口舌是非。

9. 眉生黑子，招阴人口舌。

10. 眼下青黑，口舌破耗。

11. 两眼下及年寿白点如梅花，父母兄弟争斗口舌。

12. 鱼尾奸门位青，夫妇口舌。

13. 命门青气，应避免与异性争斗。

14. 鼻翼赤筋口角白气，必多是非。

15. 轻薄口唇，惯说他人。

16. 口上下各偏棱角薄，出言诽谤多。

17. 不笑而齿龈常露者，好谈人过，与众不和。

18. 法令陂池鹅鸭带枯白，法令青黑。

19. 面色最忌红。

20. 承浆赤色横扫。

21. 地阁黑色，防服药口舌之祸。

22. 地阁赤，主奴仆口舌。

23. 赤色主是非口舌，发于何宫，主因何事。

24. 春天红（赤）色现相生，先口舌后见财。

第三十一节　兴败男子相格

一、兴发男子相

1. 头圆额广，必是兴家郎。

2. 天庭平阔子孙昌。

3. 要生贵子，还须枕骨双峰（后脑骨起）。

4. 印堂广，双眉成彩，兴家助国之人。

5. 四库丰，耳轮正荣，公显父之男。

6. 眉如新月，准头有肉，奸门饱满，无瑕无纹，唇红齿白，定主多情相爱。

7. 两颧光润圆满，颧骨侵天府。

8. 山根左右为妻座，山根不断得妻多贤。

9. 鼻梁圆而贯印堂者，此人主得美貌之妻。

10. 自来发迹，皆因土厚颧高（土乃鼻）。

11. 奸门黄红紫气色，主夫妻恩爱，婚事发动，与异性交往得利。

12. 何知配偶多恩爱，奸门红润口唇艳。

13. 少男婚事能成，妻宫定然明润。

14. 惧内之相：眉毛婆娑下，须拂右，两颐侵颧，雌雄眼，两颧低，眉压目。

15. 男眼左小，怕妻。

16. 此人得贤妻：鼻梁丰起山根齐，天仓满起颧平耸，唇红齿白定相携。

17. 唇白而艳，招贵妾。

18. 唇红齿白梁柱成，奸门满，主夫妻有缘。

19. 齿齐唇厚，孝义之人。

20. 地阁丰圆田地盛。

21. 边城丰隆，下颏圆润，末年必有成立之男。

22. 乳上生毫（三根者好）必生贵子。若毛如草乱多者，无子之相也。

23. 痣上生双毫，主生贵子。

24. 老来封赠，须观背厚腰丰。

25. 背如圆物腹似垂箕，得子发贵能享子福。

26. 食子天恩，定是皮和血润。

27. 口正唇齐准又丰，三阳润色印堂红。颜和语软神舒畅，价高名重也所宗。

28. 成家子腮圆肉厚。

29. 面方面丰颐大而阔者，富家之子。

30. 足下有纹大旺子孙。卧蚕鱼尾暗，老来无妻。

二、衰败男子相

1. 悬针破印，妻子两刑。

2. 眉交眼陷山根断，乃是人间破败儿。

3. 眉眼口鼻促聚，是锱铢必计斗筲。

4. 目上太阳有青色，目下少男有红点，常与妻斗。或年寿有赤色如豆者亦然。

5. 眼有三角，狼毒孤刑。

6. 奸门低陷，常作新郎。

7. 奸门有十字纹者，主打妻。

8. 败子反耳蹙眉。

9. 颧骨杀声又嘶，喜怒无常。眼带泪卧蚕鱼尾暗，到老无妻。

10. 招妻破财，只因厨灶两空。

11. 咬牙切齿，弩目摇头，坏伦之子，且是下愚。

12. 声低身小须知自是破家儿。

13. 面大鼻小刑妻不了。

14. 颈上骨粗暴戾，眼突睛红眉骨高，好报不平兼自恃。

15. 男儿腰细，难主家财。

16. 男人脐浅，无衣禄。

17. 择其精而食之，其人多偏执，不能吃苦耐劳。在交友方面，男性永远只有几个老朋友；女性则是喜新厌旧，感情不专。

18. 食时国国作声，肩膀横张，这是自私，只顾自己不顾他人的人。

19. 龟头偏者主不贤。

20. 龟头黑色子早，白色子迟。

21. 玉茎如火暖生贵子，如冰冷者主子少。

22. 足脚跟削小主后代不如，若血红润方可。

23. 有财不聚无他事，只因井灶有长枪。鼻孔出一长毛为长枪也。

24. 眉散财难聚，鼻仰财易空。

25. 坐立摇足财易散，口常叹气主多蹇。

26. 鼻大无肉灶门开，两颧低小不住财。

27. 掌虽润，但鼻缺，财去财来。

28. 鼻瘦面肥，半世钱财多散。

29. 法令破兰台，一生不聚财。

30. 井灶薄而能动，一生休望聚财。

31. 脚背无肉，何曾剩得一钱。

32. 山根断折运多虚，祖业妻儿恐不如。

33. 年寿有一纹一痕或一陷一凸一缺，主失败一次，多者屡次失败。

34. 额广眼陷，或颧朝鼻而眉压目，或额低而眼秀，或额削颔丰，均主有成有败。

35. 印堂、准头、地阁为面相三主，破缺者，主事业多败。

第三十二节　兴败妇女相格

一、贤妻相

1. 印庭火土常明，相夫登第。

2. 女人印润、眉清，出嫁旺夫益子。

3. 凤形面圆长上下配眉弓乃良女。

4. 目细秀、项圆长、肩背平，女乃真贵。

5. 女眼右小，惧夫。

6. 日月明，阴骘现，必产麟儿（日月明即日月角明亮皎洁；阴骘现即眼下子女宫有阴骘纹或气色黄润透紫者，主生贵子）。

7. 女子夫星在鼻：宜丰隆、端正、不偏、不倚、色明润、不起节，便是旺夫。

8. 财星在六府：宜丰满、润泽、无冲、无瑕，便是旺财。

9. 金甲二匮在鼻窍两傍，若丰腴黄色光明者，必旺家门。

10. 助夫婿兴家，只为声清气和。

11. 面色满月，家道兴隆。唇若红莲，衣食丰足。

12. 尖细之手女子必善持家。

13. 皮肤香细，乃富室之女娘。面貌端严，必豪门之德妇。

14. 妇何须择美容，肩圆背厚寿如松。

15. 身体肥泽而不虚浮，貌称女形者主荣贵。

16. 当家妇，背平腰润。

17. 妇人重德：不媚、不轻、有雄、不躁。

18. 知耻慎重，不多言，寡欲而清健。

19. 发润德之润身也。

20. 女以血气荣华：面如莹主，何悉不产麒麟。兴家之妇，定是三停得配。享福之人，必然额正眉清。岂有准圆孀妇，那见猕嘴贵人。要配贵夫，身香体正。

21. 妇人旺夫益子之相：面如满月，鼻正而丰，眉清目秀，唇红齿白，龙宫光满不暗不冲，面如冠玉，声清神静，坐立行动端正不倚，所谓有威、有媚、有态，得纯和之气者。

二、不良女相

1. 额尖耳反，虽三嫁未休。
2. 常皱眉，不旺夫。
3. 妻夺权双眉压目，颐侵颧。
4. 女人眼深青暗，不敬公婆，不睦邻里，多乱多贪，不出好子不得成家。
5. 红眼金睛不认六亲。
6. 颧露声雄，纵七夫之未了。
7. 女人下唇包上，一生口舌到老；上唇包下为雷公嘴，主无子而不又贤。
8. 口常冷笑，眼深斜视，面皮青薄，法令深现，言语吞吐，乍若惊疑。
9. 脐小，腰偏，腹小皮薄急。
10. 桃柳之姿，即发即败。

三、生好子女的女相

1. 女人头圆，主生好子。
2. 印平唇厚貌丑，必产奇英小儿。
3. 眉满上下泪堂润，必多子。
4. 两眉垂下多生女，两眼尖长生贵男。
5. 卧蚕厚而光润多，生子定有五六。
6. 奸门不陷，多子且贤。
7. 阴阳明润，男女易养而聪明（两眼也）。
8. 眼下有肉如卧蚕而紫色，必生贵子（为子嗣宫）。
9. 光彩眼中藏秀，必产佳儿。
10. 三阳火旺，必主诞男。三阴木多，定须生女。
11. 目下乱理纹，女人多子孙。
12. 泪堂平满，须儿郎之早见。
13. 泪堂黄红紫气色，如分娩必产麟儿。
14. 鼻隆凤目眉勾额，养子须当拜圣君。
15. 鼻两黑子是双生。

16. 人中深，龙宫满，两乳多珠，脐深拦，额上无纹，天仓胖，必生好子。

17. 乳头朝上养子必成。

18. 欲产华侨秀，还看脐深腹垂。

19. 脐内生毫生子必秀，腹皮宽大必有五子。

20. 脐仰者，子早而心无灾。

21. 女子脐浅，决不出子，所以妇人有脐深一分者，主得一子，深半分者得五子。

22. 女人掌上有纹深，方言有子。

23. 神带桃花得儿晚。

24. 娠妊沟洫带青，双生可验。孕妇眼眶上下青黄，人中亦青黄必双生（沟洫即人中）。

25. 临盆只看掌心，暗黑母子难全。

26. 孕妇准头发火，产厄难逃。

四、少子女的女相

1. 龙宫低陷而色暗者，子息不易得，纵得亦愚而不肖。

2. 眼盖陷且乌，难言子嗣。

3. 鼻有纵理纹，养他人子。

4. 两颧黑陷又带破，子嗣得而难全。

5. 人中偏枯兼窄狭，子孙无分守孤穷。

6. 人中上狭下广者，多子孙；上广下狭者，少儿息。

7. 口如吹火家无子，面上三纹有义儿。

8. 法令太深主无子嗣；法令逼于水星位者亦然。

9. 乳黑大为妙，不者子少。

10. 乳毛少，主子嗣足。

11. 腹小、脐小、腰偏，少子女。

12. 肥人无臀，有妻无子。

女子四德七贤：平素不与人争竞，苦难中无怨言，节饮食，能尊敬，此为四德，主有贵子之荣。行步端正，面圆体厚，五官俱正，三才相配，不泛言语，容貌严整，坐眼俱正，此名七贤，主夫明子秀。

女子十要：一要头项平，二要耳硬，三要眉高，四要颧隐圆，五要睛清，六要唇红，七要齿厚，八要腰圆，九要指长，十要发黑润。

女子十清：声音响先小后大为一清。古人云："贵人声音出丹田，气实喉宽响又坚。"又云："木声高唱，火声焦和润，金身福寿绕。"身上毛发宜细软为二清。发毛即如山林，欲润而清，软而细。齿如玉为三清。书云："耳白过面，翰野闻名。"又云："耳白唇红兼眼秀，何愁金榜不题名。"发润眉黑为六清。鬓发过命门为七清。脐深为十清。

女子十美：美何说掌软如绵兼目秀，自能将拳入口中为一美，主二品之格。一身之肉如玉珠为二美，主三品主格。凡瘦头圆为三美，然不过小贵耳。后肉起为四美，主富贵。阴囊香汁，润色长明为五美，主大贵超群。身黑面黑而掌心白，乃阴内生阳为六美，文武职大显。睛清唇红为七美，主武职。人小声清为八美。目有夜光为九美。十八生须，清秀者为十美，早登科甲。

凡妇安庄、恭敬为严，形体端正为威。做事周正，令人一见皆有惧色。坐立不偏，语言不泛，胸襟宽大，温和颜貌，闻乐不喜，闻难不忧，乃尘中之贵妇，可以受子之封。

第三十三节　运气相格

一、好运相

1. 驿马光明，眉心白润，得贵人相提携。
2. 谒贵看印堂，近贵看龙宫。
3. 印堂光明如镜，名利应在眼前。
4. 明堂一点光生，云开见日。
5. 若人久困，双眼忽然神足，大遇一贵。
6. 如人久困，准头一明，又印堂一开，运来也。
7. 眼尾下指，脾气好，乐天人喜，能乘好运。
8. 眼光而润，万事称心。
9. 耳、颧、印、准莹润，前程似锦。
10. 耳高照颧，少运亨通。
11. 双耳色白、色黄、色红、润明，聪慧早发。

12. 耳黄润白润透紫光，百事大吉。
13. 年寿明润，时运顺遂。
14. 准头圆肥，肉坚光润，家运隆昌。
15. 准头至山根黄红光彩，求谋遂意。
16. 鼻高、颧拱，多人帮助。
17. 甲匮两旁黄润，时运亨通。
18. 购物要看井灶，准头润明，必有一得。
19. 颧臃、胸挺、头仰，百事遂意。
20. 二颧喷火，正值盛运。
21. 颧高、鼻丰、地阁朝，中年亨通到老。
22. 颧骨黄红紫色，家运隆昌。
23. 口开大合小，大运亨通。
24. 口鲜红色现于上下唇，主大运通达。
25. 声音响，士农工商声亮必成。
26. 地阁红润，进奴仆。
27. 面方肩阔，万事亨。
28. 红黄满面气宇轩昂，万事亨通。
29. 须清鬓秀，必得贵人之力。
30. 胸阔而长，财易积。
31. 神强、色旺、五官丰。
32. 面有神光，利名多遂。
33. 神焰、气焰、瘦有精神，终必发达。
34. 掌心明润黄嫩，财喜重重。
35. 掌心带血点，时运顺遂。
36. 指上光润，财运将通。
37. 走路不快不慢，直走如流水，不徘徊瞻顾，必处在好运中。
38. 行动端庄福禄从。

二、败运相

1. 头大身小，初亨终困。
2. 头肉紧皮绷，运迍。
3. 天庭不扬，功名须有亦滞。

4. 天仓凹，运不旺，稍陷不忌。
5. 发低额窄，少前程。
6. 日月角枯白惨色，霉运透顶。
7. 天庭黑气蒙蒙，不宜进货。
8. 印陷（无印绶，无大权，且当官多不平稳）。
9. 印堂青黄，百事欠顺。
10. 眉尾开花，无运蹇滞。
11. 眉浓稠密，为虎眉，主一生少快。
12. 眉心黑色，兄弟姊妹朋友不祥之事。
13. 眉头即辅角也，气表黑，文书必迟滞。
14. 眉尾开花、浓密、散乱，间断、运蹇。
15. 眉眼相连、眉蹙印堂，一生少顺。
16. 眉头纹破，迍邅常有。
17. 耳暗、耳低，大运必迟。
18. 双耳黑色，主身久困家运欠佳。
19. 年寿与准头气色不一致，求谋不遂。
20. 准头青，乃木克土，百不称意。
21. 鼻多生黑子，运蹇。
22. 颧流、纹冲颧、纹破颧，无权，即发即丧。
23. 口上生纹，有约无成。
24. 声浊，谋运不发。
25. 嚼在舌头，一生寒苦。
26. 食时哽咽，作沃之声，蹇滞。
27. 语断多滞。
28. 须困禄堂运滞（即口）。
29. 须密声粗、眼大粗寒，则主丐无疑。
30. 有背无腰，初发后贫。
31. 瘦人无臀，多学少成，一生无运。
32. 掌白不润，时运不通。
33. 掌天地人纹垢暗，事业不顺，健康欠佳。
34. 指上色暗，时运仍滞。
35. 足满而平者，迍邅。
36. 鬼色者，气表黑而多暗也。面有鬼色者，贫愁日至。

37. 血不华色，少遂多迍。

38. 神滞，八年迍遭。

39. 气滞，五年迍遭。

40. 失者乃交败运之说，预防可免一半。如人气色好也发财，若到部位不足之处必失矣。眉眼清，山根陷，须防四十外失。天庭高乃父兄之运，若眉眼不如，三旬则失位破家。如土星好，木星不好，兼仓库削，六九前大忌有亏。至于何时转遭穷困者，皆因卧蚕黑暗共唇青。

三、老运好相

老运不拘富贵，俱要皮土为主。老来皮土润，血色足，日后还有晚景，必当大旺；老来皮土乾，血色衰，为官退位。老以血气为荣华。

1. 头皮和润，须发滋润，眉紧鼻端平，耳须耸又明。

2. 边城与天庭、山林、郊外，俱高耸而起者，主晚年荣运食禄之相也。

3. 明珠出海，太公八十而遇文王即两耳珠朝口。

4. 老来耳白，子贵；唇紫，子贵；老来房事多，有寿，子贵。

5. 鼻如缩囊，到老吉昌。

6. 颧起鼻高颐双丰，晚岁更多钱益。

7. 老年行下停运：定必口如丹赤、口大唇厚、舌大红厚、牙齿齐全、须如丝软、髭上不闭口、不困颈喉、疏幼软滑、光润有索、地阁朝元、双珠朝海、声如洪钟、腰健如松，是以仍主晚贵。

8. 地阁光明莹净黄润，老运亨通。

9. 老人驼背（是骨头本身发生变化而造成的驼背。这是由于脊椎发生老人性萎缩，故老人行路头垂背屈，逶迤不前，谓之龙钟）。

10. 得意中面容凄惨，先富后贫。

11. 遭窘时言貌温和，先贫后富。

12. 欲知老年破败，须观地阁头皮。欲知子息荣华，还看乳头脐腹。此数件可定老运矣。

四、老运欠佳相

1. 头皮枯、发须枯乱、项皮枯干。

2. 鬓发浊乱如织毯（其子性懒，纵然财富，后必主贫穷）。

3. 赤鼻，是晚年走老运的孤独相。

4. 沟洫纹，沟洫有纹。老无结果（沟洫即人中）。

5. 上唇无髭，老来不得子力。

6. 地阁青色，用人不忠，老运欠佳。

7. 乳朝下，肚皮薄，脐浅，老年必有破败之见。

8. 一生无运因一面失局：星辰不匀，部位不停，以致一生劳苦，无半日安闲。老来若神定血旺，不在相上。凡老运只看皮色气血，若神血气俱好，虽无运亦好。若皮一枯，则死期至矣。

第三十四节　官职升降相格

一、升官相

迁移宫：天仓、山林、边城、驿马，发际为迁移宫，主时运环境变迁之顺逆。各处气色黄明红润主遇贵人见财喜，求职求官考试竞选顺利，创业可成，旅行平安，万事动则有利，愈动愈吉。

1. 黄气喜色也，高广、边城。若黄气见者，必迁官不久，庶人有此气者亦主喜庆（高广即额）。

2. 天中有黄白圆光如钱，发从高广兼三台，有黄喜气，七旬必封拜。得紫气，必面君。

3. 紫气点点如豆、如月，或丝路，如玉文。上边天中下贯准头，并正面边驿诸部者，主封拜财禄士人登科，宜东南西方不宜北方。

4. 天庭、中正位黄红，升官得名。

5. 中正直下，司空色好，连官转职。

6. 求升迁宜五岳有紫气，天庭有黄明色。

7. 日月角、龙虎角，常有黄色不散，三年内出将入相。

8. 官吏升迁定要红绕命宫紫透眉尾（命宫即印堂）。

9. 颧颐不白，而印堂眉弯红润者，迁而不超。神清气爽而色润，喜逢险地，愈见奇升。

10. 黄色上贯两眉，下者百日内财喜迁官、上透额角，中有紫气者，必超升白衣得官。

11. 两眉头为奏书，黄气横至边驿者，九十日必迁官。

12. 黄气山根连日角，大振才名。紫金根上贯天中，高升爵。

13. 准头黄气如蒸，上至司空者，必赴召命。

14. 双生紫夹兰台，一月中定迎敕命。

15. 两道黄光来口角，百日内必转官衔。

16. 若是下停一润，为官必至尚书。

17. 田宅明亮主加官（乃眼）。

18. 掌色紫红，主升迁荣调。

19. 凡黄气一二点如钱如月，或寸许，或如丝路，自天庭高广下接印堂、眉上，旁通两太阳及准头、悬壁相应者，官必迁转，士必登科。常人得财，进产。浓厚者，应在一月；稍薄者六旬。若气如桂花、如鱼鳞，其中有紫红隐隐，如丝、如豆者，此为祥云。兼印堂有此气者，官必超升，封侯拜相，小则钦取科道。致仕官起用，士子高中，布衣得官，僧道命服。战士得胜，常人获宝。

二、降职相

1. 天中黑雾，或天仓白如粉，或驿马黑，或印堂白如粉，或准头黑，或颧黑，退官失职。

2. 眼露，步跛，而神衰，官运多降。

3. 青气自掌心侵离位，为官失职。

4. 印堂、驿马、耳门一明，即得高迁喜信。若准头暗，命宫赤，边地暗，则休官败职。眉开，紫气现，有恩典到，七品以下。不忌暗色，只要仓库开，命门宫红润，主有高迁。四库一青，休官立至；命宫一赤，是非丛来；井灶明财禄丰盈，为官长久。

第三十五节　坟墓风水吉凶相格

1. 山林位起，风水所催，不起必败祖业。

2. 山林色润形丰，祖坟风水极好。

3. 山林枯黄，祖坟破损。

4. 山林青筋浮露，祖坟破损。

5. 山林色滞形削，祖坟风水欠佳。

6. 边城位起，祖坟风水欠佳。

7. 丘陵赤，祖坟风水欠佳。

8. 山林、冢墓白润形丰，祖坟风水极好。

9. 冢墓赤，祖坟风水欠佳，有塌陷之虞。

10. 上墓黑朦，坟地潮湿。

11. 头皮白润，祖坟风水好。

第三十六节　旅游吉凶相格

1. 若问旅行平安，驿马定要黄明。

2. 驿马枯白，不宜旅游，否则半路折返。

3. 驿马黑气，不利远行，防破财丧身。

4. 天仓青暗不远行。

5. 五岳青黑，防水路遇险。

6. 命门连地阁白气蒙蒙，不宜全家老小外出旅游。

7. 命门黑朦，主即日防旅游病灾。

8. 太阳连边地赤色，不宜旅游。

9. 山林黑，不宜远行，并防意外灾难。

10. 山林黑朦，不宜爬山玩水。

11. 额部青暗，旅游途中有凶险。

12. 印堂黄润透紫，当年远游旅行遇吉。

13. 印堂青色、暗色，不宜乘船旅行。

14. 山根黑朦如烟，旅行遇险。

15. 山根赤色，不利远游旅行防人谋害。

16. 地阁润青，外出主吉。

17. 乘船出航承浆光明，可保一帆风顺。

18. 腮骨发黑，不宜车马。酒池、命门、悬壁为暗色，戒花、戒酒。吊庭、郊外、青路，呈红润，可行千里之程；如青带黑滞，不宜出行。三台俱红，活六腑，可行千里；如色不佳，宜乎安心静守。

19. 出行：凡出行只看驿马、边地，四季俱要此处黄明方可上路；青、暗、白，不宜出行。若无赤色，为驿马不动；有赤色为驿马动，不宜守，要行动方有财气。若守反有疾病、口舌，不遂。驿马不动，难以出行，再细察别宫气色，若驿马动方可决升降，如驿马不动则不升不降。

20. 出行吉凶方位法：青色重，往东南反得重利，若往西北必有灾殃。红色一重必作赤色，偏宜往东北水木旺乡可反凶而为吉，若从南方火土旺地灾必至矣。赤暗色重亦可往北方，或远行，方免其灾厄。凡黄色不拘诸谋为宜，在南方地或火土旺月方好，水旺之方不利。故冬季忌黄色生口，乃土不宜克水反吉还凶。白色旺在北方，死绝在东地，不喜东南方，只宜西北求谋行动方好。水色重可往南方，火色重可往北方，青色宜往东，白色宜往西，赤重千里之外可免。黑重自守其灾。黄色东南得利。故出行，只看驿马，有黄明方可得财；暗滞途遭惊恐；黑赤丧命倾身。驿马虽明，但命门暗，不许上路。命门亮，印堂开，何怕行兵。下库暗，防小人之害。天仓润，遇贵人扶持。路途得财、得喜、要观边地光明。

21. 飘洋过海：凡飘洋不拘官庶，俱看承浆。若起黑色不过虚惊，白色遇水兽惊恐。起黄色不可行，赤筋起亦不可行。青如绽不行。凡承浆之色只宜白光、明润，则为利便。

古书云：承浆深纹恐投浪里，青筋若现，一世不可入湖海渊源深处。

第三十七节　远走他乡相格

1. 眉骨抖高或兼高竖。

2. 眉骨抖高，或兼眉竖。

3. 眉头旋毛，离乡少音信。

4. 眼深而尘朦，贫死他乡。

5. 耳廓高于轮，远客他乡。

6. 耳后生黑子，客死他乡。

7. 鼻露见梁，客死他乡。

8. 鼻起节，破家死在外乡。

9. 鼻准头带红，必走西东。

10. 鼻仰、唇掀及喉结，夭亡浪迹死他州。

11. 两唇不遮牙，口露齿。又唇掀、喉结，必死他乡郊野。

12. 死于他乡者，多为齿龈掀露，口唇薄俏也。

13. 面上无汗毛，贫穷逃外乡。

14. 皮急、肉浮又结喉，半生辛苦走他州。

15. 青黑、皮粗，走异乡。

16. 膝上生筋，一生奔走劳碌。

17. 脚跟不着地，卖尽田园而走他乡。

18. 瘦人无股，奔走他乡。

第三十八节　父母孝服相格

1. 日月角为父母宫，主父母之健康否泰。气色黄明红润，主父母身心两健，喜庆吉利；青色，主父母有忧疑或彼此口舌争斗；黑色，主父母灾病或死戾；白色，主有长上孝服。

2. 头右陷，损母；左陷，损父。

3. 少年白发，丧双亲。左边多妨父，右边多妨母。

4. 天中至印堂枯白、天庭枯白如粉，防父母孝服。

5. 印堂白气如丝连鼻口耳，主丧服父母刑伤。

6. 眉压眼，克父母妻子。

7. 眉忽白色，哭泣孝服。

8. 眉左高右低，父母归阴。

9. 眉尾逆毛，不能送父母之终。

10. 眉尾旋，左旋损父，右旋损母。

11. 左眼头下青暗，主一个月内防丧母。

12. 丧门光似锡，有哭泣之哀（泪堂白痕如锡光，名丧门）。

13. 年上赤黑，寿上枯白，主父母孝服。

14. 左耳缺，先死父；右耳缺，先死母。

15. 耳一大一小，会食二母之奶。

16. 鼻有三凹，骨肉相抛。

17. 鼻偏左，父先亡；鼻偏右，须知母有伤。

18. 鼻白色，主孝服破财。

19. 两颧枯白，防六亲孝服。

20. 左颧青色，父先死。

21. 日月角起黑色，主丧父母。

22. 人中枯白、口角浮青，防孝服。

23. 唇上长，先防父。

24. 唇下长，先防母。

25. 法令纹中厌子恶，左边父死而无觉。

26. 结喉露齿，骨肉分离。（结喉即喉包。）

27. 胸凹臀弥，休言父子亲情；发赤须黄，莫言孝名远播。

第三十九节　一看就知相格

1. 心有行动，而神有先知，则色有先见。

2. 眉头之毛散乱上竖，妇女正在经期。

3. 眉势多聚附不散，舒畅不乱，定是处女。

4. 两样眉毛，定须异母。

5. 左眉高、右眉低，父母先归；左眉上，右眉下，父亡母再嫁。

6. 晚年毛长者主寿，眉中忽然生毫长，二十生三十死，四十生主寿，若四十之上忽生一毫者，亦主三年内遇贵。

7. 三阴三阳忽然生黑气，深者二五日，浅者二七日，主家宅不宁，多是非。红主火灾，眼下青口舌，赤官灾，黑破耗，黄明吉。女人目下青，主丧夫，赤主产厄；眼尾色莹白光润，主夫增福禄。

8. 看君左眼虽然小，我且知君是长男。

9. 眼下黄肉卧蚕子，知君久远绝子嗣。

10. 月孛丰隆平生少疾，年宫泽润一岁平安（月孛即鼻，年宫即年上）。

11. 耳软而薄，肾气弱，心无主。

12. 妇人左耳厚先生男，右耳厚先生女。

13. 鼻直而厚，主子诸侯。

14. 鼻梁上有靥阴背上有，见时敢道有神功。

15. 准头有靥阴中有，上下有靥左右同。

16. 鼻头有痣主痔病。

17. 忽然生瘢麻子点，主痔病。

18. 黑子瘢在年寿上者，带宿疾。

19. 得风水则头角峥嵘，阴阳得配；失风水则头颅尖削，阴阳反错。

20. 口红而润，消化系统及营养良好。

21. 精强力壮，好动活泼而外向。

22. 峰形乳房，形如圆锥，乳头朝天，也属一种动人的乳房。拥有峰形乳房的女人，富于热情，像是火山，性情好动，魄力极强，不论遭遇如何重大挫折，也不会绝望。

第四十节　病相格

一、病的由来

人之死亡除内疾外，尚有刀刃、枪击、灾变、车祸、火厄、水厄、产厄、兽伤、跌打、不慎、中毒等。内疾者包括五藏六腑骨髓等，因先天不足，及后天失调，所引发之各种急性或慢性疾病，或因传染而发之各种疾病。重症卧床，是否康复，或一病不起，其神气色必有明现，凡是神脱即死，神强者生，色黑枯即死，色黄明者生。无论久病新疾，外伤急症，神消失目，不转眼，眼暗无光，即使正常人亦将不久人世矣。有伤疾，在身气色憔悴者，更难痊愈也。

病从外部走入内部者，为病从外入；病从内部走出外部者，为病从内出。其色上行或其色下行如云散者，病将愈。

审察次序：先辨其色，次听其声，更察其神，再观其肉，后闻其气味，细问其生活。六者兼之，万无一失。

二、看病相注意之点

1. 头：注意其大小，头发的状态及对称性等，对幼儿尤其重要，有时常因此而及早发现脑水肿症等疾病。

2. 眼球：注意眼的动作，如眼球凸出或下陷。罹患甲状腺等病症时，眼睛常有特殊的征象。

3. 眼睑：注意有无浮肿或下垂现象，前文曾提及眼睑浮肿和肾脏病有关。

4. 眼球结膜（眼白部分）：察看有无黄疸或出血情形。

5. 眼睑结膜（拉下眼睑即可看到）：注意有无贫血或充血情况。

6. 瞳孔：注意孔型不大，左右对称等状况。

7. 嘴唇：是贫血症、败血症容易显现的部位。

8. 重病有五忌：

①唇青舌黑。

②喉起黑赤。

③天仓地阁黑。

④口角发黄。

⑤掌色枯暗。

9. 重病有五绝：

①心绝唇卷。

②肝绝口张不合睛翻黑。

③脾绝唇青短缩面黄惨。

④肺绝鼻黑孔露肌肤枯。

⑤肾绝耳黑聋齿干枯。

三、神相察疾病心法

1. 心经受病：目眉心皱，悬针破印，山根断，眉连印，眉毛重，定主心经受病或心病者。

2. 肝经受病相：眉骨强起，颧骨高竖，人瘦筋现，眼多红筋，面皮紧瘦，颈筋多粗，骨重肉轻，鼻脊露骨，细小无肉。定主肝病阴虚见血者。

3. 脾经受病：面色青黄无光，唇色青蓝为鲜。面色过于青则脾虚；面色青而兼黄则脾虚受湿；若面呈深黄色则脾有湿热；若唇色青蓝则脾虚而寒，且主饮食不思。宜补脾为佳。发红者是脾不统血，主血病，或疴血吐血有之。

4. 肺经受病：准头现赤，主肺火；颧色黑暗主肺寒。肺火病燥热，肺寒病哮喘。

5. 肾经受病：眼下青暗，两耳生尘，额上乌云，面如烟煤。

6. 足病之相：山根折断主足痿，山根削狭主足疼，折断似蜂腰形，削狭似剑脊形，痿者脚筋酸软也，疼者火烁脚筋也；又人太瘦，面须发尽白，面色深红者，主骨痛病。

7. 肿胀之相：面色无光泽，或渗黑如灰，或枯黄如焦，满面尘垢乌云。

8. 瘦病之相：眼胞浮肿，满面油光，肉不黏骨。诀云："浮光而肥主痰饮，防中痰病，颧黑主痰喘，防寒痰为患，筋现露骨而气速主阴虚痰痨。"

9. 痨病之相：年寿有暗色瘢点黑气。上行则吐血，下行则痔血泻血；又发红者多主痔血，眼露四白其耸破金者防中风；又面黄暗滞色者主失血，或肠风下血等症。

10. 失血过多之相：面如枯黄纸色，毫无光泽气，唇色青白。

11. 阴虚之相：鼻眷织薄无肉，如露枯肉状，年寿怪部青暗，满面青暗如生尘垢毫毛。

12. 因燥热而呕血之相：额上起焦衣黑色，满面有干衣焦皮，毫无光泽气色。

13. 夹色之相：眼眶黑暗，眉昏无神，眉浓压目。缩阳症亦类此，诀云："面光如镜，其色如桃花干，必主阳虚；或久月不举，或缩阳面如灰，其色枯槁无光者，主寒极而缩阳。"

14. 噎食之相：上发困口，下发锁喉，面色蓝黑毫无光泽，口如缩囊，发生遮面胡连，法令太深长，或入口角者皆主噎食；或主咽喉，胆中，心脏内受病。

15. 遗泄之相：相人遗泄者，面颧皆红色如油光发亮者，肾虚遗泄者，面黄白毫无光泽，兼之卧蚕多暗蓝色者。妇人遗白带亦类此。

16. 疯癫之相：眼露四白，扬目视人，目不转睛，或常自言笑，满面暗色，眼胞浮肿。诀曰：颧高、眼竖、睛突、四白俱露、性急性烈者主疯癫。

17. 瘫痪之相：面皮浮肿，色无光泽，山根断狭，末指偏曲不伸。

18. 手足震掉之相：年寿为疾厄宫，又名怪部。口为承浆，又称乐部，定必年寿位露脊无肉，色枯兼以唇色青白，棱角下垂。诀云："凡鼻梁低下，薄弱、无气、定主一生多疾病，仍防中焦之上，或喉症，或心病者，总在肝肺肾经之间受病。"

19. 暴亡之相：其人眼光露白，面无蔼容，性情怪癖，行止不定者，皆主暴亡。又云：面如丹赤，眼神急露四白皆然。

20. 眼疾之相：眉骨抖高发指大，眉浓压目，眼眶太深，奸门太陷，山根折断。

21. 耳疾之相：轮廓不成，薄削低小，其形丑陋，其色焦枯。

22. 腰疾之相：鼻形不端三弯三曲，露节而尖无肉包裹，偏斜歪曲。

23. 服毒而死之相：水星歪斜薄小，或蛤口鹰嘴，及唇色青蓝不鲜，或口角反弓无棱，或胡连须困口锁喉。主因食生灾者，或被人毒死，或自毒死，或误服毒死。又曰："气入口主服毒而死。"

24. 邪侵鬼昧之相：两颧为阴骘堂，又为家运，年寿为疾厄宫，又为怪部。若有邪侵鬼昧者，定必年寿两颧皆生乌暗之色，额上印堂亦然；又必眉浓粗乱压目，三阳位无光耀。

四、神相疾病总诀

肾亏眼肚黑，肺热准头红，肝盛双眸赤。
寒喘两唇乌，多风蓝眼白，痰湿眼中黄。
多痰眼肚肿，寒胃口唇青，肾绝耳黑槁。
湿盛面皮黄，肝热皮毛燥，脾热眼颧红。
夹色眼昏暗，足伤月孛沉，失血乌年寿。
遗泄面青黄，气虚面黄肿，多汗面唇青。
痛病眉心皱，火燥额堂乌，额焦宜补水。
唇白勿尝寒，颧赤清肝肺，肥盛要除痰。
瘦人肝火盛，羸弱气虚防，困喉发噎食。
困口发胃寒，泄泻面黄白，腹痛白面唇。
面黑蓝防泄，眼圆突防狂，似鹤成痨症。
如紫定骨蒸，鬼青面蓝黑，绝胃口门青。
服毒白入口，发红下血征，面黄如染纸。
肠风乃血崩，眼深成眼病，鼻丑腰不宁。
怪部黑忧症，斑缠亦同评，悬针兼锁印。
中焦病必成，鼻上成三折，手足断宜惊。
痰盛面光亮，气紧腰痨防，诸病宜恭此。
鼻耳暗将亡，神仙留秘诀，勿与世人看。

五、脸色是疾病的符号

紫蓝色：当皮肤的颜色变成"紫色"时，常为"青色症"的初兆。主要是因血液中的酸素与氧气的量度有了异常而引起的；当心脏血液循环系统不良，或呼吸器官受伤，以及血液本身有变化时，皮肤都会出现这种颜色。至于青色容易出现的部位是嘴唇、手指甲、脚指、耳朵、脸颊、鼻尖等，其中以唇的出现率最高。

黑褐色：皮肤及黏膜（例如口腔黏膜）有时会变成黑褐色，这时需格外的注意。具有代表性的疾病有肾脏疾病、肝硬化。癌症，比较特殊的则有银酸中毒等，皮肤都会变成黑褐色，而肝硬化时，甚至连手前，小臂、颈部均会呈现此色，且颜色随病症的恶化而加深。

黄色：国人的肤色本来就是黄白色，因此皮肤变黄时除非相当注意，否则常会疏忽它。皮肤有这种变化的代表性疾病是“黄疸”。一般提到黄疸，就知道从肝脏异常所起的病症。而这种黄色的鉴别要领是白天在阳光底下观察，便能一目了然。若在夜里或日光灯下，往往难以发现。

白色：部分肤色变成不平常的白色，原因是黑色素的影响，当皮肤出现不寻常的白色时，立即可以发觉。白色症常是先天性的，但白癍的患者仍是很多，当突然产生白癍时，虽黑色素减少而使皮肤的色素脱落所致。但亦无需过分操心，因为治疗方法多的是，最重要的一点是应去找专门的医生诊治。

脸面通红：在发烧、羞辱、愤怒，或精神兴奋时出现，以发烧为最重要，其征兆是脸带红色，伴同出汗，眼珠湿润并带有光泽，这是皮肤的血液加速流动所引起的。另如红血球增多症也会有此种容貌，不过此时的脸色则几近暗红色。

脸面苍白：在贫血或精神紧张、虚脱、重大失望及挫折时，都会有这种现象出现。一般而言，因贫血而致脸色苍白的情形常为人们所疏忽。

六、五官内通五脏

双耳——耳为采听官，内通肾脏。

双眉——眉为保寿官，内通肺脏。

双目——眼为监察官，内通肝脏。

鼻部——鼻为审辨官，内通肺脏。

口部——口为出纳官，内通心脏。

涎精汗泪溺各有所属

贪心——动则生涎，涎由肺生，心火上蒸于肺，故化而为涎也。

淫心——动则生精，精由肾生，相火一铄于肾，故溢而为精也。

愧心——动则生汗，汗由心生，心火郁蒸于脾，故发而为汗也。

悲心——动则生泪，泪涕由肺生，肝木不平，故泄而为泪涕也。

怯心——动则生溺，溺由脾生，脾土不能摄肾，故奔而为溺也。

观察五脏好坏

心脏——心好，眼下气色光亮闪闪；心病，年上发赤，三阳青暗，满面浮焰；心绝，唇红焦裂，白睛青红又现乌黑。

肝脏——肝好，眼下明朗黄润；肝病，两眼红丝，满面浮青，怒气嘈嘈；肝绝，两眼无神光，或凸露白睛黑乌，精神萎，头低。

脾脏——脾安，鼻准黄明；脾病，满面青黄，体瘦，食不甘味；脾绝，两眼耳鼻指爪均现干黄枯黑，唇青而缩。

肺脏——肺清，年上光亮黄润；肺病，两颧火红或黑朦，鼻塞，年寿暗淀；肺绝，眉发肌肤枯槁鼻黑窍露。

肾脏——肾足，耳轮红润、明亮；肾病，耳轮及额黑如烟雨，两眼昏暗；肾绝，满面枯黑如墨水泼壁，齿牙干焦，耳黑又聋。

七、重病必死相

1. 头发直立，发根干枯，半月内死。
2. 青气自发际接印堂，不论疾病之深浅，六十日死；至鼻梁一月死；至人中七日死；满面，即日死。
3. 天中白色下印堂，防身丧亡。
4. 天中、地阁、年上，如烟如肝，有不测之忧。
5. 天庭黄滞如蟹壳腹、表点、表气，黑气朦朦，黑如尘埃煤烟，主死。
6. 天仓、福堂一带枯白、枯黄、黑气——重病。
7. 山林青暗、日月角枯黑——重病。
8. 太阳、命门、准头黑朦如烟——重病。
9. 太阳穴黑如靛黑或黑成点——重病难愈。
10. 驿马黑如烟雾或青蓝色又枯惨无光——重病身厄。
11. 印堂连鼻部准头枯白——重病之身。
12. 印堂赤色、命门青气——防中风猝死。
13. 印准、两颧均现黑色——三日内死。
14. 印堂白入耳鼻，耳门黑气入口死。
15. 额部黑朦或头垂——病亡。
16. 五官满面滞黄——因脾病而亡。

17. 柳叶眉弓眼又暗，夹色伤寒眼下乌——色病。

18. 眉白乃肝血亏者，眉先白。

19. 眉头连眼黑气，防重病。如准头光亮，减半。

20. 根即山根，位在印堂之下，与年寿三位为疾病宫，宜神色光明，不欲昏暗，若时时昏暗而不明者，有疾厄之人。

21. 年寿横连两颧，有红点如火名，飞廉杀。

22. 年寿有黑如指大者，名鬼印。若鼻出冷气，即死。

23. 年上微赤色，防脾胃之疾。

24. 年寿一位，若红赤之色，主生疮疾。

25. 嫖妓致病只为年寿、准头、鼻翼乌黑成线成珠。

26. 年寿连眼下鼻翼黑朦透青，防病亡。

27. 忽然眼垂下视，即将死亡。

28. 病淹目闭无色，为神脱口开天柱倾——主死。

29. 眼定而神醉，癫患。

30. 眼眶灰湿，必子宫有厄。

31. 眼下表暗朦朦，有妇科红白带下。

32. 太阳左目也，卢医扁鹊皆名医。若黑气掩乎双目，孟齐莫能治也。

33. 猿猴白眼突睛黄白又暗——癫狂之死。

34. 有病而后目光脱，则以瞳子定者——为死兆。

35. 耳前为命门，若有黑色侵者，有轮暗如泥，列必知。

36. 耳内青——备疾亡身。

37. 耳门有痣——主痔病。

38. 两耳赤暗——肾病。

39. 耳腮连地阁，黑色如尘，或左耳白气横过右耳，病亡。

40. 鼻乃明堂，为一面之主。其上下左右可查五脏六腑之病，故为最要。

41. 鼻部全枯黑或鼻翼黑朦或准头黑枯，病亡。

42. 酒喝至鼻头通红的地步绝不是件好事，除了酒精性肝炎及肝硬化之外，也有可能患了酒精中毒。

43. 鼻部全枯白，准头紫色紫点，防肺疾肝病。

44. 准赤，为肺病。

45. 鼻痣点瘢临，备痔亡身。

46. 红粉涂颧，腰愈肾痛。

47. 两颧连年寿赤色横贯，有死亡之虞。

48. 左颧黄白春季病人，有死亡之虞。

49. 右颧赤色秋季病人，死亡。

50. 人中黑气入口，口枯白，死亡。

51. 命门连年寿白气横贯，紫黑、青黑，厄亡。

52. 口为人之司命，若两角青黑非吉兆，病人必难治。青黑遮口角忌春夏，不忌秋冬，不忌散乱，不忌明亮如漆，忌滞如泥，内有一点白光，即不死矣。曰：青遮口角，扁鹊难医。

53. 口角白干，黄发口，一七殒命。

54. 口黑眼神再斜视，疯癫或精神病。

55. 唇青舌黑如肝，十病九死。

56. 久病朱唇，不可医。

57. 纵然气色好，唇白不好，有病。

58. 腮及口角黑气，有内脏暗疾，防死亡。

59. 睡眠咬牙切齿，精神不健、消化不良。

60. 悬壁皆红者，肥人必发痈疽、恶疮，瘦人痨病。

61. 承浆赤色，防腹疾。

62. 法令赤褐，因酒色而亡。

63. 满面火色而毛孔中有针点之青，及赤丝路者名火裹烟，主人命厄至验。

64. 面色黑黄经水不调之病，眼眶灰湿，崩中带下之灾。

65. 满面黄气四起，或白如枯骨，或枯黑、或浮青，大病。

66. 面上红气有青点，又唇白翼黄，防中风死。

67. 皮枯并血弱，一年之内必归墓。

68. 痨病颊红名桃花症必死，又小儿疳痨同。

69. 地库黑气或黑青，地阁黑连腮，半年内丧亡。

70. 腮部青蓝、枯白，主死。

71. 项下黑尘朦朦，一百日内防病亡。

72. 喉上起赤黑，朝发暮死。

73. 十三部均黑朦全赤，防丧亡。

74. 掌色青黑又滞，病在肝。

75. 掌色枯黄、枯黑，主重病。

76. 关中不起男女，主招邪魔（掌后高骨为关在大指根下为中处）。

77. 指甲忌青光，男女患中风。

78. 甲黑是中毒。

79. 肝硬化与肾脏病所造成的白指甲，其中以肝硬化占百分之八十。

80. 病人伏卧主生，常人卧主死（睡时开口与呼吸道有些阻碍）。

81. 凡人气色常暗，一日光明，死期至。

82. 常明忽暗，死亦至。

83. 人身将病，山根准头暗黑乌鹊集天庭。

84. 一生多病，山根常暗，准顴青，两耳生尘，目又昏，边城如泥，发如草，一生何日得安宁。

85. 病生于饱暖，忧出于乐极。

86. 病人气色所忌五件俱主死：①山根黄，②耳轮黑，③命门暗，④口角青，⑤口角黄。

87. 病人病重而气色大好者必死，所谓残灯复明也。

88. 病人气色忽然由昏浊暗惨变为容光焕发，为回光返照。

89. 忽然声燥主重疾，干韵主死。

90. 临死亡的容貌——眼珠下陷、眼睛失去光泽，鼻尖特别尖锐、色变成铅灰色、脸部毫无表情等。

观察本人之相可知亲人患病之安厄：

1. 父母病——父病看日角。暗重一明即死，轻暗一明即愈；白如点雪即死，黑若烟朦父伤身，还有损；气来红润旬日灾轻，自己还昌。月角青暗主母病重，白赤色必刑伤。红轻紫重母方安，明润不滞母无病。

2. 兄弟病——眉内多赤色，白如粟米，必刑手足。准头上有一点白光，必主兄弟孝服。

3. 本身疾病——看病之法，年寿、三阳、三阴、山根、印堂、准头此数处，俱赤色主大病，时灾。年寿青、三阳发白，肚腹之灾；年寿赤，脓血之灾；印堂明、年寿暗，下元之疾。凡此气色不过主病，待色开必愈矣。

4. 凡病人，天仓、地阁不暗黑，口角不发黄，必不死。若以下之色一到即死无疑矣。须内生暗色，亦主手足刑伤尽，纵不死丧亦逃他乡。

5. 气色俱不明不暗，皮肉一干，皮一皱即死。唇青、舌黑如紫，十病九死。病人喜唇发白，地库光明，自有良方来救。诸色俱生，独喉上起一赤色，或一黑色，即死。朝发暮应，暮发朝应，掌心血明方言救。

6. 儿童疾病——小儿骨格未成，独气色为主，立应先看山根年寿，次看命门。口唇俱有青色者五日内丧，俱有黄色者三日内亡，人中黑休望再活。印堂赤难许退灾，天仓赤不是好色。地阁黄，主死无疑。眼若散光，唇多青，即刻身亡。若看得生之法，命门、人中白，印堂黄，天仓退、赤口、唇白，旬日得生。麻痘看耳尾、耳轮、耳珠，此三处，宜明不宜黑暗。若头一赤，凡不得全生，凡痘疹头皮项皮，一赤十有九死。

命门前高者为风牌，又名探口。

八、重病得生相

1. 青色——青如翠玉者生；青似靛蓝又表似荔草者死。

2. 红色——红如鸡冠者生；赤似猪血者死。

3. 白色——白而油润者生；白似枯骨者死；白似白雪者生；白似尘垢者死。

4. 黑色——黑如乌羽者生；黑似烟煤又黑似油抹者死。

5. 黄色——黄如蟹膏者生；黄似土色者死；黄似节杏者生。

6. 紫色——紫色现于四正（即印准两颧）不死。

7. 天庭——天庭黄气莹亮如黄铜者生，黄如螃蟹腹者死。黑气如水如铁皮者生；黑如尘埃如灰湿者死。白气如霜雪如银彩者生；白如石粉枯骨者死。青如柳叶者生；青如靛者死。红如宝石如红花者生；赤如火焰者死。

8. 驿马——现黄气者生。

9. 太阳穴——黑如鸦翎者生，又黑气散者生。（两眉尾外有指头大的凹处便是太阳穴）

10. 天仓、地阁不暗，十病九愈。

11. 印堂四时黄明，病人不死。

12. 五窍——耳、目、鼻、口、舌之孔窍，呈黑色三日内死；唯舌濡润者生。

13. 两眉——呈紫气黄光者生。

14. 山根——呈黄气者生。

15. 年寿——呈黄光者生。

16. 眼神——不衰不死。

17. 白睛眸子——光彩贯神，虽面有死色亦不为害。

18. 病久虽目闭，有神无色者，必主生。

19. 泪堂呈黄润红润者生。

20. 鱼尾包括奸门鬓角一带，呈黄气者生。

21. 准头一明死者复生，又命门一亮不日身安，又年寿一开灾厄即远。

22. 鼻翼——呈黄气者生。

23. 准头——黄润光亮者生。

24. 两颧——黄润透红者生。

25. 口角——青气者主死。但忌春夏，不忌秋冬；忌成片，不忌散乱；忌淀泥，但淀中呈白光者即不死矣。

26. 语声——语声响亮者生；语声短涩者死。

27. 承浆——呈黄红色者生。

28. 地阁——呈黄红色生。

29. 肥瘦——肥而有血色者生，又瘦而不枯悴者生。

30. 明堂（掌心）——明堂黄润者生，掌心血明乃主有救。

31. 掌色明——虽病人病入膏肓，仍得有救。

32. 十指——十指红润黄润者生。

九、知病察查

1. 脑溢血引起半身不遂时——手掌便瘫痪而浮肿，掌上的三条基本线浮不起来，显出无思状态，由于血行有碍，掌中呈紫色，手尖变得冷。

2. 痛心病——头低，眉皱，山根青，兼印多纹，抑郁重、精舍暗黑痛难胜。

3. 心脏病——所导致的浮肿，则从下肢开始，常见医生以手指压迫小腿做检查。代表性的疾病为郁血性心机能不全。一开始是从下肢至手臂，严重时则脸部到全身都会发生浮肿。因此，切记眼皮浮肿是肾脏有病，下肢浮肿则是心脏病的征兆。

4. 肝脏不好时，上半身会浮现星状血管。

5. 肝脏发生变异时，肚脐四周的静脉会不正常的扩张，犹如一条条的蛇般，医学术语称为“海蛇头”。又如腮部出一些红黑色水泡时，必是肝癌发作，当注意预防。

6. 肺结核——在消瘦的脸颊上，犹如涂了腮红般地红润，为极度凶险的迹象。

7. 哮喘——两颧暗黑多乌点，是肺寒，唇方黑有之。

8. 肾水亏——眼下阴阳有暗乌，必是少年多纵欲。眼深暗黑又枯，必肾水之不足。

9. 髓膜炎——与破伤风等重病，会使身体像弓般的反挺起来。

10. 吐血——山根露骨瘦且小，面青骨赤血必防，纵然不吐亦疮衄。

11. 热呕血——额黑耳暗面皮焦，唇裂紫黑验如此，面上无光定不调。

12. 痰多——眼下气色浮白兼黄，白睛泥黄。

13. 手足震——皆因末指屈难伸，血不荣筋方有此，老来气疾占其身。

14. 粪后红——年寿之间有暗乌，定然食燥则生血痔，血便。

15. 血痔——年寿气色暗黑。

16. 破伤风——痉笑。

17. 阳萎——满面气色暗黑如烟，眼下枯陷眼欠神光。

18. 人阳不起——满面暗黑如烟蔽三阳，眼枯陷无兴，即是阳缩肾病发。

19. 色痨——眼神昏眼下暗为夹色伤寒，妇人则眼神昏雀斑多。

20. 痨症——面皮网鼓，眼神急，人瘦气短，性燥兼鼻剑，背薄颐尖，龈上肉青。

21. 酒伤——鹅鸭部位黑暗，准头有红白筋。

22. 夹色病——两眼昏暗神不清，两眉粗压目曚昧，夹色伤寒阳缩惊。

23. 遗精——满面气色有时青暗带滞，有时红艳如火。

24. 白带——妇人满面气色惨白兼黄，肉浮气虚疲劳。

25. 人经不调整——眉毛粉乱，热定颧额赤，虚寒唇白面青凝，经逆亦是。

26. 产厄——妇人临盆前颧红似火，发枯掌心暗黑，眼下赤黑防产厄。

27. 死产——妇人唇黑，睛呆、面蓝、眉枯、命门黑防死产。

第四十一节 运气蹇滞相格

运气蹇滞相格，即指人一生中，事业工作方面连年不顺，求谋不遂；经商者则劳多获少，波折重重，经济效益常处于虚花状态。凡具有下述相理特征两项者即验。

1. 额窄眉枯，破财连连。

2. 尾开叉，运必蹇。

3. 食多硬咽，幼岁多灾。

4. 发乱气臭常有，运气蹇滞。

5. 眉皱声嘶，福不会。

6. 头偏多蹇滞，头小定飘蓬。

7. 眉稀耳枯，困苦中途。

8. 须分燕尾多蹇滞。

9. 眉骨棱起。

10. 悬针破印。

11. 眉浓压目。

12. 舌断加结。

13. 须眉乾枯。

14. 瘦露筋骨。

第四十二节　享受祖父产业相格

享受祖父产业相格，即可继承祖父及父亲之遗产。凡男性具有下述相理特征两项者即验。男女同论。

1. 山根为祖父根基，不倾陷，不尖削，不纹不痕，不痣不破，全享祖业。

2. 印堂为父业，顶脑为祖业，后枕为高祖基业，此三处宜有骨起，有辅弼骨起，主历代富贵，可享祖业。

3. 山根低陷，祖业虚花。

4. 印上无纹，日角起骨，天仓不陷，鼻连印堂，享祖父基业。

5. 行坐端正，五官俱配，六府相均，顶平印阔，父业丰隆。

6. 额窄，天仓低，难得父母力，此人与祖业无缘。

7. 耳反无轮，额纹横乱，山根断折，祖业全无。

第四十三节　艰苦出身相格

艰苦出身格，即出身于贫苦家庭，幼少时曾经历过艰难生活。凡具有下述相理特征一项者即验，具有两项者以上者加分论断。男女同论。

1. 骨格精神，额纹多，手粗脚大，主奔波。

2. 眉目清长骨骼成，额纹杂乱主无名。

3. 额窄仓陷耳体低，更兼反薄父早归。

4. 眉目清长旺中年，天庭带削不得志。

5. 额上横纹少年艰苦，木带微金，斫磨成器。

6. 身骨清便两目有神，金带微火炼就成名。

第四十四节　刑克孤独相格

孤刑相格，即男人不但刑克父母，亦刑克妻子儿女；或一生未结婚生育；或虽结婚生育，但因故与妻子儿女隔绝，到老仍然孤独一人，死时无亲送终。凡男性具有下述相理特征两项者即验。

眉棱骨起　面无和气　眼下无肉　眉头常蹙　眉骨粗露　准头尖薄

额骨孤高　鼻梁尖薄　额尖扪鼓　耳反口吹　杂痕破额　腰细臀尖

丹池骨现　火形尖赤　孤峰独耸　喉音焦细　鼻大舌小　肥人无臀

额削胸高　星辰不拱　悬针破印　面大鼻小　眼下荔色　貌似僧道

男身女声　齿露结喉损父母　眼下直纹损儿女

齿乱唇掀性不和　　仓库低陷颧骨独高　　孤鼻孤颧孤额主孤刑

口唇皮皱一世孤单　　口角低垂常惹人嫌　　冬天出汗主孤贫

眉下垂或无眉，老来孤单。眼不哭而泪汪汪，心不悉而眉常皱，老见孤单。

鼻有缺损，孤独饥饿。鼻有三曲，破败孤独。髻坠、唇掀、皮似橘皮。

第四十五节　六亲不得力相格

一、子孙不得力相格

子孙不得力格，即指一生到老不享受儿孙之福。究其原因，或得子甚迟；或子孙不肖；或子孙远走他乡，或因自己个性孤僻不愿与子女同住，接受子孙奉养。凡男性具有下述相理特征二项者即验。女相以女孤刑格为准。

脚后无跟　两脚干枯　头皮干枯　地阁枯削　眼睛下白

上唇无须难得子力。人中无须难得子力。须逆生有子不孝。阴毛逆生有子不贤。

皮衰弱，血不旺，卧蚕低，乳朝下不得子力。

地阁偏陷晚景无粮，子宫皮绉纹朝上，弑逆终须犯。

二、兄弟不得力相格

兄弟不得力格，即兄弟间感情不融洽，或兄弟的健康、智慧、个性不良及学识才能低下，对自己的事业或不能提供帮助。凡具有下述相理特征二项者即验。男女同论。

眉短而粗　眉毛散乱　纹痕破眉　两眉指印

山根断折，兄弟不睦。

眉尾逆生，仇兄贼弟。

眉尾间断，兄弟各居。

眉暗无光，兄弟不明。

眉头开向山根，主妨兄弟。

山根长黑子，兄弟不明。

眉散粗浊，兄弟不睦。

眉与目齐，兄弟二三。

眉长于目，兄弟五六。

眉短不过目，多孤独，纵有二三非同腹。

三、妻妾不得力相格

妻妾不得力格，即指男性的配偶对自己的事业不能提供有力的帮助，或有妨碍损伤的情形。凡男性具有下述相理特征两项者即验。

1. 招妻破败，只因井灶两空虚。
2. 奸门起杂色，与娼妓为婚。
3. 娶妇伤悲，都为奸门仅容一指。
4. 善人恶眼，妻奴亦可成殃。
5. 左奸黑，右眉高，妾攘妻位。
6. 眉压眼，颐侵颧，夫纲不振。
7. 眉角乱纹入奸门，妻妾口舌纷争。
8. 奸门竖纹侵眉角，内变防妻作。

9. 印上隐纹妻不顺，鼻梁起节定分离。

10. 一颧低，一颧高。

11. 颧上赤，年寿红，与妻争竞。

12. 一眼大，一眼小，妻妾不睦。

13. 左眼小，知君怕妇。

14. 左眼尾焦暗，妻遭殃。

15. 须拂右，妻弄大权。

16. 鼻生斑点，招妻丧命亡家。

17. 奸门青暗，妻多疾。

18. 外明内暗妻强妾弱，外暗内明妻弱妾强。

19. 何知人家妻妾淫，奸门黄色眉如金。

20. 奸门青色大不祥，六旬中忌女人殃。

21. 奴仆纹朝上，妻必定与奴仆共淫。

22. 鱼尾若有青纹现，妻有私情夫不见。

四、白手起家相格

白手起家格，指人成家立业完全凭自己力量，未曾接受过家人的援助或享用祖父、父亲的遗产。白手兴家格与破家格恰好相反。凡具有下述相理特征两项者即验。此格以男相为准，女相可参照论断。

1. 鼻如悬胆，白手兴家。

2. 鱼尾直上天仓，白手起家至大富。

3. 颧明印阔，能守能创。

4. 左肩高，右肩低，行走似右转。

5. 耳高提，颧方阔，干事英明，必能兴家。

6. 山根三横纹齐整，必主兴家创业。

7. 掌有异纹，乾宫起纹至离。

8. 掌有印纹，可握大权，白手兴家至大贵，光宗耀祖。

9. 地阁丰满圆肥朝天，贵为凤阁。

10. 虎耳骨起，主得大横财。

11. 东西二岳朝中岳，有威权且能兴家；若得地库来相应，纵教晚岁亦荣华。

五、幼失双亲相格

幼失双亲格，即指被观相者的面部，存在小时父母双亡的相理特征。凡具有下列相理特征两项者即验。（男女同论）

发角尖垂　额窄发低　两角毛旋　眉毛旋螺　少年白发

少年黄发　头偏额削

眼陷，眉交，金木相克。

齿露，鼻仰，耳反而低。

额纹早现，法令纹早现。不哭似哭，不泪似泪。

眼露、发黄兼耳反，少年不利双亲。

第四十六节　六亲得力相格

一、兄弟得力相格

兄弟得力相格，即兄弟间感情笃厚，事业或生活上能得到兄弟的帮助。凡具有下列相理特征两项者即验。男女同论。

1. 罗计横行，兄弟多众。
2. 眉长过目，兄弟必多。
3. 眉秀而疏，枝干自然端正。
4. 眉长清弯，主兄弟荣昌。
5. 眉有重彩，昆仲竞秀。
6. 眉秀而长，首尾清楚，不散不乱，不破不缺，主兄弟亲和得力。

二、子女呈贵相格

子女贵格，指所生子女，能在官场或商场或异路行业上有成就。这里所说的呈贵，并不是指当官。凡具有下述相理特征两项者即验。

脐内生痣　面起重城　阴头有痣　乳头圆硬　背厚腹垂

卧蚕高明　枕骨双峰　脐深纳李　乳头黑子　腰圆丰润
皮肉血润　阴骘纹现　项后丰起　神清齿白　泪堂光洁
耳有黑子　耳白如玉

乳黑乳红有一条毛，或三条毛独长。

须润有一条独长，主一子贵。

边地丰起，地阁朝，晚有成家子嗣。

目秀又含嗔，父子皆贵。

女人天仓生痣，主生四子。

眼下阴骘纹两条，主得贵子。

三阳红润，骨肉发迹。

第四十七节　招贤妻相格

招贤妻格，指男性所娶妻既贤惠又美丽。符合女性贤惠相理的标准，凡具有下述相理特征两项者即验。

1. 颧骨插天仓，因妻得禄。
2. 唇色白艳，招美妾娇妻。
3. 鱼尾红润，定配二佳人。
4. 眉毛细起，主得阴人财帛。
5. 奸门光润明如镜，无纹无痣祸不侵。
6. 印眉圆贯生彩，必招贤能美妻。
7. 两眼长细眉清辣，山根圆丰美妻多。
8. 鱼尾杂纹、斑点、深陷、黑暗、焦赤，断非良配。
9. 妻妾宫丰满不陷，光润红黄，娶妻自然兴家。

第四十八节　子女多少分辨相格

子女多少分辨格，即从面相观察人能生育多少个子女。但现今社会提倡家庭计划，不能正确推断出生育子女的数目，只可断出人所生子女为男多或女多而已。凡男性具有下述相理特征两项者即验。

1. 人中双黑子，有子必孖生。

2. 唇多纹理，子多无比，又主子贤。

3. 人中偏左先生男，偏右先生女。经印证，有部分人不验。

4. 乳头破者，子虚花。

5. 左颧阔，又无纹痣、明净、皮宽，主多男。以阔窄定多少。

6. 乳头方大者，多男；乳大黑而健者，多男。

7. 左乳大，右乳小，子多于女；右乳大，左乳小，主多女。

8. 人中为子女路，明朗有子，平满子难，上窄下阔子易，上阔下窄子难。

9. 泪堂皮宽丰满，子多；颧阔无纹痣子多且易养；颧尖皮急，或皱纹直破，或起罗纹，或起焦黑气，或有痣点，皆主受子艰难。

10. 耳珠内起碎珠，一珠一子，二珠三子，三珠五子。

11. 人中上有黑痣多子，人中下有黑痣多女，人中的中间生痣主子难养。

12. 左眉长生男多，右眉长生女多。

13. 胡须锁喉生女多生男少。

14. 女性额高身矮善诞男。

15. 小指过短生女多，生男少。

16. 肚脐凸露浅小难诞男。

17. 肚脐有栏生男多生女少。

18. 人中浅窄生女多生男少。

19. 橘皮面很难诞男。

20. 山根窄细痣疵低陷，生女多生男少。

21. 印堂痣纹低陷眉侵，生女多生男少。

22. 耳相好过口相，主生男多生女少，但女性相反。

23. 女性身高瘦又唇红，善诞男。

第四十九节　破家相格

破家格即指其人将祖先遗留下来的产业全数败光。凡具有下述相理特征两项者即验。此格以男相为准，女相可参照论断。

眼头破缺　承浆痣破　山根低陷　鼻梁剑脊　鼻成三凹

耳黑开花　耳薄如纸　天仓低陷　地阁尖斜　面如水洗

面白涂膏　耳薄生尖　四库偏亏　口尖如吹　面皮光滑
面薄如纸　股肱无包　三尖三露　男面似女　悬壁黑子
耳上乱纹　年寿乱纹　赤黑侵睛　五官不正　头先过步
坐立不端　鼻露节骨　五官缺陷　眼红眼赤　头侧面歪

第五十节　贵人得力相格

贵人得力格，是指从面相上可观察到工作、事业上能得到别人给予精神或物质上的帮助。贵人并非指达官富贾，不论其身份地位，凡在紧要关头给自己事业工作上有所帮助的人均称为贵人。凡具有下述相理特征两项者即验。此格以男相为准，女相可参照论断。

驿马光润　眉秀如昼　眉如新月　色白如银

驿马生骨，眉高耳高，亲近高人到老。

印阔梁高，结交天下贤豪。

耳白者，终有名望。

仓库平连，四海交游。

耳高于眉，出入官门。

满面福气，自得人助。

第五十一节　劳碌忧苦相格

一、劳碌格

劳禄格，即一生奔波不停，但多劳少获。凡具有下述相理特征两项者即验。此格以男相为准，女相可参照论断。

两眼昏沉　皮薄扪鼓　鼻薄无肉　孤峰独耸　辅骨露筋
行步跳跃　人大骨粗　人小掌大　人中无须　脚背无肉
身长手短　耳暗焦枯　疾言口撮　饮食淋落　手脚粗大
脚长枯薄　面大鼻小　头先过步

额纹超绉，年少奔波。

鱼尾纹多半生劳碌，准头常赤做事虚劳。

脚长身短，一生奔走不停。

筋骨粗露，奔走到老。

脚长耳薄，常年奔走途中。

肉薄、筋浮、乳小，心里多忧。

眼长眉短头粗，终身劳苦。

二、忧苦格

忧苦格，指一生多忧疑愁思，患得患失，庸人自扰，烦恼终日。无论其人成就大小，必定患有神经过敏症，同时个性亦不良。凡具有下述相理特征两项者即验。男女同论。

眉头常皱　眼尾纹多　不哭似哭　喜时带怒　印上川纹

眼带火气　不泪如泪　额上横纹

眼尾青黑凝结，主远虑深忧；在皮外者，眼前之忧。

手背浮筋露骨，身心难得安闲。

眼胞青暗少睡，多忧。

腕骨高起，一世辛勤。

心乐身逸，手足细腻，筋骨不露。

面上筋若蚓，蟠少闲多忧。

心逸身劳，眉眼不秀，骨皮俱粗。

日日劳神只为浮筋露骨，时时费力皆因血暗皮粗。

第五十二节　胆识度量相格

一、胆识格

胆识格，指人的眼光远大，思虑缜密，能洞察万事万物，同时胆大心细，敢作敢为。具有此种相格之人，可以成为政商领袖人物，亦可以成为时代的俊杰。凡具有下述相理特征两项者即验。女格相不论。

胸中有痣　掌中生痣　乳头健大　掌心田字印

星辰朝拱事有成，颧方印阔操大柄。

地库骨开准头起，眼神端定有威胆。

胸有一二毫，智量世间褒，胸上毛多则性刚躁。

二、度量格

度量格，指人不计前嫌，不公报私仇，有包容的胸怀，不嫉妒他人升官发财，平日与人相处能为他人设想，不占他人便宜，并能与他人和睦相处，有慈善宽大的心胸。凡具有下述相理特征二项者即验。以男相为准，女相参照论断。

部位圆满　印堂开阔　胸中宽大　眼下黄明　地阁朝天

眉如新月　眉阔眉高　语不见齿　口有棱角　耳珠朝口

第五十三节　技艺精巧相格

技艺精巧相格，系指人具有科技艺术头脑，或有异路才华，甚至有发明创造新事物的能力。凡具有下述相理特征二项者即验。男女同论。

1. 眼大端正，定艺业成家。
2. 掌心有六花纹，必成一艺。
3. 眉毛纤细，重重技艺。
4. 额广鼻长，技艺非常。
5. 天医骨现，可作名医（天医骨在边城上方的发际内）。

第五十四节　凶暴野蛮相格

凶暴野蛮格，即人生性蛮横逞强，喜欢与他人暴力相向，手段凶残，有嗜杀喜斗的天性。凡具有下述相理特征二项者即验。以男相为准。

偏唇翘上　面有三颧　鼻骨横起　眉毛逆生　睛凸性凶

眉竖眼竖　骨粗梁露　脑后见腮　面色青蓝　头有反骨

眼内赤丝赤点。

羊目口尖，面黑面赤。

头尖项大，当门齿落。

眼有赤砂，人性险恶。

眉棱骨起，性好勇非为。

面肉横生，性必凶。

上视多傲，勿与交游。

眼睛暴出恶姻缘，自主家时定卖田。

准头尖摆西东，险心沉性不容人。

第五十五节　虚伪狡诈相格

虚伪狡诈格，即说话虚假，做人伪善，处事狡猾且善于诈骗。凡具有以下相理特征两项者即验。此格以男相为准。

舌出如蛇　眼有三角　眉中间断　斜视不正　眉多曲折

鼻小无肉　鼻如鹰嘴　口阔舌尖　眼常偷视　行步低头

怒时反笑。鼻尖朝后。

舌上黑子多。

舌大口小。

鬼牙尖露，诡谲奸贪。

人中屈曲，必无信。

鼻曲摆左又摆右，其人必奸。

视上顾下，冷笑，无情奸险。

唇尖不正，语言无定。

鼻头尖薄，奸诈孤贫。

唇薄嘴尖，爱说是非。

口角垂下，奸诈便宜。

青蓝满面，阴谋诡计重。

齿疏尖露，多诡计。

唇厚舌尖，言语乱。

舌尖唇薄，轻浮且奸。

鼻尖毛出，齿尖且疏，心要阴谋。

第五十六节　盗贼相格

盗贼格，即人天生有偷窃习性或天生有强盗心态。凡具有下述相理特征两项者即验。以男相为准，女相参照论断。

眼小无弦鸡睛，多好盗。

掌上坎宫三角纹，主好盗。

偷视恍惚神光露，好偷盗。

满面尘污，眼泪浮光，好偷盗。

眉重粗浊额削枯低，头先过步眼斜窥。

神如惊，色如垢，准尖地削，主下流盗贼。

眼疾，视不转睛，见物直如夺物者，主作贼。

羊目四白豺狼声，口大唇焦赤贯睛，能偷皇帝之财宝，主跨国作贼。

何知其人常作寇，山根准头尖且小。

第五十七节　贫贱乞食相格

贫贱乞食相格，指终身以行乞为生，其一生际遇贫贱、困苦艰难。凡具有下列相理特征两项者即验。此格男女同论。

发生到耳　口无弦角　口大无腮　鼻仰无肉　蛇奔雀步

股肱无包　头大面小　眉发粗浓　色若尘污

水星两头垂，尖薄无棱，食乞儿也。

发如乱草，口角无肉。

眼大昏昧，口如吹火。

第五十八节　喜好佛道仙术相格

喜好佛道仙术格，即人天生就有信道拜佛、仰慕仙人的性向，甚至有出家修炼的念头。凡具有下述相理特征两项者即验。此格男女同论。

1. 女人眼睛黄色，喜仙道。
2. 山林骨起，终作神仙。
3. 眉头有痣，道人相也。
4. 鹤形龟息，遇仙得仙。
5. 佛形佛骨，好持斋戒。
6. 头圆无串骨，多孤僧。
7. 佛骨尖起成峰，主作尼僧。
8. 头有罗汉骨，主作尼僧。

第五十九节　长寿相格

长寿格，即人的寿命超过一般人的平均寿命。不同的国家或地区，因周天命运不同，人的平均寿命也不同。我国人平寿命为男性七十一岁，女性七十五岁。长寿是指寿龄高达八十岁至一百岁而言的。凡是有下述相理特征两项者即验。长寿格以男相为准。

额有横骨　目有远神　颈有余皮　齿坚而长　声高而长

鼻耳俱长　颧骨贯耳　眉尾长毫　耳有毫毛　鹤形龟息

头似覆舟，历代多寿。

双绦妻偕老，一绦亦主孤。

额广寿如柏，还看耳鼻长。

额骨横入耳。

脑后枕骨起，耳后寿骨起。

眉毛长白，寿年过百。

齿如峰，眉如剑，眉中一毛长者，主孤寿。

孤峰独耸，单骨犀起，主孤寿老生。

齿老发乌，寿而多刑。

老年起斑主寿，三十起斑主夭。

第六十节 夭死相格

夭死相格，指男女在三十岁左右因病而自然死亡。凡具有下述相理特征两项者即验。以男相为准。

肉重皮急　神气不舒　结喉露齿　骨格不起　少年眉毫

少年寿斑　人中短缩　鼻弱梁低　肉色轻浮　睛圆而露

气若烟尘　形容枯槁　背陷成坑　男作女声　气如吹火

无神无气　桃花满面　头先过步　筋骨柔弱　面皮扪鼓

步折腰细　发黄而焦　头长耳短　肉色如泥　气来粗大

耳薄如纸　壮年齿落　二十六齿　腹露脐突　不醉如醉

不睡如睡　气冷形衰　齿短而疏　肉嫩色娇　神短无光

唇缩神痴　鼻多黑点　鼻梁无骨　耳鼻如绵

睛凸项折，眼泛神光。

二十六前颈项肉壅，寿同颜子。

身肥面肥，项太长或太短，主夭。

神露口开，天柱倾倚，夭死。

少肥气短，难过四九之期。

耳鼻太短小，缩神气昏。

面多斑点，恐非老寿之人。

耳薄低生，鼻耳掀。

中正生毛，眉八字。

三十形恢发达期。

二十之上肥定夭。

第六十一节 水厄格

水厄格，即容易遭受水惊水厄。凡具有下述相理特征二项者即验。男女同论。

额忽尘污　黑气朝口　右库黑子　黑纹入口

承浆黑气，眉轻口阔，中年遇水惊。

痣生眼尾，中年水惊。

黑气自命门入口。

年上青黑连中阳。

人中井灶有纹横生而曲。

人中交纹，溺水招魂。

满面水光，立见水厄。

眉间双黑子，初年水厄忧。

口角黑点，晚年须防水灾。

唇上青纹入口。

承浆深纹，恐投浪里死。

承浆有青筋或青黑纹痕，落水无救。

面上黑白花点点。

地阁覆舟纹，主溺水死。

右地库、大海、陂池部位有黑点黑痣一点或一痣，犯水惊一次。

人中左右食禄仓、仙库有黑点或黑痣，犯水惊。

掌上坎宫黑气或山根黑色或额上有水波纹，纹似水起波浪弯曲者，必犯水惊水厄。

第六十二节　背井离乡相格

背井离乡格，即人因主观因素或客观因素而背井离乡，离乡后可能外死他乡，也有可能落叶归根。凡具有下述相理特征两项者即验。以男相为准。

结喉露齿，额尖鼻侧，喉高脚长，眉上纵横纹杂。

两耳皮粗青黑，贫走异乡。

眉上横纹交乱，破祖离家。

耳弦无根难居家。

头小发长，贫走异乡。

印堂黑痣，妻子隔角。

悬针破印，骨肉分离，主刑克。

鼻梁露骨，不利居家。

食多淋落，身似浮萍。

脚长身短，长年奔走不停。

山根一横纹离祖，二横纹离六亲。

面上无汗毛，贫穷走外乡。

印堂乱理纹，少年离乡。

眼露唇青黑色现，孤贫。

发足如奔安行以走，做事虚浮股肱无包，手短脚长，俱主奔驰。

第六十三节　犯刑坐牢相格

犯刑坐牢格，即人有触犯刑法而被判刑坐牢的相理特征。凡具有下述相理特征两项者即验。此格以男相为准。

1. 腿大膝尖，恐遭刑法。
2. 井灶有杂乱纹。
3. 眉间高，斜纹一纹一度入牢狱。
4. 鼻上纹交纹。
5. 山根悬针直下破年寿。
6. 腿上无汗毛。

第六十四节　易招官讼格

易招官讼格，即指容易招致官非讼累的相理特征。凡具有下述相理特征二项者即验。以男相为准。

1. 满面火色、天中黑子、眼太小、须偏左、满额赤气。
2. 寿上、印堂赤气现，主官非。
3. 印堂眉间数黑子。
4. 盗门青气，准头赤黑定主官非。
5. 天中青气如丝，腿大膝尖。

6. 赤筋侵瞳，官事重重。

7. 司空黄内隐赤，财上招讼。

8. 印堂、眉头赤点，定患官非。

9. 准头赤丝赤点。

10. 奸门赤色，因色招讼。

11. 眉毛间断，常为官非卖田产。

12. 两睛斗向山根，性急惹官非。

第六十五节　妇人富贵与贫贱相格

一、富贵妇格

1. 富贵妇格，指女性头、面、身、手、足五部有富贵的相理特征。富贵妇格相理特征共有二十四项，若完全具有此二十四项特征，则其必是大富大贵的人；若具有部分特征，则也可至中富中贵或小富小贵。

背厚肩圆　面圆腰肥　手指瘦实　腕如软绵　眼似刀裁

五官端正　人中分明　腮颧隐平　四库端拱　唇红齿白

骨肉相称　威厚声和　额圆发润　目秀眉清　鼻圆齐整

六府均平　骨细皮滑　指尖掌厚　神清视正　耳白而厚

掌纹细润　声清如水　皮香肉润　耳面光润

2. 若妇女完全具备下面十项相理特征，则不仅自己富贵，而且子孙更奇贤。

鼻直如悬胆，唇方口似胚，眉疏并眼秀，唇白更方颐，耳耸垂珠软，神和色又怡，额方分日月，体白香肌生，坐稳如山立，神严不去卑。

二、贫贱妇格

1. 贫贱妇格，即指女性一生到老有诸多不顺，艰苦度日，或从事低级的仆人工作。凡女性具有下述相理特征二项者即验。

发浓鬓粗　口阔声破　唇髭臀高　鼻仰梁低　体翎腰削

丑面蓬头　骨粗皮粗　目露齿尖　眼凸唇掀　面仰口吹
神昏眼斜　手粗指短　眉高胸突　额尖声破　唇掀面薄
耳面黑枯　股肱无包　蛇行雀步　人中浅缩　肉重骨少
肉多如泥　脐下毛多　头小腹大　女无指甲　手露筋节
眉逆声雄

2. 若妇女完全具备下面十项相理特征，则不仅自己平生贫贱，而且晚年更羁凄。

额窄又高眉，唇掀口不齐，面轻身铁硬，体薄更无威，耳小垂珠浅，鬓毛鼻骨低，哭形须再嫁，鬼脸定无儿，淫光生眼角，嫉妒更奸欺。

第六十六节　妇人贞操格与贪淫相格

一、贞操妇女相格

贞操妇格，指妇人不易受到外界诱惑或环境的影响，改变对爱情的坚贞和品性的执著。凡女性具有下述相理特征两项者即验。

面色端严　神貌温柔　声音清和　行步固正　耳白而厚
法令深长　发疏秀润　笑不露齿　头圆顶正　满面和蔼
五官端正　目不斜视　与人无争　言语不妄　坐眠俱正
额圆鼻直　黑白分明　苦无怨言　遇事不惊

二、好淫妇女相格

好淫妇格，指女人性机能发达，异常贪淫。凡女性有贪淫相理特征，喜好性事，亦婚后必有外遇。凡女性具有下述相理特征两项者即验。有淫妇相格的女性，并非都是贫贱妇，淫妇大多出于富贵人家，此乃先贤古训。

色润眼痴　蜂腰雀步　眉尾黑子　眼光头侧　面色青黄　人中深阔
颧反眉掠　青色绕口　眼角斜纹　眼尾交纹　眼里黑痣　面色红艳
眼尾黑点　额偏不正　举止轻浮　眼堂过厚　眼光口阔　面色白艳
摆手掠头　奸门凸起　血润色红　羊眼鸡睛　人中两曲　眉如柳条

面黑眼光　面白发浓　耳红面白　满面桃花　肉软如绵　眉如卧蚕
皮滑如油　面多斑点　眼露白光　脐突近下　坐不安稳　腿上生毛
面光白艳　眼带桃花　未语先笑　行路多言　鼻上双靥　鱼尾青点
面薄皮虚　眼水泛滥　发多血旺　发重卷曲

女人羊目四白，外夫入宅。女人面如涂粉，贪淫伤身。

女人未言而舌舔唇，好淫。女人脐深而腰偏，邪淫。

皮白如粉。一步三折。无事自惊。

偷淫者，眼水泛滥；为妓者，白眼泛光。

蛾眉、柳条眉，见人掩口笑。

发粗鬓重兼斜视，眼光如醉，主淫。

面细身粗娼妓妇。

眉尾生痣，主再嫁。

睛圆额削皮滑，不为娼妓即尼姑。

第六十七节　生双胞胎妇格

生双胞胎妇格，即指妇女有生双胞胎或多胞胎的相理特征。此格以自然怀孕为准，通过人工胎胚移植而生双胞胎或多胞胎者不属此格。凡女性具有下述相理特征两项者即验。

1. 人中发黑紫，妇孕必生孖生。
2. 人中生双黑子，妇人有子必孖生。
3. 天仓生痣主生四子，不必定孖生，言其多也。

第六十八节　旺夫益子妇格

旺夫益子妇格与富贵妇格有所不同。富贵妇格是指妇女本身可贵可富，或必嫁富贵丈夫，但不一定能够旺夫益子；旺夫益子格的女性，本身非富贵，其所嫁丈夫亦非富贵之人，但婚后家庭日益兴旺发达，丈夫的事业蒸蒸日上，所育子女聪敏、好学、健康、贤孝。凡女性具有下述相理特征两项者即验。

乳阔一尺　三停均衡　骨格细腻　声如奏乐　唇似朱红

声响神清	面如满月	眉秀神和	掌似朱砂	面貌端和
目秀神藏	鼻圆贯印	眼清鼻正	准圆血润	背厚脐深
印堂平正	眉秀而弯	天仓生痣	山根不折	乳头紫黑

第六十九节　异路财旺格

古代人相学将社会职业划分为正路与异路两种。正路职业是指从事政府工作，也包括工商业；异路职业是指自由职业，是指从事宗教、哲学、教育、文学、体育、传播、科技、艺术、音乐、戏剧，或从事学术研究工作，或从事无上司无部属而完全凭个人智慧取向的工作坊，或从事医药、律师、会计师、工程师、设计师、顾问师、心理咨询师、民族艺师和经纪中介、代书、代办等职业，以及从事相理命理研究者行业。不论男女，凡具有下列相理特征三项者即可从事异路职业。

眼形虽秀，但神不强。

天庭宽广，但无奇骨。

眉毛虽秀，但眉不扬。

印堂虽阔，但有痣纹。

鼻颧虽拱，但准不隆。

耳门虽宽，但耳不长。

人中虽阔，但无髭须。

口大有棱，但声不清。

手指有臣纹、阴阳纹、艺纹，或中指有君纹，或头、面、身、手、足五部有明显异相。

智慧高超，但对事物的看法和做法与众不同，喜欢独立行动，个性偏执、孤傲、喜争是非。

神虽强，但眼形不秀。阴阳眼、瞟眼、上白下白眼、一白四白眼或眼珠黄色，均属于眼形不秀。

第七十节　服从上级指挥相格

服从指挥格，即指企业主或单位的上级领导所选用的下级干部，能服从企业主或上级领导的指挥。凡无论男女，具有下述相理特征两项者即验。

眉毛顺生　眉棱不高　眼神和蔼　眼波内双

鼻直不偏　鼻不过大　颧不过高　口唇不薄

耳朵贴脑　生活有序　不贪逸乐　待人热诚

第七十一节　易犯小人相格

易犯小人格，即指人的一生常遭小人为难。凡具有下述相理特征两项者即验。

气色晦暗　眼神不强　印堂狭窄　颧骨不起　耳小鼻大

人中无髭，地阁短小。

地阁有痣斑。法令不过口。鬓毛过命门。眉尾散或不过目。

第七十二节　不守孝道相格

不守孝道格，是指人不孝顺父母长辈。不论男女，凡具有下述相理特征两项者即验。

胸高臀翘　发赤发黄　耳形如箭　眉毛逆生　天中凹陷

咬牙切齿　鸡睛蛇睛　蜂目兔头　鼻柱剑峰　鼻准尖钩

唇薄口尖　脑后见腮

女子眉棱骨高不孝翁姑。

女子面方鼻小，个性不良。

第七十三节　特殊相格

一、三尖相格

头尖、鼻尖、口尖谓三尖。不论男女，面有三尖，乃贫贱之相格。古相书谓三尖是指头尖、额尖、鼻尖；或头尖、准尖、地阁尖。

二、三寒相格

三寒格即指眉寒（眉毛蹙缩）、声寒（声音不出喉）、肩寒（肩背蹙缩）。不论男女，三寒全备，乃贫贱之相。

三、四反相格

四反格，是指眼无神、口无棱、耳无轮、鼻孔仰。不论男女，四反全备，乃刑克、官非、破财之相。

四、四大相格

四大格，是指眼大、口大、鼻大、耳大。无论男女，四大全备，主贵主寿，气量宽宏。

五、四小相格

四小格，是指眼小、口小、鼻小、耳小。不论男女，四小全备，主难成大器，并气量狭小，刻薄寡恩。

六、五长相格

五长格，是指头长、面长、身长、手长、足长。凡五部俱长，又骨貌丰隆、均匀、滋润，必贵；五部虽长，但骨肉枯槁，或露，或反，或凹，主贫贱。五长再加眉长、眼长、鼻长、耳长、齿长，乃龙形正格相貌，此人必大贵特贵。

女性不宜有五长相格，否则刑夫克子。

七、五短相格

五短格，即头短、项短、手短、足短、腹短。五短全备，再五岳朝拱，主一生有中小成就，如头面身手俱短，仅下肢长者乃贫贱之相。

古代相书所谓五短相格乃头短、面短、身短、手短、足短五项。男性有五短相格大吉，为大贵相格，早年比较艰难，多灾多难，日后必能做官显贵。女性不宜有五短之相，否则刑夫克子。

八、五大相格

五大相格，是指头大、眼大、口大、耳大、腹大。凡得五大之人，五官五岳六府无缺陷，主富又寿。如头大而无奇骨，眼大而神昏浊，腹大而不圆垂，耳大而无轮廓，口大而唇薄者，反主贫贱。鼻再大者，称为六大。女性不宜有五大、六大相格，否则刑夫克子。

九、五小相格

五小相格，是指头小、眼小、口小、耳小、腹小。五小齐备者，若头小而有角，眼小而清秀，口小而唇齿正，耳小而轮廓成，则主必有成就；若头小且扁塌狭窄，眼小而昏醉无神，口小而上下唇覆载不合，耳小而轮飞廓反，腹小而肚凸露，或有三四大、一二小者，则主破败无成。五小格忌鼻小，因鼻为面部之主。女性不宜有五小相格，否则克父刑夫。

十、五露相格

五露即指眼睛露、鼻窍露、牙齿露、耳廓露、喉结露五项。凡五露俱全者，眼露睛而不露光，鼻露窍而不凸梁，口露齿而不掀唇，耳露廓而不失珠，喉露结而不过大，乃贵相；如眼露睛又露光，鼻露窍又凸梁，口露齿又掀唇，耳露廓没有珠，喉露结且过大，则主贫贱促寿，甚或恶死。如仅有一露二露者，则主家里无隔夜粮；有三露四露者，主运蹇促寿。

《柳庄相法》谓五露乃眉露棱、眼露光、鼻露梁、口露齿、耳露廓，五露俱全，男性主大破败，女性主刑夫克子。传说孔子为七露格，即头顶两边露角，头形似山。

十一、五合相格

五合相格是指：骨正而有阴阳，言正而有刚柔，此为天地相合；视瞳稳而声音清，体貌重而行步轻，此为天官相合；气温粹而有光华，色静洁而无瑕疵，此为天心相合；知识多而权轻重，度量大而事随和，此为天人相合；敬上下而怀忠厚，爱朋友而足信行，此为天伦相合。凡人得五合，虽非富贵相格，但亦可富裕一生，善始善终，子孙繁衍，且享五福之庆。五合相格，男女同论。

十二、六害相格

六害相格是指：一曰悬针又露梁，主刑克苦难；二曰眉粗又逆竖，主凶暴犯刑；三曰眼露又耳反，主凶灾刑克；四曰鼻歪又起节，主中年败业；五曰唇掀又齿龅，主为人不贤；六曰骨露又肉横，主不仁不义，多凶又孤。

眉毛如有黄薄、逆生、压眼、锁印、交加、散乱等相理，称为六害眉。凡具有六害眉者，其人有刑克、破败、灾厄之虑。此格以男相为主，女相可参照论断。

十三、六贱相格

六贱相格是指：无羞恶心为一贱；遇事痴笑为二贱；不明进退为三贱；喜言人短为四贱；自夸已能为五贱；附和人言为六贱。凡具有一贱者即为小人；具有二贱以上者，既贱又恶。六贱相格以男相为准，女相可参照论断。

十四、六极相格

六极相格：一曰头大颈小，主贫夭无结果；二曰面大头小，主贫贱少成；三曰身胖声小，主无子晚贫；四曰背薄无肉，主贫寒无子；五曰胸胀肚削，主无晚福；六曰足胫无肉，主老贫无子。古相书称头小、额小、眼小、鼻小，口小、耳小为六极相格。六极格以男相为准，女相可参照论断。

十五、六凶相格

六凶相格，即指：一凶头小无角，主少年贫贱，一生无禄；二凶羊眼直视，主不仁不义，心狠阴毒；三凶唇不齐，主个性不良，与人不睦；四凶喉结过大，主一生多刑妻克子；五凶三停不均，主一生贫贱；六凶蛇行雀跃，主一生劳苦，败业退财。此格以男相为准。

十六、六削相格

六削相格有两种情形。《神相全编》云："眉无尾，额无角，眼无神，鼻无梁，口无棱，耳无轮，为六削。"《柳庄相法》云："上二府、中二府、下二府俱削无肉，为六削。犯六削者，是奸诈狡猾之徒，不可论交。"六削格以男相为准，女相可参照论断。

十七、七杀相格

七杀相格可依道士吕洞宾之言论断。吕洞宾曰："美女黄睛为一杀；面大口小为二杀；鼻上生纹为三杀；耳反无轮为四杀；貌美银色为五杀；黑发无眉为六杀；眼大眉粗为七杀。"七杀格专论女相，妇女犯有一杀者，即使五官俱佳，亦主刑夫。

十八、八大相格

八大相格，是指头大、面大、耳大、眼大、鼻大、口大、身大、声大。头大要额角耸，面大要城廓明，耳大要轮廓全，眼大要眼神强，鼻大要梁柱高，口大要两角翘，身大要三停称，声大要音韵清，才能大富大贵。若头大而无奇骨，面大而气色暗，耳大而肉软薄，眼大而神昏浊，鼻大而无梁柱，口大而海角垂，身大臃而弱，声大如破锣者，则不富也不贵，犯一件者即验。八大格只论男相。

十九、八小相格

八小相格，是指头小、面小、耳小、眼小、鼻小、口小、身小、声小共八种相理特征。头小角要明，面小貌堂皇，耳小白又坚，眼小秀又长，鼻小有梁柱，口小方有棱，身小端庄相，声小音嘹亮，此方为合格相貌，其人才有成就。八小格只论男相。

二十、九丑相格

九丑相格，即指男子阳具萎弱不振为一丑，振而不丰为二丑，丰而不循为三丑，循而不实为四丑，实而不坚为五丑，坚而不久为六丑，久而无精为七丑，精而无子为八丑，有子而不孝为九丑。九丑格专论男相。

二十一、十杀相格

十杀相格有二种情形。

《相理衡真》称："男人面貌如醉为一杀，无人自语为二杀，无痰常吐为三杀，眼红光射为四杀，精神混浊为五杀，声如豺狼为六杀，有须无髭为七杀，食物出汗为八杀，鹭鸶鼻仰为九杀，腋下狐臭为十杀。"

《神相全编》称："人行如醉为一杀，鼻子折曲为二杀，面如散麻为三杀，面如笊篱（绉缩）为四杀，眉浓如漆为五杀，声如豺吠为六杀，声高音破为七杀，面部歪斜为八杀，口阔不收为九杀，眼睛独大为十杀。"凡男人犯此十杀中的一项，必主破败灾厄或孤独克子。十杀格专论男相。

二十二、十清相格

《柳庄相法》称："声音先小后大为一清，毛发细软为二清，齿如莹玉为三清，掌红润纹如丝手指长为四清，耳色白兼红润为五清，发润眉秀为六清，鬓毛不闭命门为七清，身瘦血润不露骨为八清，身瘦乳头大又硬为九清，脐深为十清。"十清齐备，可修道仙或大富大贵，仅得一二清者亦可一生富裕。十清格专论男相。

二十三、十美相格

即《柳庄相法》谓："掌软如绵兼目秀，自掌能入口者为一美，主二品之贵。一身之肉如玉如珠为二美，主三品之贵。身瘦头圆为三美，主小贵之相。脑后（即颈椎）肉起为四美，主可富可贵。阴囊香汗色黑色明为五美，主大贵超群。身面均黑而掌心白乃阴内生阳为六美，主文武职大贵。睛清唇红为七美，主武贵。人小声清为八美，主文武贵。目有夜光为九美，主武贵。十八岁生须清秀者为十美，主早登科甲。”十美格专论男相。

二十四、十大天罗相格

《柳庄相法》称：

满面黑色四起，为死气天罗，乃死亡之兆；
满面白色四起，为丧哭天罗，乃孝服之兆；
满面青色四起，为忧惊天罗，乃忧惊之兆；
满面黄枯四起，为疾病天罗，乃疾病之兆；
满面如涂脂膏，虚花天罗，乃运蹇之兆；
满面赤色如炎，为官非天罗，乃官非之兆；
满面如醉未醒，为刑狱天罗，乃入狱之兆；
眼光流而视急，为奸淫天罗，乃淫顽之兆；
男人娇声有妇人态，为孤刑天罗，乃孤独之兆；
鼻准斑点如尘，为破败天罗，乃败业之兆。

十大天罗专论男相。

二十五、十大空亡相格

《相理衡真》称：“一曰额尖为天空，主少年不利功名，不享祖业，刑克六亲；二曰颏尖为地空，主晚年不利，多败少成，夫妻隔角；三曰鼻孔仰露为人空，主中年破败，子不得力，老年辛苦；四曰山根低陷为空亡，主离祖疏亲，骨肉无情，妨妻克子；五曰上唇无髭下唇无须为空亡，主一生劳碌少成，有妻无子；六曰面无城廓为空亡，主先富后贫，祖业难受，刑克配偶；七曰发卷发曲为空亡，主个性不良，奸淫好色，刑克儿女或与儿女少缘；八曰泪堂深陷为空亡，主一生劳碌，心狠阴毒，刑克配偶子女；九曰眼无神光为空亡，主与子女少缘，寿命短促；十曰眉棱骨高又无眉为空亡，主老年孤独，无兄无弟。”十大空亡格，只论男相。

二十六、十大孤神相格

《神相水镜集》称：

一曰颧骨起峰，主个性倔强，有妻无子；

二曰面无和气，主有妻无子，六亲无情；

三曰耳无弦根，主破败祖业，刑克六亲；

四曰眉棱骨起，主性刚气暴，婚姻不美。

五曰眼下无肉，主儿女有刑克。

六曰法令纹太深，主为人顽固不能合群；

七曰头颅过大，主刑克六亲，孤独到老；

八曰眉硬竖立，主个性不良，桀骜不驯，六亲薄缘；

九曰孤峰鼻，主事业先成后败，刑克配偶子女；

十曰声如破锣，主个性不良，一生漂泊少成，与六亲少缘。

十大孤神格专论男相。

二十七、妇女九善相格

妇女九善格是指：妇女头圆额平为一善，骨细肉滑为二善，发黑唇红为三善，眼长眉秀为四善，指纤掌软纹如乱丝为五善，语声圆润清如流泉为六善，笑不见睛言不见齿为七善，行步祥缓坐卧端雅为八善，神气清媚皮肤香洁为九善。女人有九善相，丈夫非富即贵。

二十八、妇女九恶相格

妇女九恶格是指：妇女蝇画（多斑点）为一恶，主自身隐疾或妨夫；结喉凸显为二恶，主自身灾疾或克夫；蓬头乱发为三恶，主自身下贱又妨夫；蛇行雀步为四恶，主自身贫贱不旺夫；眉逆而交为五恶，主自身贫贱又妨子。鼻子生钩纹为六恶，主自身灾厄又克六亲。目露四白为七恶，主个性毒辣狡猾招凶险灾厄；喉发雄声为八恶，主个性刚强急烈克离再嫁；旋毛生鬓为九恶，主个性顽劣又贫贱克子。妇女有九恶之一项，不可与之同居。

二十九、看外国人面相注意事项

1. 白种人不忌眉压眼。象征白种人（含棕种人及红种人）之个性较黄种人黑种人积极。

2. 白种人之黑睛越蓝越好，但黄种人之黑睛则越黑越好，因彼此遗传基因不同也。

3. 白种人山根虽高，但山根隆而无肉者，其休咎与黄种人同论。

4. 白种人眼略凹陷者不忌，中国广东、海南两省居民，及中国台湾地区之原住民和南洋群岛人亦不忌。

5. 白种人鼻翼欠丰厚者不忌，北欧人尤不忌，因气候使然也。

6. 白种人胸毛手毛多者不忌，因其进化尚有所不足也。

7. 黑种人多口大而不收而类似猿猴之口，故文化落后于其他民族。

第七十四节　飞禽走兽相格

古代相书《相理衡真》曰“人之形，有似飞禽者，有类走兽者，或以意取，或以形似，亦在人之心法而参焉。”凡人有类似某种飞禽走兽的形象，必略带该种飞禽走兽的特性，此种性格对其一生必有或多或少的影响。兹将古代相书中描述的各种飞禽走兽的相理特征及心性特征，分别论述如下：

龙形——面长鼻高，耳耸眼圆睛露，形貌端厚，身体长大，骨格清秀，眉目分明，举止出众。龙形人之目，若悬宝珠，光芒不动；如寒潭秋水，通神若圣。龙形有权威能变能，富贵名誉天下。

虎形——头大，额阔，鼻丰，口方，身长。眼睛黑多白少，夜彩射人；唇红齿白，髭发疏硬；语声如雷，行步威严。虎形人之目，圆大且黑白分明，光彩射人，令人可畏可敬，有将帅威风。

麒麟形——顶骨高耸，阔步形仰，耳高眼深，眉粗颐阔。

狮形——眼白睛黑，圆满而大；山根缺陷，口阔方，眉婆娑，多髭发。

犀牛形——天庭骨耸，印堂广阔，鼻仰面仰，行步急速。

猿形——面小眼圆，耳尖鼻小，手长体瘦，唇薄腮丰。猿形人之目，黑白朦胧，仰面视物，性情癫狂，难成大事。

猴形——颧高眼深，面赤，耳黄，尖鼻，胆小猖狂。

龟形——头尖眼圆，眉浓，鼻耸，步缓，背大身大。龟形人目圆小，身短，仰面，缩头缩项，性情静极，胆小怕事。

牛形——身魁性慢，眼黑常动，项圆头广，食缓行慢。牛形人的目，睛带微黄，其性敦厚，定主富福。

鼠形——眼圆有光，黑多白少，嘴尖，背弓，身体小。视物注睛，心多小巧，终为盗贼。

蛇形——头长额平，眉小眼圆，口阔身长，目红鼻长，行路腰软，头摇面仰。蛇形人的目小圆睛黄，视人带怒，性急心毒，终当害人。

马形——面长眼大，额阔耳尖，齿大腰长，行骤而急。马形人的目大但不明，视物如痴，衣食不足，一生劳苦。

羊形——头方面大，无颧，地阁尖削，口聚胡须，睛浊，脚短，头摇。羊形人的目睛淡，白少赤多，似昏似暗，或急或慢，瞻视无神，性愚。

獐形——头圆，身肥，项短，眉大，眼青黑，善行。

熊形——体圆鼻仰，坐下睡，喘促。

猪形——头阔面长，额平眼深，耳小口大，腮肥项短。猪形人的目圆大神昏，白睛朦胧，秉性愚浊，多死于非命。

狗形——头大项粗，睛黄面尖，口大耳耸，性急也。狗目三角或黄或青，定睛视物，性多毒害，好窃为非。

虾形——眉骨耸，齿露，眼凸，善行。

驴形——面长耳长，眼睛黄白，步急，音粗。

狐形——项大面紫，眉目和媚，性急，多诈。

豺形——头方，额阔，骨粗，睛圆，口大，性恶。

兔形——头尖眼圆，眉细，耳尖长，鼻细，面赤。

骆驼形——头圆长，额阔，项长，背伏，眉高，目深口大，发粗，膊阔，骨粗头低，声雄，手脚长。

凤形——眼长，眉长，鼻高，面身细，额高神秀，声清，足长。凤形人的目势长眉昂，黑白分明，瞻视平远，视物异常，名扬天下。

鹤形——眼垂体细，额粗项长，步阔性柔。鹤形人的目圆，黑白分明，昂头视物，秉性孤僻，喜清闲，形全者大贵。

鹰形——头方额圆，鼻曲嘴钩，眼圆睛赤，耳卓口小，性急。鹰形人的目圆，睛如金色，光彩射人，令人可畏；自强好胜，性急而暴，多不善终。

燕形——面圆腮起，秀媚性慢。燕形人的目小圆而睛赤，瞻视昂然，聪明显达，早显声名。

鸽形——身秀颊白，奸言也。鸽目小圆，睛色显青，视线散乱，头足不定；不拘男女，好淫乱伦，为人不良。

鹅形——口尖眼小，项长脚短，鼻缩步慢，为人厚重。

鹦鹉形——眼长，项短，准圆，步急，言词随便。

孔雀形——面小身大，性慢而爱华饰。

鸳鸯形——面红透白，眼圆而媚，对配偶痴情。

鹊形——面小青白，耳卓步急，喜自由，善歌唱。

鸡形——头小面小，睛黄，脚尖，身细，额短耳薄口尖。鸡形人的目黄赤圆小，视物抬头，贪婪好争，或为小窃。

鸭形——身肥脚短，面小眼细，步缓，性迟缓，能合群。

鹧鸪形——面微红，眼赤黄，身小耳小，性急性强。

鹭鸶形——身小，眼细长，眉薄，头方项长，脚细长，性灵巧。

鸦形——面圆黑紫，嘴鼻尖，眼青黑，心直口快。

狼形——低头反顾，蹙眉而视，眼睛黑多白少，心毒多妒，贪婪好淫。

象形——头大身肥，眼小而长，神昏而视下，仁慈心性。

猩猩形——头发粗浓，眉眼叠压，面阔身肥，为人德重性温恭。

蟹形——面圆睛露，性喜江湖逞强。

鹿形——眼青黑，面微长，行步如飞，性喜贪花恋柳。

雀形——性急贪淫，喜森林田野。

雁形——个性多疑，重天伦友爱，喜游江湖。